LÉGISLATION

COMPLÈTE

DES FABRIQUES

DES ÉGLISES.

Nota. Cet Ouvrage, accompagné de Modèles,

EST UTILE

A Messeigneurs les Archevêques et Évêques;

A MM. les Curés, Desservants et autres Ecclésiastiques;

A MM. les Préfets, Sous-Préfets, Conseillers de Préfecture, Maires, Conseillers municipaux et principaux Propriétaires;

Et à MM. les Administrateurs de Fabriques.

Tout Exemplaire non-signé ci-après par l'Auteur, sera réputé contrefait.

Le Besnier

ROUEN, IMP. D'ÉMILE PERIAUX FILS AÎNÉ,
rue Percière, No 26.

LÉGISLATION

COMPLÈTE

DES FABRIQUES

DES ÉGLISES,

Présentant, dans l'ordre alphabétique, un Traité particulier de chaque matière, avec le texte des dispositions législatives ; précédé de l'Analyse des Lois, Décrets, Ordonnances et Avis du Conseil-d'Etat sur le Temporel des Églises ;

PAR M. LE BESNIER,

CHEF DE DIVISION A LA PRÉFECTURE DE LA SEINE-INFÉRIEURE,
ADMINISTRATEUR DE FABRIQUE, ANCIEN RECEVEUR D'HOSPICES.

TROISIÈME ÉDITION,

Revue par l'Auteur, et augmentée de beaucoup de nouvelles Lois, Ordonnances et Décisions importantes.

ROUEN,

CHEZ ÉMILE PERIAUX FILS AÎNÉ, LIBRAIRE-ÉDITEUR ;
Et chez *les principaux Libraires* de Paris et de la France.

M. DCCC. XXVI.

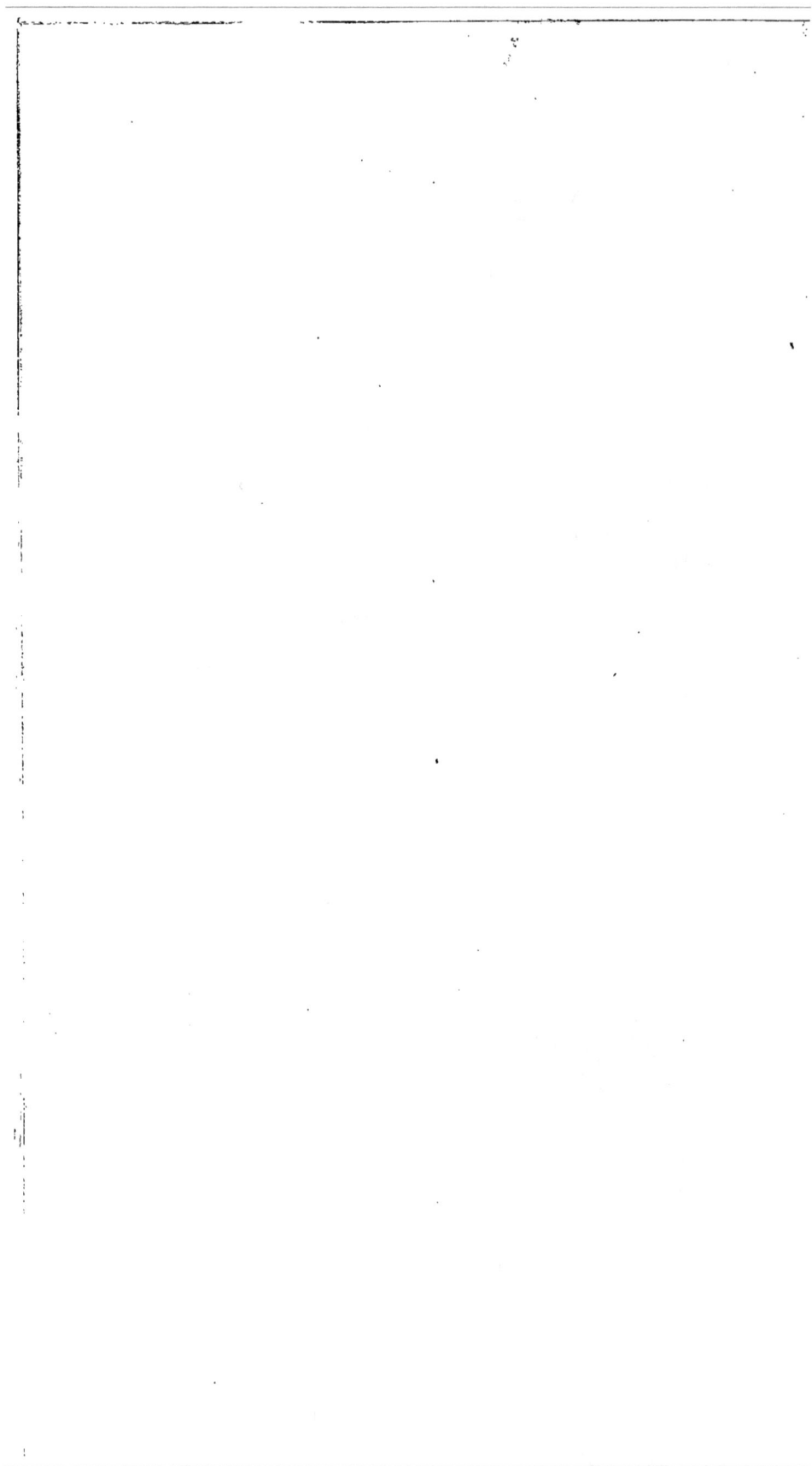

DÉDICACE DE LA PREMIÈRE ÉDITION.

A MONSEIGNEUR,

MONSEIGNEUR FRANÇOIS DE PIERRE DE BERNIS, Archevêque de Rouen, Primat de Normandie, Pair de France, etc., etc.

MONSEIGNEUR,

Les Administrateurs des Fabriques des Eglises ont à observer, dans leur gestion, les dispositions de plus de cent-vingt Lois, Décrets, Ordonnances, Avis du Conseil-d'Etat, ainsi que celles d'une foule de Décisions ministérielles. Ces actes sont en outre l'objet de nombreuses Circulaires et Instructions des Autorités supérieures, civiles et religieuses.

D'après cela, est-il étonnant, MONSEIGNEUR, *qu'à tout instant des Administrateurs, quoique distingués par leurs lumières et par leur zèle pour le bien, s'écartent des règles tracées par la législation, et qu'il résulte de cette déviation, des peines et des embarras sans nombre pour les Autorités supérieures.*

Occupé, depuis plusieurs années, d'affaires du temporel de la religion dans ses rapports avec l'administration civile, j'ai cru remarquer, MONSEIGNEUR, *que les difficultés qui se présentent à tout moment, et dans les choses les plus simples, viennent de l'impossibilité où se trouvent les Administrateurs des Fabriques et les Autorités locales d'avoir toujours présente à l'esprit cette quantité prodigieuse de dispositions éparses.*

J'ai dès-lors pensé que ce serait rendre service aux personnes qui ont à se mêler d'affaires d'Eglise, que de réunir dans un seul cadre toute la législation sur cette matière. J'ai entrepris cette tâche, et je désire bien sincèrement avoir réussi.

C'est cet Ouvrage, MONSEIGNEUR, *que j'ose prendre la liberté de mettre sous les yeux de* VOTRE GRANDEUR. *Si elle daigne en agréer la Dédicace, j'aurai reçu la plus belle récompense que j'aie pu me promettre; et, sous vos auspices, je le publierai avec la confiance que je ferai une chose utile.*

Je suis avec un très-profond respect,

MONSEIGNEUR,

DE VOTRE GRANDEUR,

Le très-humble et très-obéissant serviteur,

LE BESNIER.

AVERTISSEMENT.

Sous la dénomination de *Fabrique* on entend et les biens des cures et succursales, et les membres du conseil qui les gèrent; c'est-à-dire, la chose administrée et l'administration; d'où il suit que la *Législation des Fabriques* comprend tous les actes du Gouvernement qui contiennent des dispositions sur la restitution des biens aux fabriques, qui règlent comment ces restitutions sont faites, comment ces établissements peuvent vendre, échanger, acquérir ou accepter de nouveaux biens; qui tracent le mode d'administration, et les obligations des Autorités municipales, des Fabriciens, des Marguilliers, et particulièrement des Trésoriers.

La législation sur les fabriques est extrêmement compliquée; depuis la loi du 8 avril 1802 (18 germinal an 10), qui a rendu à leur ancienne destination les édifices servant au culte, est intervenu l'arrêté du

Gouvernement, du 26 juillet 1803 (7 thermidor an XI), qui a restitué aux fabriques les biens et rentes qui n'étaient pas définitivement aliénés ou transférés.

Ces deux actes ont été suivis de cette foule de lois, décrets, ordonnances et avis du Conseil-d'État, qui sont ci-après analysés. Leur connaissance oblige de remonter plus loin : il faut savoir comment, dans les temps d'anarchie, le clergé et les églises furent dépouillés de leurs biens et revenus, parce que ces lois destructives renferment des dispositions qu'il est nécessaire d'interpréter ou de rapprocher des lois réparatrices. Cela ne suffit pas encore; nos lois, quoique fort multipliées, n'ont pas tout prévu, et il est quelquefois indispensable de recourir aux anciennes.

Avec une aussi grande multitude de dispositions éparses, qui ne se trouvent pas même toutes au bulletin des lois ou dans les divers recueils administratifs publiés jusqu'à ce jour, il est facile de concevoir qu'il n'y a qu'un petit nombre d'Administrateurs de fabriques qui puissent en être suffisamment pénétrés. Aussi voit-on traîner les affaires : on les entreprend mal, on les conduit de même, et les intérêts des fabriques restent en souffrance.

Le défaut d'une connaissance approfondie des règles législatives est la principale cause du mauvais état des affaires des fabriques. Des administrateurs se perpétuent, des marguilliers sont également réélus ; ce que la loi n'autorise pas : ils gèrent aveuglément et selon leurs caprices ; ils ne mettent aucun ordre dans leurs opérations, laissent prescrire les biens et les revenus, ne profitent par des moyens permis de les accroître et emploient, sans discernement, les ressources à leur disposition ; les trésoriers reçoivent sans enregistrement, paient sans autorisation et sans pièces régulières ; retardent la présentation de leurs comptes, ou n'en rendent pas, détournent ou dilapident les fonds.

Il résulte de ces désordres dont la Religion gémit, et qui ne sont malheureusement que trop communs, notamment dans les paroisses des campagnes, que les édifices consacrés à l'exercice de la religion, les presbytères et leurs dépendances sont mal entretenus, et que les choses les plus indispensables pour le service divin manquent.

Il n'y a rien d'exagéré dans ce tableau : il existe un grand nombre d'églises qui sont si pauvres en linge, en ornements, en vases sacrés, en mobilier, que c'est une honte pour ceux qui sont chargés de ce soin. Enfin, dans beaucoup de paroisses, sans le zèle religieux de quelques habitants, dont la bienfaisance est soutenue par l'exemple des sacrifices personnels des pasteurs, on verrait les églises dépourvues de tout, et l'on serait presque dans l'impossibilité d'y célébrer les saints mystères.

Comment des maires, des conseillers de fabriques, des marguilliers, des curés et desservants préviendront-ils ou répareront-ils ce mal, s'ils ne savent sur quelle autorité s'appuyer et comment agir? Si, par un zèle religieux, quelqu'un désire un meilleur ordre de choses, ses vœux seront impuissants, car, s'il fait des démarches, s'il porte des plaintes, ses réclamations seront mal accueillies, par cela seul qu'il n'aura pu s'étayer d'une disposition précise de la loi.

Ce sont ces diverses considérations qui

nous déterminèrent, en 1822, à entreprendre cet ouvrage et à le publier. Il renferme la législation dont la connaissance est indispensable pour l'administration des fabriques ou pour en diriger les opérations avec exactitude et régularité. Outre qu'on y trouve tout ce qui traite de l'administration des biens et revenus, il contient encore une foule d'articles qui font également partie essentielle de la législation sur le temporel des églises, et qui ne peuvent qu'être extrêmement utiles à MM. les Curés et Maires, et même aux Autorités supérieures, civiles et ecclésiastiques.

Les matières y sont rangées dans l'ordre alphabétique et sous toutes les dénominations possibles : en sorte que les personnes les moins exercées, en fait de recherches, ne se trouveront point embarrassées. L'auteur aurait pu se borner à faire un traité à l'instar de beaucoup de recueils administratifs, et, possédant assez la connaissance des lois et réglements, il se serait évité l'extrême difficulté des recherches et des transcriptions littérales; mais il a été arrêté par la crainte de mettre son opinion à la place des dispositions de la loi; il a préféré en rapporter le texte tel qu'il existe, en l'accompagnant des développements nécessaires.

L'encouragement honorable qu'ont daigné nous donner Leurs Excellences le Ministre des affaires ecclésiastiques, et le Nonce de N. T. S. P. le Pape, près le Roi de France; l'accueil favorable que Messeigneurs les Archevêques et Evêques, et MM. les Préfets et Sous-Préfets, ont fait aux deux premières éditions, la promptitude avec laquelle elles ont été épuisées, et le compte avantageux que les journaux en ont rendu, nous ont déterminé à en offrir une troisième au public, avec la confiance qu'il l'accueillera favorablement. Elle est encore plus complète que les deux premières, en ce qu'elle renferme diverses lois et ordonnances nouvelles, ainsi que des décisions également récentes, au nombre desquelles il s'en trouve qui mettent fin à des incertitudes existantes sur des points importants, tels que le *logement des Curés*, la *place distinguée* que les fonctionnaires ont droit d'occuper dans les Eglises, etc. Nous y avons en outre ajouté les *tarifs des droits à payer*, pour les inhumations, les services funèbres, les mariages et autres cérémonies religieuses.

Nous continuerons de répondre avec beaucoup d'empressement aux consultations qu'on voudra bien nous faire l'honneur de nous soumettre, comme nous recevrions avec une bien vive reconnaissance les observations qu'on aurait la bonté de nous adresser.

NOTE DE L'AUTEUR

Sur l'étymologie des mots : Fabrique et Marguilliers.

Le terme fabrique, *fabrica*, pris dans le sens littéral, signifie *construction*. On dit encore en Italie, fabriquer une église, une maison. On se servait particulièrement de ce terme pour *la construction* des églises. On l'a appliqué ensuite aux *reconstructions* et autres *réparations* quelconques, et généralement à toutes les *dépenses* qui se font, soit pour les bâtiments servant au culte, soit pour les décorations et pour les vases sacrés, livres et ornements employés au service divin.

Par le terme *fabrique*, l'on désigne et le temporel des églises et l'administration chargée de la régie des biens et revenus.

Dans la primitive église, les offrandes qui lui étaient faites, et les biens qu'elle possédait appartenaient aux fidèles, et étaient administrés en commun ; les Evêques en avaient l'intendance et la direction. Ces Prélats avaient, dans presque toutes les paroisses, des éconômes qui, le plus souvent, étaient des Prêtres ou des Diacres, et qui leur rendaient compte. Ces éconômes touchaient les revenus et avaient soin de l'entretien des églises, en sorte qu'ils exerçaient véritablement les fonctions de *fabriciens*.

Le concile de Chalcédoine obligea les Evêques à choisir leurs éconômes dans le clergé, à les diriger et à en exiger des comptes.

Des difficultés s'étant élevées dans les distributions des revenus, un concile tenu à Rome, vers l'an 360, du temps de Constantin, ordonna le partage des biens des églises en quatre lots; le premier pour l'Evêque, le second pour son clergé, le troisième pour les pauvres, et le quatrième pour l'église.

Le pape Simplicius, successeur de Saint Hilaire, élu le 20 septembre l'an 467, écrivit à plusieurs Evêques que ce dernier quart devait être employé *ecclesiasticis fabricis*, d'où il paraît qu'est venu le terme fabrique tel qu'on l'emploie aujourd'hui.

Le pape Gélase Ier, élevé à la chaire de Saint Pierre, le 2 mars l'an 492, après la mort de Félix II, renouvela cette invitation en 494. On lit dans ses lettres, à l'occasion de la quatrième portion : *Fabricis verò quartam.* Le même Pontife répète souvent cette disposition en se servant du terme *fabricis*, qui, comme on vient de le dire, paraît venir du pape Simplicius.

Les différents successeurs de Simplicius et de Gélase ont maintenu le partage qu'ils avaient réglé. Grégoire II, en 729, recommandait que la quatrième portion des revenus de l'église fût réservée pour la fabrique, *Ecclesiasticis fabricis reservandam.*

Dans les premières années du neuvième siècle, un capitulaire de Charlemagne ordonna aussi que la quatrième partie fût destinée pour la fabrique, *quarta in fabricâ ipsius ecclesiæ.*

Après les Evêques, les Archidiacres et les Curés, il fut établi des personnes notables pour administrer la part des pauvres et celle des fabriques.

Ces Administrateurs étaient obligés de tenir un catalogue des pauvres qui portait le titre de matricule, *matricula.* Les pauvres qui y étaient inscrits étaient nommés *matricularii*; les personnes qui le tenaient portèrent aussi le nom de *matricularii*, et ceux de *æditui*, *operarii*, *administratores*, *hyerophilaces*, et, en françias, on les nomma *matriculiers*, et finalement *marguilliers*, nom que portent aujourd'hui les membres du bureau de la fabrique.

Voyez *Fabrique*, *Marguilliers.*

TABLEAU ANALYTIQUE

Des Lois, Décrets et Ordonnances dont les dispositions forment le fond de cet Ouvrage.

2 *Juin* 1614.

Arrêt du Conseil du Roi, relatif à la police des cimetières.

14 *Mai* 1622.

Arrêt du Parlement de Rennes, sur le même objet.

Août 1669.

Ordonnance relative aux eaux et forêts.

. . . . 1695.

Edit sur la reddition des comptes des Trésoriers des fabriques.

30 *Juillet* 1710.

Arrêt du Parlement de Paris, sur la composition de l'administration des fabriques.

10 *Mai* 1718.

Arrêt du même Parlement, qui défend de faire quêter dans les églises par des domestiques et par des enfants au-dessous de 12 ans.

7 *Juin* 1726.

Arrêt du Parlement de Normandie, portant que les fieffes de bancs n'étaient faits que pour la vie des fieffataires, et non à perpétuité.

16 *Décembre* 1727.

Arrêt rendu par le Roi, en son conseil, qui ordonne que, conformément aux déclarations de 1696, 1699 et 1708, les baux des biens des fabriques seront passés par-devant notaires.

8 *Mars* 1736.

Arrêt du Parlement de Rouen, portant défense aux Curés d'accepter la place de Trésorier de fabriques.

4 *Août* 1745.

Arrêt du Parlement de Paris, concernant la police des cimetières.

17 *Juillet* 1749.

Lettre de M. DORMESSON, intendant des finances, contenant invitation de fournir une écurie aux Curés des paroisses dont l'étendue les oblige à avoir un cheval.

. . . *Août* 1749.

Edit qui interdit aux gens de main-morte de traiter de leurs immeubles, ou d'en acquérir sans l'autorisation du Roi.

26 *Juillet* 1751.

Arrêt portant que les Curés, et ensuite les Vicaires, seront les premiers remplis de messes de fondations et autres, auxquelles il sera attaché une rétribution.

10 *Mars* 1776.

Déclaration du Roi qui modifie, en ce qui concerne l'acquisition de terrains pour l'établissement de cimetières, les dispositions de l'édit d'août 1749.

15 *Mai* 1776.

Lettres-patentes relatives aux inhumations dans les églises et cimetières.

2 *Novembre* 1789.

Loi qui déclare nationaux tous les biens ecclésiastiques, à charge par le gouvernement de pourvoir convenablement aux frais du culte, à l'entretien de ses Ministres, etc.

20, 22 et 23 *Novembre* 1789.

Loi relative aux retenues à exercer sur les rentes constituées à l'époque de cette loi.

12 *Juillet* 1790.

Loi portant sursis à la vente des biens affectés à des services pieux.

24 *Juillet* 1790.

Loi qui oblige (art. 37) les anciens Curés, dépositaires de sommes pour réparations, à justifier de l'emploi desdites sommes.

18 *Décembre* 1790.

Loi qui autorise l'amortissement des rentes constituées, etc., et qui permet de porter à 99 le nombre d'années d'une emphytéose, et aussi de consentir des baux à vie sur plusieurs têtes, pourvu qu'elles ne soient pas au-dessus du nombre trois.

20 *Décembre* 1790.

Arrêté qui fixe à un demi-arpent d'ordonnance (un quart d'hectare), l'étendue des jardins à réserver aux Curés, lors de la vente des biens dépendant des presbytères.

2 *Janvier* 1791.

Loi relative à l'administration des biens des fabriques et à la location des bancs, chaises et autres siéges dans les églises.

7 *Février* 1791.

Décret portant que les actes soumis à l'enregistrement devront être timbrés, ainsi que les registres concernant les affaires étrangères à l'administration.

10 *Février* 1791.

Loi portant que les immeubles réels affectés à l'acquit des fondations seraient aliénés, sauf, par le gouvernement, à payer un intérêt aux Prêtres et aux Fabriques, pour faire continuer lesdits services religieux dans les églises paroissiales.

6 *Mai* 1791.

Décret qui ordonne la vente des cimetières des paroisses et succursales supprimées. *Cette disposition n'eut pas une longue suite, le gouvernement reconnut bientôt la nécessité de conserver un cimetière par commune.*

6 *Juillet* 1791.

Décret qui prononce la suspension de la prescription contre l'Etat, pendant 5 ans.

19 *Août* 1792.

Décret relatif à la vente des immeubles réels affectés aux fabriques des églises.

19 *Juillet* 1793.

Loi relative à l'impression et à la réimpression des livres d'églises, et portant des peines contre ceux qui s'en occupe aient sans une permission préalable.

24 *Août* 1793.

Loi qui ordonne la réuniou au domaine de tout l'actif des fabriques, non compris les rentes affectées aux fondations.

3 *Novembre* 1793. -- 13 *Brumaire an* 2.

Décret qui déclare propriété nationale tout l'actif affecté aux fabriques et à l'acquit des fondations et autres services pieux.

30 *Avril* 1795. -- 11 *Floréal an* 3.

Loi qui détermine comment on supplée aux titres primitifs des rentes.

17 *Mai* 1795. -- 28 *Floréal an* 3.

Autre loi sur le même objet.

21 *Mai* 1797. -- 2 *Prairial an* 5.

Loi qui défend aux communes et aux établissements publics de faire des acquisitions d'immeubles sans l'autorisation du gouvernement.

23 *Novembre* 1798. -- 3 *Frimaire an* 7.

Loi qui exempte les églises, cimetières, presbytères et jardins de la contribution foncière.

24 *Novembre* 1798. -- 4 *Frimaire an* 7.

Loi portant exemption des presbytères appartenant aux fabriques de la contribution des portes et fenêtres, par analogie aux bâtiments employés à un service public.

12 *Décembre* 1798. -- 22 *Frimaire an* 7.

Loi relative au mode de paiement des droits d'enregistrement des adjudications passées en séance publique.

16 *Juin* 1800. — 27 *Prairial an* 8.

Arrêté qui affecte les rentes des fabriques au rachat des inscriptions émises par la trésorerie.

17 *Octobre* 1800. — 25 *Vendémiaire an* 9.

Arrêté portant que les membres des conseils municipaux ne peuvent délibérer, s'ils ne sont au moins les deux tiers réunis, et que les délibérations doivent être prises à la majorité des votants.

6 *Novembre* 1800. — 15 *Brumaire an* 9.

Arrêté qui affecte au paiement des dettes arriérées des hospices les capitaux des rentes des fabriques servies à la régie des domaines et de l'enregistrement.

23 *Février* 1801. — 4 *Ventôse an* 9.

Arrêté qui autorise la concession aux hospices, des biens et rentes appartenant aux fabriques, et devenus propriétés nationales.

28 *Mars* 1801. — 7 *Germinal an* 9.

Arrêté portant que les communes auxquelles les fabriques sont assimilées, ne peuvent acquérir, échanger ou vendre des immeubles sans l'autorisation du gouvernement.

10 *Mars* 1802. — 19 *Ventôse an* 10.

Arrêté relatif à l'administration, garde et surveillance des bois des communes et des établissements publics au nombre desquels sont les fabriques.

19 *Mars* 1802. -- 28 *Ventôse an* 10.

Arrêté concernant les biens des églises, etc.

8 *Avril* 1802. -- 18 *Germinal an* 10.

Loi organique du culte catholique en France.

24 *Novembre* 1802. -- 3 *Frimaire an* 11.

Arrêté contenant la formule des publications des bans de mariages dans les églises.

18 *Décembre* 1802. -- 27 *Frimaire an* 11.

Arrêté relatif aux rentes provenant du clergé et des établissemens publics de toute origine, découvertes par les Administrateurs des hospices.

25 *Décembre* 1802. -- 4 *Nivôse an* 11.

Décision du Gouvernement, portant qu'il ne pourra être rien retiré du logement du Curé, sans l'avis de l'Evêque.

8 *Janvier* 1803. -- 18 *Nivôse an* 11.

Arrêté portant que les traitements ecclésiastiques sont insaisissables dans leur totalité.

10 *Mars* 1803. -- 19 *Ventôse an* 11.

Arrêté qui trace les règles des adjudications publiques de travaux sur soumissions cachetées.

8 *Avril* 1803. -- 18 *Germinal an* 11.

Arrêté relatif au supplément de traitement à accorder, par les communes, aux Curés et Desservants; aux meubles à fournir à ces Ecclésiastiques et à l'entretien des objets servant au culte.

29 *Avril* 1803. -- 9 *Floréal an* 11.

Loi relative au régime des bois des particuliers, des communes et des établissements publics.

29 *Avril* 1803. -- 9 *Floréal an* 11.

Arrêté qui autorisait les supérieurs diosésains à faire des réglements provisoires pour fixer l'administration des fabriques. *Tous ceux antérieurs au décret du* 30 *Décembre* 1809 *sont nuls.*

25 *Mai* 1803.-- 5 *Prairial an* 11.

Arrêté qui autorise le rétablissement des troncs dans les églises, en faveur des bureaux de charité.

26 *Juillet* 1803. -- 7 *Thermidor an* 11.

Arrêté qui restitue aux fabriques leurs biens non-définitivement aliénés, et ordonne l'organisation de Marguilliers pour les administrer.

29 *Août* 1803. -- 11 *Fructidor an* 11.

Arrêté concernant les frais de culte dans les hospices.

13 *Décembre* 1803. -- 25 *Frimaire an* 12.

Arrêté portant qu'il sera formé des Comités consultatifs, composés de trois Jurisconsultes désignés par le Préfet.

17 *Décembre* 1803. -- 25 *Frimaire an* 12.

Arrêté relatif à la restitution des biens aux fabriques.

20 *Décembre* 1803. -- 28 *Frimaire an* 12.

Arrêté qui assimile les différents biens, rentes et fondations, aux biens restitués par l'arrêté du 26 juillet 1803.

28 *Janvier* 1804. -- 7 *Pluviôse an* 12.

Loi relative aux droits de transcription aux hypothèques des actes portant don ou legs d'immeubles en faveur des hospices, *dispositions qui paraissent applicables aux fabriques.*

31 *Mai* 1804. -- 11 *Prairial an* 12.

Décret portant qu'il sera accordé un traitement aux Desservants des succursales.

12 *Juin* 1804. -- 23 *Prairial an* 12.

Décret relatif aux cimetières, aux inhumations et aux pompes funèbres.

6 *Juillet* 1804. -- 17 *Messidor an* 12.

Décret concernant l'établissement des chapelles et oratoires particuliers.

13 *Juillet* 1804. -- 24 *Messidor an* 12.

Décret réglementaire sur les honneurs civils et militaires, sur les préséances dans les cérémonies et sur l'escorte du Saint-Sacrement.

30 *Juillet* 1804. -- 11 *Thermidor an* 12.

Décret portant que les inscriptions hypothécaires prises pour les hospices ne seront radiées, modifiées ou changées que sur la décision des conseils de préfecture, *formalités rendues communes aux fabriques.*

6 *Mars* 1805. -- 15 *Ventôse an* 13.

Décret relatif à la restitution des biens aux fabriques.

28 *Mars* 1805. -- 7 *Germinal an* 13.

Décret concernant l'impression des livres d'églises, des heures et des prières.

17 *Juillet* 1805. -- 28 *Messidor an* 13.

Décret qui restitue aux fabriques les biens ayant appartenu aux anciennes confréries.

23 *Juillet* 1805. -- 4 *Thermidor an* 13.

Décret qui défend de faire des inhumations sans l'autorisation de l'officier de l'état-civil.

1er *Août* 1805. -- 13 *Thermidor an* 13.

Décret qui oblige les fabriques à payer à l'évêché le sixième du produit net des bancs et places dans les églises, pour être distribué par l'Evêque aux Prêtres âgés et infirmes.

9 *Septembre* 1805. -- 22 *Fructidor an* 13.

Décret qui charge les fabriques de payer aux Curés et Desservants, les rétributions qui leur sont dues pour l'acquit des fondations.

8 *Vendémiaire an* 14.

Avis du conseil-d'état portant que les Curés et Desservants peuvent exercer la médecine dans leurs paroisses, etc.

10 *Février* 1806.

Décret portant exception en faveur des Juifs, relativement aux fournitures des pompes funèbres et aux inhumations.

18 *Mai* 1806.

Décret concernant les inhumations, les services, convois et pompes funèbres.

30 *Mai* 1806.

Décret qui déclare que les églises et presbytères supprimés font partie des biens restitués aux fabriques dans l'arrondissement desquelles ils se trouvent.

19 *Juin* 1806.

Décret par lequel il est ordonné aux Administrateurs des hospices de payer aux fabriques les sommes nécessaires pour l'acquit des services religieux dont les biens transférés auxdits hospices sont grevés.

31 *Juillet* 1806.

Décret qui explique celui du 30 mai relatif aux églises et presbytères supprimés et aux biens provenant de ces anciennes paroisses.

20 *Novembre* 1806.

Avis du conseil-d'état portant qu'il y a lieu de dispenser les Curés et Desservants de la tutelle.

20 *Décembre* 1806.

Avis du conseil-d'état, approuvé le 25 janvier 1807, relatif aux terrains et chemins de ronde à réserver autour des églises, sur les anciens cimetières supprimés ou remplacés.

23 *Décembre* 1806.

Avis du conseil-d'état, approuvé le 25 janvier 1807, portant que les restitutions de biens et rentes aux fabriques doivent se faire, sur l'avis du directeur du domaine, par des arrêtés spéciaux du Préfet, approuvés par le Ministre des finances.

30 *Avril* 1807.

Décret approbatif d'un avis du conseil-d'état sur

plusieurs questions relatives aux biens et rentes sur lesquels les fabriques et les hospices peuvent respectivement prétendre des droits.

11 *Mai* 1807.

Décret approbatif d'un avis du conseil-d'état, portant que les biens rendus aux fabriques ne sont plus chargés des dettes et créances anciennes, les créanciers ayant dû se pourvoir pour être liquidés par le gouvernement.

12 *Août* 1807.

Décret relatif à l'acceptation des dons et legs.

16 *Septembre* 1807.

Loi relative aux expropriations, pour cause d'utilité publique.

30 *Septembre* 1807.

Décret relatif à l'augmentation du nombre des succursales, et à l'érection de chapelles et annexes.

11 *Janvier* 1808.

Avis du conseil-d'état portant qu'il appartient aux tribunaux de juger si les anciens Marguilliers ont agi, en leur nom privé, à l'égard des créances pour lesquelles ils seraient actionnés.

7 *Mars* 1808.

Décret qui détermine la distance des constructions et des puits à entreprendre, ou à maintenir près des nouveaux cimetières.

16 *Juin* 1808.

Décret relatif aux mariages des officiers et soldats en activité, ou en congé limité.

24 *Juin* 1808.

Avis du conseil-d'état portant que les tribunaux ne peuvent s'immiscer dans le réglement du paiement des dettes des fabriques, etc.

11 *Août* 1808.

Décret qui exempte les presbytères et jardins y attenants, de la contribution foncière.

28 *Août* 1808.

Décret concernant la circonscription ecclésiastique.

7 *Octobre* 1808.

Avis du conseil-d'état portant que les fabriques ne sont investies de la propriété de leurs biens, que par un envoi en possession.

11 *Décembre* 1808.

Décision du conseil-d'état, portant que c'est aux tribunaux à juger si une ancienne créance concerne personnellement les Marguilliers qui l'ont contractée.

21 *Décembre* 1808.

Décret approbatif d'un avis du conseil-d'état, du 22 novembre précédent, relatif au mode de remboursement des rentes et créances des établissements publics.

26 *Février* 1809.

Avis du conseil-d'état portant que c'est aux tribunaux à décider si la prescription de cinq ans est applicable aux redevances dues aux fabriques.

17 *Mars* 1809.

Décret relatif aux biens aliénés et rentrés au domaine par suite de déchéance, et qui les restitue aux fabriques.

17 *Mai* 1809.

Avis du conseil-d'état portant que les difficultés relatives à la distribution des places dans les églises, ne peuvent être portées devant les tribunaux.

1er *Juillet* 1809.

Avis du conseil-d'état qui porte que les infractions au décret du 7 germinal an 13, sur l'impression des livres d'églises, doivent être constatées par les officiers judiciaires et punies par les tribunaux.

20 *Septembre* 1809.

Avis du conseil-d'état portant que les biens dont les hospices et bureaux de charité ne peuvent justifier de l'envoi en possession, antérieurement à l'arrêté du 26 juillet 1803, doivent revenir aux fabriques.

29 *Octobre* 1809.

Décret relatif aux dons et legs faits aux fabriques et à d'autres établissements par le même acte, et au mode d'acceptation.

28 *Novembre* 1809.

Avis du conseil-d'état portant que les transferts de biens ou rentes faits postérieurement au 26 juillet 1803 (7 thermidor an 11), ne peuvent profiter à ceux en faveur de qui ils auraient été faits.

30 *Décembre* 1809.

Décret réglementaire sur toute l'administration intérieure et extérieure des fabriques des cathédrales et des églises paroissiales.

14 *Février* 1810.

Loi qui détermine sur quelles contributions seront basées les impositions extraordinaires à lever pour l'entretien du culte ou pour les constructions et grosses réparations.

8 *Mars* 1810.

Loi relative aux expropriations d'immeubles pour cause d'utilité publique.

16 *Juillet* 1810.

Décret qui règle le mode de remploi des capitaux de rentes remboursés, et de ceux provenant de dons et legs.

28 *Août* 1810.

Décret approbatif d'un avis du conseil-d'état, portant que les biens des anciennes confréries appartiennent aux fabriques, et que les anciens membres n'en peuvent disposer.

8 *Novembre* 1810.

Décret qui abandonne aux fabriques les anciennes maisons vicariales à l'instar des églises, presbytères et autres biens et revenus non-définitivement aliénés.

9 *Décembre* 1810.

Décret approbatif d'un avis du conseil-d'état, portant que les fabriques ne sont point chargées des rentes dont les biens qui leur ont été restitués par le domaine étaient grevés.

14 *Décembre* 1810.

Décret qui approuve un avis du conseil-d'état, portant que les communes qui ont obtenu une chapelle ne sont point chargées de contribuer aux frais du culte paroissial.

29 *Décembre* 1810.

Avis du conseil-d'état portant que les préfets peuvent exiger des fabriques l'état des biens dont elles ont repris la possession, afin de s'assurer s'il n'y en a pas qui soient la propriété du domaine.

15 *Avril* 1811.

Décret relatif à l'abattage des arbres épars ou en massif et qui règle le mode des déclarations à passer.

22 *Juin* 1811.

Nouvel avis du conseil-d'état portant que les tribunaux ne peuvent rien décider relativement au paiement des dépenses des fabriques.

18 *Août* 1811.

Décret relatif aux inhumations et à tout ce qui concerne les cérémonies funèbres dans la ville de Paris.

17 *Novembre* 1811.

Réglement des indemnités à payer aux remplaçants provisoires des Curés et Desservants titulaires, dans tous les cas où ils peuvent s'absenter.

25 *Avril* 1812.

Décret sur le partage de biens entre plusieurs paroisses.

22 *Décembre* 1812.

Décret concernant l'établissement des chapelles domestiques et d'oratoires particuliers.

22 *Février* 1813.

Décret portant approbation d'un avis du conseil-d'état, du 16 du même mois, sur l'annulation prononcée de droit par le décret du 30 décembre 1809, des réglements provisoires faits par les Archevêques et Evêques.

25 *Mars* 1813.

Décret qui saisissait les cours royales de la connaissance des *appels comme d'abus*.

26 *Décembre* 1813.

Décret relatif au partage de la cire employée dans les services funèbres.

12 *Février* 1814.

Avis du conseil-d'état portant que les biens provenant des bénéfices dont les titulaires passaient les baux, ne peuvent être réclamés par les fabriques.

10 *Juin* 1814.

Ordonnance royale concernant les legs et les donations entre-vifs faits aux établissements publics.

18 *Novembre* 1814.

Loi sur la célébration des dimanches et fêtes, et sur les peines qu'encourent ceux qui y contreviennent.

2 *Janvier* 1817.

Loi concernant les legs et donations entre-vifs, ainsi que les ventes et acquisitions, tant d'immeubles que de rentes.

2 *Avril* 1817.

Nouvelle ordonnance concernant l'acceptation des dons et legs faits aux divers établissements publics.

8 *Avril* 1817.

Ordonnance qui accorde un secours aux vicaires sur les fonds du trésor royal.

15 *Mai* 1818.

Loi de finances applicable aux fabriques, sous le rapport, 1° du timbre et de l'enregistrement des actes portant transmission de propriété, et sous celui des adjudications et marchés;

2° Du calcul des rentes et des fermages stipulés payables en grains et autres denrées;

3° Aux impositions extraordinaires.

8 *Juillet* 1818.

Ordonnance relative au partage de biens entre plusieurs fabriques.

24 *Mars* 1819.

Ordonnance relative à l'*appel comme d'abus*.

17 *Mai* 1819.

Loi renfermant (art. 1 et 8), des dispositions sur les crimes et délits contre la morale publique et religieuse.

25 *Août* 1819.

Ordonnance portant création de 500 nouvelles succursales et de chapelles vicariales.

8 *Septembre* 1819.

Avis du conseil-d'état portant que les fabriques doivent obtenir des envois en possession de leurs anciens biens.

28 *Mars* 1820.

Ordonnance qui autorise la restitution des biens et rentes ayant appartenu aux anciennes églises érigées en succursales ou en chappelles, depuis la circonscription de 1808.

28 *Juillet* 1820.

Ordonnance qui met les nouvelles fabriques aux droits des anciennes, sans qu'elles aient leurs charges.

4 *Juillet* 1821.

Loi relative à l'accroissement des ressources destinées aux dépenses du clergé.

18 *Juillet* 1821.

Avis du conseil-d'état portant que les fabriques ne sont définitivement saisies de leurs biens que par un envoi régulier en possession.

31 *Juillet* 1821.

Ordonnance qui fixe à 300 fr. le secours annuel à accorder aux vicaires, et qui augmente le fonds destiné aux anciennes religieuses âgées et infirmes.

8 *Août* 1821.

Ordonnance contenant des modifications aux règles

actuelles de l'administration communale, en ce qui concerne les constructions, réparations, travaux et autres objets d'intérêt local.

31 *Octobre* 1821.

Ordonnance relative (art. 18), à la nomination des Aumôniers des hôpitaux.

25 *Mars* 1822.

Loi relative aux délits commis par la voie de la presse, ou par tout autre moyen de publication.

16 *Juin* 1824.

Loi qui réduit les droits d'enregistrement et de transcription hypothécaire en faveur des fabriques.

26 *Août* 1824.

Ordonnance qui crée un ministère des affaires ecclésiastiques et de l'instruction publique.

Nota. La première direction comprend toutes les attributions de l'ancienne première division du ministère de l'intérieur et du bureau des dépenses du clergé, faisant précédemment partie du même ministère, etc.

29 *Septembre* 1824.

Ordonnance contenant des dispositions en faveur des vicaires-généraux qui sortent de fonctions après trois ans d'exercice.

12 *Janvier* 1825.

Ordonnance qui modifie le décret du 30 décembre

1809, en ce qui concerne le renouvellement des membres des fabriques, etc.

3 *Mars* 1825.

Ordonnance relative aux presbytères des paroisses conservées et des paroisses supprimées.

20 *Avril* 1825.

Loi pour la répression des crimes et délits commis dans les édifices ou sur des objets consacrés à la religion.

27 *Avril* 1825.

Loi relative aux émigrés déportés et condamnés revolutionnairement, et qui relève de la prescription les titres de créances à exercer sur ces anciens propriétaires.

14 *Décembre* 1825.

Ordonnance royale sur la franchise de lettres et paquets.

Outre la législation ci-dessus analysée, on trouve, dans les nombreuses citations et transcriptions faites dans cet Ouvrage, beaucoup d'articles des Codes civil, de procédure et pénal. On y trouve de même des arrêts des cours royales et de la cour de cassation ; des arrêtés, des décisions et des instructions des ministres, tant de l'ancien gouvernement, que du gouvernement monarchique.

LÉGISLATION

COMPLÈTE

DES FABRIQUES DES ÉGLISES.

ABSENCE DES CURÉS ET DESSERVANTS.

Le législateur a prévu le cas où les curés ou desservants s'absenteraient de leurs paroisses pour cause de maladie, et celui où ils en seraient éloignés pour quelque cause que ce soit. Le décret du 17 novembre 1811 a déterminé la rétribution qui serait accordée à l'ecclésiastique commis par le supérieur diocésain pour remplir l'*intérim*, et la part réservée au titulaire.

Dispositions de ce décret :

Cas d'absence.

Art. 1er. Dans le cas où un titulaire se trouverait éloigné temporairement de sa paroisse, un ecclésiastique sera nommé par l'évêque pour le remplacer provisoirement ; et cet ecclésiastique recevra, outre le casuel auquel le curé ou desservant aurait eu droit, une indemnité.

Eloignement pour mauvaise conduite.

2. Si le titulaire est éloigné pour cause de mauvaise conduite, l'indemnité du remplacement provisoire sera prise sur les revenus du titulaire, soit en argent, soit en bien-fonds.

3. Si le revenu est en argent, l'indemnité sera, savoir :

Dans une succursale, 250 fr. par an (1), au prorata du temps du remplacement.

Dans une cure de deuxième classe, 600 fr. (2); et dans une de première classe, 1000 fr. (3)

Cette indemnité sera prélevée, au besoin, en partie ou en totalité sur la pension ecclésiastique du titulaire.

4. Si le titulaire est doté partie en biens-fonds, par exception à l'article 74 de la loi de germinal an 10, partie en supplément pécuniaire, pour lui compléter un revenu de 500 fr., l'indemnité du remplaçant sera de 250 fr. (4), à prendre d'abord sur le supplément pécuniaire, et en cas d'insuffisance, sur les revenus en biens-fonds.

5. Si le titulaire, ayant moins de 500 fr. en biens-fonds, jouit d'une pension ecclésiastique, au moyen de laquelle il n'a point à recevoir de supplément, l'in-

---

(1) C'est-à-dire, moitié du traitement dont jouissait alors un desservant. Aujourd'hui ce sont les deux tiers, suivant qu'il résulte des principes posés par l'article 7 du décret.

(2) Les trois cinquièmes du traitement.

(3) Les deux tiers du traitement.

(4) C'est-à-dire, moitié; mais d'après l'article 7, c'est aujourd'hui les deux tiers.

demnité de 250 fr. pour le remplaçant, sera d'abord prise sur la pension, et au besoin, sur les biens-fonds.

6. Si le titulaire jouit d'un revenu de 500 fr. entièrement en biens-fonds, l'indemnité du remplaçant sera également de 250 fr., à prendre entièrement sur les revenus.

7. Si le revenu du titulaire excède 500 fr., l'indemnité du remplaçant sera de 300 fr., lorsque ce revenu sera de 500 fr. jusqu'à 700 fr., et des deux tiers du revenu qui serait au-dessus de 700 fr. (1)

Cas de maladie.

8. Dans le cas d'absence pour cause de maladie, il sera conservé aux titulaires de succursales et de cures de deuxième classe, et (dans les cures dotées en biens-fonds), à tous les curés dont la dotation n'excéderait pas 1200 fr., un revenu jusqu'à concurrence de 700 fr.

9. Le surplus de l'indemnité du remplaçant, ou la totalité de l'indemnité, si le revenu n'est que de 700 fr., sera, comme le paiement des vicaires, à la charge de la paroisse; et, en cas d'insuffisance du revenu de la fabrique, à la charge de la commune, conformément au décret du 30 décembre 1809, concernant les fabriques.

10. Cette indemnité, à la charge de la fabrique ou de la commune, est fixée, dans les succursales, à 250 fr.; dans les cures de seconde classe à 400 fr.; dans les cures dont le revenu soit entièrement en biens fonds, soit

---

(1) Tous les traitements des desservants s'élevant maintenant au-dessus de 700 fr., la portion du remplaçant doit être des deux tiers. Il est bien entendu que dans le traitement on comprend la pension ecclésiastique de ceux qui en jouissent comme anciens fonctionnaires.

avec un supplément pécuniaire, s'élève à 500 fr., elle est de 250 fr.; lorsque le revenu des biens-fonds s'élève de 500 fr. à 700 fr., elle est de 300 fr.; lorsque le revenu s'élève de 700 fr. à 1000 fr., elle est de 350 fr.; et le revenu étant de 1000 fr. à 1200 fr., l'indemnité est de 600 fr.

11. Lorsque le curé, absent pour cause de maladie, est de première classe, ou que le revenu de sa cure en bien-fonds excède 1200 fr., l'indemnité du remplaçant sera à la charge du curé.

Cette indemnité alors est fixée; savoir, dans une cure de première classe à 700 fr.;

Dans les cures dont la dotation en bien-fonds s'élève à plus haut que 1500 fr. jusqu'à 2000 fr., elle est de 800 fr.; et quand le revenu est au-dessus de 2000 fr., elle est de 1000 fr.

Règles générales.

12. L'absence d'un titulaire, pour cause de maladie, sera constatée au moyen d'un acte de notoriété, dressé par le maire de la commune où est située la paroisse.

13. Quelle que soit la cause de l'éloignement du titulaire, lorsque l'indemnité du remplaçant dans les cures dotées entièrement en biens-fonds, doit être fixée d'après le produit des revenus fonciers, le montant de ce produit sera évalué au moyen d'un acte de notoriété semblable.

14. Toutes les fois que dans les cures dotées en biens-fonds, par une dérogation autorisée par nous, à la loi de germinal an 10, l'indemnité du remplaçant étant à la charge du titulaire, une partie ou la totalité doit en être imputée sur les revenus de la cure; le remplaçant

sera créancier privilégié du titulaire sur les revenus pour la somme qui lui revient.

Un autre décret du 6 novembre 1813, a confirmé ces dispositions, en les rendant applicables aux cures et succursales dont le traitement est, en tout ou en partie, payé par le trésor royal. Il porte :

Art. 27. Dans le cas où il y aurait lieu à remplacer provisoirement un curé ou desservant qui se trouverait éloigné du service, ou par suspension, par peine canonique, ou par maladie, ou par voie de police, il sera pourvu à l'indemnité du remplaçant provisoire, conformément au décret du 17 novembre 1811.

Cette disposition s'appliquera aux cures ou succursales, dont le traitement est en tout ou en partie payé par le trésor.

28. Pendant le temps que, pour les causes ci-dessus, le curé ou desservant sera éloigné de la paroisse, le trésorier de la fabrique remplira, à l'égard des biens, les fonctions qui sont attribuées au titulaire....

Abus.

Les cas d'abus sont, de la part des ecclésisastiques, l'usurpation ou l'excès de pouvoirs, la contravention aux lois pour raison du cul te, l'infraction des saints canons, l'attentat aux libertés de l'église gallicane; toute entreprise, tout procédé qui, dans l'exerce du culte, peut compromettre l'honneur des citoyens, troubler arbitrairement leur conscience, dégénérer contr'eux en oppression ou en injures, ou en scandale public. (Art. 6 de la loi organique du 8 avril 1802 -- 18 germinal an 10).

Il y a abus de la part de l'autorité civile ou des citoyens, s'il est porté atteinte à l'exercice public du culte, ou à la liberté que les lois garantissent à ses ministres. (Art. 7).

L'article 8 de la même loi trace la marche à suivre pour mettre en usage l'*appel comme d'abus*. Toute personne ayant intérêt à faire cesser un abus, soit privée, soit fonctionnaire public, soit ecclésiastique, soit laïque, peut en appeler; et, en cas de silence sur un abus, le préfet peut le dénoncer d'office.

L'appel comme d'abus ne semblerait plus devoir être porté au conseil-d'état, comme le prescrivait l'article 8 de la loi organique, depuis que la connaissance en a été attribuée aux cours royales par l'article 5 du décret du 25 mars 1813; mais il paraît que ce décret n'a pas été mis à exécution; d'ailleurs, il se trouve entièrement abrogé par une ordonnance du 24 mars 1819, qui confirme un conflit élevé par le préfet de l'Isère, touchant une contestation qui avait été portée devant la cour royale de Grenoble, entre un curé et le supérieur diocésain. En conséquence, les cours et tribunaux ne peuvent s'immiscer dans ces sortes de difficultés. La connaissance en appartient au conseil-d'état, et toute personne qui veut exercer un *appel comme d'abus* doit se pouvoir auprès du ministre secrétaire d'état des affaires ecclésiastiques, par un mémoire sur lequel il est statué selon les formes administratives.

ACQUISITIONS.

Les fabriques ne peuvent vendre, échanger ou louer leurs immeubles pour un temps plus long que neuf ans, ni en acquérir sans une ordonnance royale. C'est ce qui résulte des lois anciennes et notamment de l'édit d'août de 1749, qui interdit à tous les gens de main-morte d'acquérir des immeubles sans l'autorisation du Roi.

Cet édit a été confirmé par la nouvelle législation, notamment par la loi du 21 mai 1797 (2 prairial an 5), relative aux communes, et par l'art. 62 du décret du 30 décembre 1809, ainsi conçu :

Ne pourront, les biens-immeubles de l'église, être vendus, aliénés, échangés, ni même loués pour un terme plus long que neuf ans, sans une délibération du conseil, l'avis de l'évêque diocésain, et.... (l'autorisation du Roi).

Les biens des fabriques sont régis et administrés dans la forme déterminée pour les biens des communes; or, une commune ne peut acquérir qu'en se conformant aux dispositions de l'arrêté du 28 mars 1801 (7 germinal an 9). En ce cas, une fabrique qui veut faire une acquisition doit produire, 1° une délibération du conseil, portant que l'acquisition est utile ou nécessaire, et dans laquelle on indique les ressources qui peuvent être affectées au paiement, et le mode de libération;

2° Un consentement souscrit par le propriétaire, de vendre à tel prix et à telles conditions;

3° Un procès-verbal descriptif et estimatif de l'immeuble, dressé par deux experts choisis, l'un par la fabrique et l'autre par le vendeur;

4° Un plan des lieux, s'il s'agit d'un objet de quelqu'importance, ou si on le croit indispensable.

Le tout est envoyé au sous-préfet de l'arrondissement, qui charge un officier judiciaire, soit un juge de paix ou l'un de ses suppleants, soit un notaire, de procéder à l'information de commodo *vel* incommodo. (*Voyez* Enquête.)

Si la fabrique ne peut payer la totalité de la dépense, elle joint aux pièces ci-dessus indiquées le budget de l'exercice courant, réglé par l'évêque. Dans ce cas, et sur la demande du sous-préfet, le préfet ordonne la réunion du conseil municipal en session extraordinaire, pour délibérer sur les moyens de subvenir la fabrique. Si, de son côté, la commune n'a pas de fonds suffisants, et qu'elle veuille recourir à une imposition extraordinaire, le maire adjoint au conseil municipal, en nombre égal à ses membres, les plus forts imposés présents. (*Voyez* Impositions extraordinaires.)

Il est à remarquer, au surplus, que les établissements légalement reconnus peuvent seuls être autorisés à acquérir des immeubles. La loi du 2 janvier 1807 est positive à cet égard ; elle porte :

Art. 1er. Tout établissement ecclésiastique reconnu par la loi pourra accepter, avec l'autorisation du Roi, tous les biens-meubles, immeubles ou rentes qui lui seront donnés par acte entre-vifs ou par acte de dernière volonté.

2. Tout établissement ecclésiastique reconnu par la loi, pourra également, avec l'autorisation du Roi, acquérir des immeubles ou des rentes.

3. Les immeubles ou rentes appartenant à un établissement ecclésiastique seront possédés à perpétuité par ledit établissement, et seront inaliénables, à moins que l'aliénation n'en soit autorisée par le Roi.

Aux termes de l'art. 1125 du Code civil, les personnes capables de s'engager ne peuvent opposer l'incapacité du mineur avec qui elles ont contracté, d'où il suit que tout particulier qui projette de traiter avec une fabrique ou une commune, pour acquérir, vendre ou échanger, et qui a souscrit un acte en conséquence, ne peut plus se rétracter ; il est obligé d'attendre l'accomplissement des formalités exigées par la loi pour autoriser l'établissement mineur à conclure le marché.

Actes conservatoires.

Le trésorier ne peut poursuivre ni défendre devant les tribunaux, même de paix, sans autorisation du conseil de préfecture ; mais l'article 78 du décret du 30 décembre 1809, porte :

Qu'il est tenu de faire tous actes conservatoires pour le maintien des droits de la fabrique, et toutes diligences nécessaires pour le recouvrement de ses revenus.

Ces diligences consistent dans des avertissements réitérés, donnés aux débiteurs, dans un commandement ou une sommation de paiement fait par huissier, dans la saisie-gagerie, saisie-exécution, et finalement dans la vente d'objets mobiliers ; mais s'il s'agissait de saisie immobiliaire, comme elle doit être portée devant le tribunal, ce serait une *action* qui ne pourrait être intentée sans un arrêté du conseil de préfecture. (*Voyez* Conseil de Préfectures, Plaidoiries.)

ACTES *soumis au Timbre.*

Sont dans ce cas tous ceux ayant pour objet un marché, une adjudication, une mutation de propriété, les devis des travaux, les demandes en autorisation de plaider. (*Voyez* Timbre.)

ACTES *soumis à l'Enregistrement.*

Ce sont les adjudications de toute espèce, les ventes, les acquisitions, échanges, etc. (*Voyez* Enregistrement.)

ADJOINTS AUX MAIRES.

Les adjoints aux maires ne sont point membres des conseils municipaux ; l'arrêté du 2 pluviôse an 9, et le décret du 4 juin 1806, ne leur donne point ce droit. Seulement ils peuvent y suppléer les maires quand ces fonctionnaires sont empêchés.

Le décret du 30 décembre 1809 porte, à l'égard des fabriques, les dispositions suivantes :

Art. 4. De plus, seront de droit membres du conseil.... 2° Le maire de la commune du chef-lieu de la cure ou succursale, il pourra s'y faire remplacer par l'un de ses adjoints ; si le maire n'est pas catholique, il devra se substituer un adjoint qui le soit, ou, à défaut, un membre du conseil municipal, catholique. Le maire sera placé à gauche, et le curé à la droite du président.

5. Dans les villes où il y aura plusieurs paroisses ou succursales, le maire sera de droit membre du conseil de chaque fabrique ; il pourra s'y faire remplacer comme il est dit dans l'article précédent.

Les maires n'étant point membres du bureau des marguilliers, les adjoints et les membres du conseil municipal ne peuvent y être admis, à moins qu'ils ne soient membres élus du conseil de la fabrique, ce qui leur donnerait, comme aux autres fabriciens, le droit d'être élus marguilliers ; en effet, les adjoints aux maires sont, comme les autres citoyens, aptes à entrer dans la composition du conseil de fabrique, et alors, quand le maire est absent, l'adjoint siste à la place de ce fonctionnaire, où il conserve le titre de fabricien, attendu que la présence du maire n'est pas indispensable, lorsque le nombre des membres est suffisant pour délibérer.

ADJUDICATIONS.

Elles sont passées en public, soit à l'extinction des feux, soit sur soumission, suivant que le préfet l'a ordonné dans son arrêté d'autorisation.

On distingue plusieurs sortes d'adjudications: celles ayant pour objet la location d'immeubles sont passées devant notaires, en présence du bureau des marguilliers. (*Voyez* Baux.)

Celles relatives à des travaux sont passées administrativement devant la majorité des membres du conseil de la fabrique. Aucune disposition de la loi ne prescrit explicitement cette marche; mais elle est la conséquence nécessaire de ce qui se pratique pour les départements, les communes et les hospices.

Le bureau des marguilliers, autorisé par le conseil de fabrique, remplit, au nom de la fabrique, les mêmes fonctions que remplissent les officiers municipaux au nom des communes, ce qui démontre que le bureau des marguilliers ne peut seul adjuger des travaux ou des ventes d'objets mobiliers.

On ne doit pas perdre de vue, au surplus, que si les fonds pour la dépense des travaux sont fournis par les communes, l'adjudication doit être passée devant le maire, en présence de l'adjoint et d'un membre du conseil municipal. Aux termes de l'article 1596 du Code civil et de l'art. 61 du décret du 30 décembre 1809, les administrateurs ne peuvent se porter adjudicataires des biens ou des travaux.

L'adjudication est rédigée en double expédition, dont l'une sur papier timbré. Elle n'est valable qu'après avoir reçu l'approbation du préfet. Elle est soumise à l'enregistrement dans le délai de vingt jours, qui ne court que du moment de la réception de l'approbation.

Le titre 7 de la loi du 15 mai 1818, contient, relativement au droit d'enregistrement et de timbre, des dispositions qui sont transcrites au mot *Enregistrement*.

ADMINISTRATION.

Celle des fabriques porte elle-même le nom de *Fabrique*. Elle a été instituée par l'art. 76 de la loi organique du 8 avril 1802 (18 germinal an 10).

D'après l'art. 5 de l'arrêté du gouvernement du 26 juillet 1803 (7 thermidor an 11), il fut d'abord créé une administration de trois membres nommés par le préfet, sur la présentation du maire et du curé, mais le décret réglementaire du 30 décembre 1809, a déterminé l'organisation de l'administration des fabriques ; elle se compose de cinq ou neuf membres, suivant la population, non-compris les personnes qui en sont membres de droit. Sa dénomination est *Conseil-général*, d'où il se forme un bureau de marguilliers qui exécute et surveille. (*Voyez* Conseil et Marguilliers.)

ALIÉNATIONS.

L'art. 62 du décret du 30 décembre 1809 porte :

Ne pourront les biens-immeubles des églises, être vendus, aliénés, échangés, ni même loués pour un terme plus long que neuf ans, sans une délibération du conseil, l'avis de l'évêque diocésain et notre autorisation.

Et l'article 3 de la loi du 2 janvier 1817 :

Les immeubles ou rentes appartenant à un établissement ecclésiastique, seront possédés à perpétuité par ledit établissement, et seront inaliénables, à moins que l'aliénation n'en soit autorisée par le Roi.

Les biens des fabriques étant régis et administrés dans la forme des biens communaux (art. 60 du décret du 30 décembre), les ventes doivent se faire par voie d'adjudication, au plus offrant, à l'extinction des feux, ou sur soumissions cachetées.

Si des circonstances particulières exigeaient

des exceptions à la règle générale des enchères, telles que des convenances locales, qui motiveraient la vente en faveur d'un établissement public ou d'un particulier, le préfet devrait être mis à portée de faire valoir ces motifs auprès du gouvernement.

Les formalités à suivre, en pareil cas, sont à-peu-près celles indiquées pour les acquisitions, sauf l'adjudication aux enchères publiques, quand elle est ordonnée. Alors, elle a lieu devant le trésorier de la fabrique qui en rédige un procès-verbal, sans le concours d'un notaire.

L'article 61 du décret du 30 décembre, d'accord avec l'article 1596 du Code civil, porte :

Aucun des membres du bureau des marguilliers ne peut se porter, soit pour adjudicataire, soit même pour associé de l'adjudicataire, des ventes, marchés ou baux des biens de la fabrique.

Cette disposition se tait à l'égard des autres membres de la fabrique; mais leur exclusion résulte de l'article 1596 du Code civil, comme administrateurs de l'établissement.

Lorsqu'il s'agit d'un bien indivis, l'on s'écarte des formalités qui viennent d'être indiquées. Il suffit d'un jugement qui ordonne la *licitation* sur la provocation d'un co-propriétaire (art. 460 du Code civil). Mais la vente se fait aux enchères, soit devant un membre du tribunal, soit devant un notaire à ce commis. (Art. 459.)

ANNEXES.

Les annexes ont été créées par le décret du 30 septembre 1807; il porte :

Art. 11. Il pourra également être érigé une annexe sur la demande des principaux contribuables d'une commune, et sur l'obligation personnelle qu'ils souscriront de payer le vicaire; laquelle sera rendue exécutoire par l'homologation, et à la diligence du préfet, après l'érection de l'annexe.

13. Les chapelles ou annexes dépendront des cures ou succursales dans l'arrondissement desquelles elles seront placées. Elles seront sous la surveillance des curés ou desservants; et le prêtre qui y sera attaché n'exercera qu'en qualité de vicaire ou de chapelain.

Or, avant tout, il faut que l'église soit érigée en annexe, par ordonnance du Roi.

Il s'était élevé la question de savoir si une commune qui avait obtenu une annexe devait continuer de contribuer aux dépenses du culte paroissial. Un avis du conseil-d'état, du 7 décembre 1810, approuvé le 14, l'a résolue ainsi qu'il suit :

2°... Les communes qui n'ont qu'une annexe, où un prêtre va dire la messe une fois par semaine seulement, pour la commodité de quelques habitants qui ont pourvu, par une souscription, à son paiement, doivent concourir, tant aux frais d'entretien de l'église et presbytère, qu'aux autres dépenses du culte, dans le chef-lieu de la cure ou de la succursale.

On distingue les annexes des chapelles par le degré d'utilité; ainsi, il ne peut y avoir dans une commune qu'une chapelle : elle est à la charge de tous les habitants de toute la commune; tandis qu'un hameau, les habitants de plusieurs villages, de plusieurs communes, peuvent demander qu'une église supprimée, qui est à leur commodité, soit érigée en annexe. Alors, il suffit que les réclamants prennent l'obligation d'acquitter annuellement tous les frais du culte, et que pour cet effet ils souscrivent un rôle, chacun pour la somme qu'il consent à payer.

Ce rôle est appuyé d'un procès-verbal de situation de l'église, du cimetière et du presbytère et d'une délibération du conseil municipal de la commune où est située l'église; le tout est envoyé par le maire, avec la demande des habitants, au sous-préfet qui y donne la suite nécessaire. Entre autres, il fait faire une information de *commodo* et *incommodo*, par un officier judiciaire. L'on fait observer ici que depuis l'ordonnance royale du 25 août 1819, le gouvernement ne crée plus que des *vicairies*, ce qui donne droit aux ecclésiastiques qui les desservent, à un secours annuel de 300 fr. sur les fonds du trésor royal. (*Voyez* Chapelles, Dons et Legs.)

ANNUELS.

L'art. 16 de l'arrêt du 26 juillet 1751 portait:

Les curés, et ensuite les vicaires, seront les premiers remplis de messes et autres fondations, quand elles ne seront point attachées à l'entretien d'un chapelain ou d'une confrérie particulière.

Cette disposition a été remise en vigueur par l'art. 31 du décret du 30 décembre 1809, ainsi conçu:

Les annuels auxquels les fondateurs ont attaché des honoraires, et généralement tous les annuels emportant une rétribution quelconque, seront donnés de préférence aux vicaires, et ne pourront être acquittés qu'à leur défaut par les prêtres habitués ou autres ecclésiastiques, à moins qu'il n'en ait été autrement ordonné par les fondateurs.

Ainsi, l'ancienne et la nouvelle législation sont d'accord sur la préférence que les vicaires doivent avoir. C'est en effet une justice rigoureuse, car ces ecclésiastiques n'ont pas même de traitement du gouvernement (1): ils jouissent seulement de celui qui leur est attribué sur la fabrique ou sur la commune, par l'art. 40 du décret du 30 décembre 1809. (*Voyez* Vicaires.)

(1) Les vicaires des paroisses situées dans des communes dont le maire est nommé par le préfet, reçoivent un secours du gouvernement fixé maintenant à 300 fr.

Anticipations.

Les empiétements, sur la propriété de la fabrique, sont du ressort des tribunaux. Dès que le conseil a connaissance d'une anticipation faite par un particulier, le président, le maire ou le curé doit solliciter auprès du préfet l'autorisation de réunir le conseil en session extraordinaire, pour délibérer sur la demande à faire au conseil de préfecture, d'une autorisation pour traduire et poursuivre le délinquant devant les tribunaux. La commune étant toujours obligée de subvenir aux besoins des fabriques, le conseil municipal doit également être convoqué, à l'effet de déclarer s'il y a lieu à intenter action. Toutefois, le trésorier doit, au cas de besoin, user du droit de faire des actes conservatoires, suivant qu'il y est autorisé par l'art. 78 du décret du 30 décembre 1809. (*Voyez* Prescription.)

Appels *comme d'abus*. (Voyez *Abus*.)

Approbation.

Le tarif du prix des chaises, arrêté par le bureau, est approuvé par le conseil.

Les budgets le sont par le supérieur diocésain.

Les adjudications de baux le sont par le préfet, sur la minute rédigée par le notaire commis à cet effet.

Les plans, projets et devis des travaux, par le

préfet, jusqu'à 20,000 fr., et par le ministre pour les dépenses au-dessus.

Les marchés et adjudications de travaux enfin sont soumis à l'approbation du préfet.

(*Voir* dans ce traité, sous leurs titres particuliers, les actes pour lesquels on voudrait connaître par qui les approbations sont données.)

Arbres.

Les arbres excrus sur les propriétés appartenant aux fabriques, au nombre desquelles se trouvent les presbytères et leurs dépendances, ne peuvent être abattus de plein droit. Le décret du 19 ventôse an 11, qui assimile les bois des communes et des établissements publics aux bois de l'état, pour le régime, l'administration, la garde et la surveillance, n'a pas distingué les arbres épars des bois en massif, en sorte que les fabriques ne peuvent disposer d'un seul arbre, même dans des cas urgents, sans que la délivrance n'en ait été autorisée par S. Exc. le minitre des finances, sur la proposition de l'administration des forêts royales, sans s'exposer à être poursuivies.

Pour obtenir cette délivrance, il y a diverses formalités à remplir qui regardent également les communes, et qui se trouvent détaillées au titre *Bois*.

Archevêques et Évêques.

L'autorité civile est chargée de la surveillance

des fabriques, parce que l'administration de ces établissements est assimilée à celle des communes; mais les supérieurs diocésains y ont une part non moins grande et non moins active. Ils doivent connaître de tout ce qui intéresse, non-seulement le spirituel des églises, mais encore de ce qui a rapport au temporel.

On rappellera seulement ici quelques-unes des dispositions qui concernent les attributions de ces prélats : elles sont puisées dans le décret réglementaire du 30 décembre 1809.

Art. 6. Dans les paroisses ou succursales (de cinq mille âmes et au-dessus), dans lesquelles le conseil de fabrique est composé de neuf membres, non compris les membres de droit, cinq des conseillers seront pour la première fois, à la nomination de l'évêque, et quatre à celle du préfet; dans celles où il ne sera composé que de cinq membres, l'évêque en nommera trois et le préfet deux.

Art. 8. Les conseillers qui devront remplacer les membres sortants, seront élus par les membres restants.

Lorsque le remplacement ne sera pas fait à l'époque fixée, l'évêque ordonnera qu'il y soit procédé dans le délai d'un mois; passé lequel délai, il y nommera lui-même, et pour cette fois seulement. (1)

---

(1) L'art. 4 de l'ordonnance du 12 janvier 1825, a dispensé les supérieurs diocésains de mettre les conseils de fabrique en demeure. Il les autorise à pourvoir à ce remplacement un mois après l'époque fixée, en cas d'omission de la part des conseils de fabrique. (*Voyez* Conseil de Fabrique.)

L'art. 10 donne à l'évêque, comme au préfet, le droit d'autoriser les conseils de fabrique à s'assembler extraordinairement lorsque l'urgence des affaires l'exige.

Art. 18 relatif au renouvellement des membres du bureau des marguilliers.

Lorsque l'élection ne sera pas faite à l'époque fixée, il y sera pourvu par l'évêque.

29. Le curé se conformera aux réglements de l'évêque, pour tout ce qui concerne le service divin, les prières et les instructions, et l'acquittement des charges pieuses...., sauf les réductions.... faites par l'évêque....

30.... Le placement des bancs, ou chaises dans l'église, ne pourra être fait que du consentement du curé ou desservant, sauf le recours à l'évêque.

Le prélat arrête le budget annuel qui lui est envoyé par le conseil, avec l'état des dépenses de la célébration du culte (art. 47). Il vérifie ou fait vérifier les comptes du trésorier (art. 87); il règle les quêtes dans les églises, sur la proposition des marguilliers (art. 75).

Art. 87. L'évêque pourra nommer un commissaire pour assister, en son nom, au compte annuel....

Dans tous les cas, les archevêques et évêques, en cours de visite...., pourront se faire représenter tous comptes, registres et inventaires, et vérifier l'état de la caisse.

L'évêque statue sur les difficultés élevées entre

le conseil municipal et la fabrique, relativement aux dépenses de la célébration du culte, ou à l'établissement des vicaires (art. 96).

(*Voir* chaque objet sous sa dénomination spéciale, et particulièrement le titre *Réglement.*)

Les archevêques et évêques sont membres de droit, dans leurs villes épiscopales, des conseils de charité établis près des commissions administratives des hospices et des bureaux de bienfaisance ; à leur défaut, c'est le curé le plus ancien (art. 2 de l'ordonnance du 31 octobre 1821.)

(*Voyez* Dotation des Evêchés.)

Architecte.

Les marguilliers doivent faire visiter les bâtiments par des gens de l'art (art. 41 du décret du 30 décembre 1809), afin de connaître les réparations qu'ils exigent.

S'il s'agit de grosses réparations, et que la commune soit obligée de subvenir au défaut de ressources suffisantes, le préfet fait dresser un devis par des gens de l'art (art. 95).

Il résulte des dispositions de ces deux articles, que les travaux à faire à l'église, aux murs du cimetière, au presbytère et à tous autres bâtiments appartenant à la fabrique, ne peuvent être autorisés et exécutés que sur un devis estimatif en règle; mais lorsqu'il s'agit de réparation de peu d'importance, ce devis peut être rédigé par un maître ouvrier, ayant les connaissances requises, sauf au préfet à le soumettre, pour les travaux d'art, à l'examen de la commission des bâtiments civils établie près de lui. Au surplus, il est toujours préférable que les fabriques emploient pour ces sortes d'opérations l'architecte de la commune, s'il y en a un. D'une part, parce qu'il reçoit un traitement fixe de la commune, et que dès-lors il sera plus disposé à traiter favorablement la fabrique, sous le rapport de ses honoraires; d'un autre côté, les travaux seront toujours mieux appréciés et mieux dirigés.

Il serait à désirer, ainsi que cela se pratique dans beaucoup de villes, que le maire mît dans les obligations de l'architecte, de servir gratuitement les hospices, les maisons de charité, les fabriques et les autres établissements dont les intérêts tiennent de si près à ceux de la ville.

L'entretien des cathédrales, des palais épiscopaux et des séminaires étant à la charge des fonds départementaux, c'est toujours l'architecte du département qui doit dresser les devis et faire exécuter les réparations et autres travaux, sous les ordres du préfet, et en s'entendant avec le supérieur diocésain aux volontés duquel il doit se conformer, sauf à en référer au préfet, s'il y a lieu.

ARCHIVES.

Les articles 54 et suivants, du décret du 30 décembre 1809, prescrivent des mesures pour la conservation des archives confiées au bureau des marguilliers. (*Voyez* Titres et Papiers.)

ARMOIRE OU CAISSE.

On nomme indistinctement, armoire ou caisse, le coffre destiné à renfermer les fonds appartenant à la fabrique, et dont le trésorier est comptable, ainsi que celui où doivent être conservés les titres, papiers et registres.

Elle est placée, soit dans la sacristie, soit dans tout autre lieu où le conseil tient habituellement ses séances.

Les dispositions du décret du 30 décembre 1809, d'accord à cet égard avec les règles de l'ancienne législation, fixées par l'article 17 de l'arrêt du 26 juillet 1751, portent :

Art. 50. Chaque fabrique aura une caisse ou armoire, fermant à trois clefs, dont l'une restera dans les mains du trésorier, l'autre dans celles du curé ou desservant, et la troisième dans celles du président du bureau.

51. Seront déposés dans cette caisse tous les deniers appartenant à la fabrique, ainsi que les clefs des troncs des églises.

52. Nulle somme ne pourra être extraite de la caisse sans autorisation du bureau, et sans un récépissé qui y restera déposé.

53. Si le trésorier n'a pas dans les mains la somme fixée à chaque trimestre, par le bureau, pour la dépense courante, ce qui manquera sera extrait de la caisse; comme aussi ce qu'il se trouverait avoir d'excédant sera versé dans cette caisse.

54. Seront aussi déposés dans une caisse ou armoire les papiers, titres et documents, concernant les affaires de la fabrique, et notamment les comptes avec les pièces justificatives, les registres des délibérations, autres que les registres courants; le sommier des titres, les inventaires ou récolements dont il est mention aux deux articles qui suivent.

57. Nul titre ou pièce ne pourra être extrait sans un récépissé qui fera mention de la pièce retirée, de la délibération du bureau par laquelle cette extraction aura été autorisée, de la qualité de celui qui s'en chargera, et signera le récépissé, de la raison pour laquelle elle aura été tirée de ladite caisse ou armoire; et, si c'est pour un procès, le tribunal et le nom de l'avoué seront désignés.

Le récépissé, ainsi que la décharge au temps de la remise, seront inscrits sur le sommier ou registre des titres. (*Voyez* Caisse.)

ARRÉRAGES *de Rentes.* (Voyez *Rentes et Rentes en nature*).

ARRÊTÉS *du Conseil et du Bureau.*

(Voyez *Délibération*, nom propre des arrêtés pris par l'administration de la fabrique.)

AUMONE (*Biens d'*).

Les biens connus sous la dénomination d'aumônes, ont été aliénés dans les temps d'anarchie.

ceux qui ne l'avaient pas été à l'époque de la promulgation de l'arrêté du gouvernement du 26 juillet 1803 (7 thermidor an 11), ont été rendus aux fabriques.

Lors de l'aliénation, on eut égard, dans plusieurs départements, aux dispositions de la loi du 20 décembre 1790, qui fixe à un demi-arpent l'étendue des jardins dépendant des presbytères. Non-seulement on conserva le jardin tel qu'il était; mais encore on mit pour condition à la vente des aumônes attenant auxdits jardins, que dans le cas où ces mêmes jardins n'auraient pas l'étendue fixée par la loi du 20 décembre, l'acquéreur serait tenu de la compléter. (*Voyez* Biens, Jardins, Presbytères.)

Aumoniers *des Hôpitaux*.

Un arrêté du 29 août 1803 (11 fructidor an 11), porte que les frais du culte, dans les hospices, seront réglés par le préfet, sur la proposition des commissions administratives, et que les arrêtés de ces magistrats seront approuvés par le ministre avant d'être exécutés.

La nomination des aumôniers est faite par les évêques, sur la présentation de trois candidats par la commission administrative. (Art. 18 de l'ordonnance du 31 octobre 1821.)

Le ministre de l'intérieur a recommandé aux préfets, par sa circulaire du 14 septembre 1803 (27 fructidor an 11), de veiller à ce que le casuel, provenant de l'exercice du culte dans les hospices, tourne au profit des pauvres et augmente la masse générale de leurs ressources.

Lors de la fixation de leur traitement, on charge les aumôniers des hospices d'acquitter les services religieux qui pourraient être fondés par acte entre-vifs, ou par testament.

Ces ecclésiastiques ne reçoivent, au surplus, aucun traitement sur les fonds du trésor royal, à moins que l'oratoire ne soit érigé en cure, succursale, ou chapelle vicariale.

Aumoniers des prisons.

Leur nomination est faite par le ministre de l'intérieur, qui fixe en même-temps le traitement dont ils doivent jouir.

Avant que le préfet présente un ecclésiastique à la nomination de S. Exc., ce magistrat doit se concerter avec le supérieur diosésain.

Si la prison est une maison centrale, à la charge des dépenses départementales fixes ou communes, le traitement de l'aumônier est payé sur le même fonds, sur mandat du préfet; mais si c'est une prison départementale, le traitement s'acquitte sur les centimes variables à la disposition du préfet, et sur les mandats de cet administrateur.

Autorisation.

Elle est accordée *par le Roi*, pour tout ce qui concerne les ventes, les acquisitions, les échanges, les baux à longues années; pour l'acceptation des dons et legs en numéraire, ou d'objets mobiliers d'une valeur supérieure à un capital de 300 francs; et de ceux d'immeubles de toute valeur.

Par le ministre des affaires ecclésiastiques, pour les travaux évalués au-dessus de 20,000 fr.

Par le préfet, pour l'exécution des travaux évalués à plus de 100 fr. dans les communes au-dessous de mille âmes, et à plus de 200 fr. dans celles au-dessus de cette population; pour l'acceptation des legs et donations entre-vifs d'objets mobiliers, d'une valeur de 300 fr. et au-dessous, pour les baux ordinaires et pour les ventes de matériaux et de mobilier.

Par le conseil de préfecture, pour poursuivre ou défendre devant les tribunaux, même devant le juge de paix, pour les inscriptions hypothécaires.

Par le conseil de fabrique, pour les travaux évalués au-dessus de 50 fr. jusqu'à 100 fr., dans les paroisses ayant moins de mille âmes; et pour ceux au-dessus de 100 fr. jusqu'à 200 fr., dans les paroisses de mille âmes et au-dessus.

Autorités constituées.

L'art. 47 de la loi organique du 8 avril 1802 (18 germinal an 10), contient, à leur égard, la disposition suivante :

Il y aura, dans les cathédrales et paroisses, une place

distinguée pour les individus catholiques qui remplissent les autorités civiles et militaires.

Cette disposition est nécessairement applicable aux églises succursales; car il est juste que les fonctionnaires publics aient dans les succursales les mêmes droits honorifiques que dans les cures. La loi n'est d'ailleurs ni limitative, ni exclusive: elle est indicative; elle désigne les lieux principaux où les autorités doivent jouir d'une place distinguée, et elle doit s'étendre aux cas analogues dans lesquels on trouve le même motif de l'appliquer.

Le rapprochement de l'art. 10 du décret du 13 juillet 1804, portant que, dans les cérémonies publiques, les autorités seront placées dans le chœur, a pu faire naître l'idée que la place distinguée, dont parle l'art. 47 de la loi du 8 avril 1802, devait être désignée dans le chœur; mais il faut considérer que le décret n'est relatif qu'au cas où il s'agit de prières publiques. Or, les fonctionnaires assistent aux cérémonies religieuses, ou par convocation, lorsque ces cérémonies sont ordonnées par le gouvernement, ou de leur propre mouvement comme les autres fidèles. Dans le premier cas, le décret doit être exécuté; et, dans le second, les fonctionnaires ne peuvent invoquer que la disposition de la loi qui leur accorde une place distinguée à l'église, sans désigner dans quelle partie du temple cette place doit être fixée.

De ce silence de la loi, il faut conclure que la place d'honneur due aux autorités constituées, hors le cas de cérémonies publiques, n'est pas plus fixée dans le chœur que dans une des autres parties de l'église, et que c'est à la fabrique à la désigner, sauf l'agrément du curé ou desservant auquel l'art 30 du décret du 30 décembre 1809, attribue la distribution des places.

Dans les paroisses, composées de plusieurs communes, les maires et adjoints des communes agrégées ont-ils droit, comme ceux du chef-lieu, à une place distinguée dans l'église? La loi ne semble faire aucune exception; mais il paraît que la négative a été annoncée aux évêques par une circulaire de l'ancien ministre des cultes, du 27 octobre 1807. Ne serait-il pas à craindre qu'on n'eût fait à cet égard une application forcée de l'art. 4 du décret du 30 décembre 1809, portant que le maire du chef-lieu est membre de droit de la fabrique? Ce fonctionnaire est seul membre de droit de la fabrique; mais s'en suit-il que les maires des communes réunies, autorités constituées, comme eux, ne peuvent recevoir la même marque de déférence?

L'art 49 de la loi du 8 avril 1802, relatif aux prières publiques, ordonnées par le gouvernement, porte :

Lorsque le gouvernement ordonnera des prières publiques, les évêques se concerteront avec le préfet et le commandant militaire du lieu, pour le jour, l'heure, et le mode d'exécution de ces ordonnances.

En conséquence de cette disposition, les maires et les curés doivent se concerter pour régler les heures des cérémonies ainsi ordonnées, en se conformant aux instructions qu'ils ont reçues de leurs supérieurs respectifs.

Dans les paroisses où il y avait ordinairement des marguilliers d'honneur, il peut, aux termes de l'art. 21 du décret du 30 décembre 1809, en être choisi parmi les fonctionnaires publics, domiciliés dans la paroisse; mais, ainsi qu'il sera expliqué au titre *Marguilliers d'honneur*, ces membres ne pourraient se prévaloir de leurs titres, ni de leurs fonctions, quelqu'éminentes qu'elles fussent, pour prétendre, soit à la présidence, soit à un rang particulier parmi les autres membres. Ces prérogativees qui avaient été créées par des arrêts des anciens parlements, et notamment par celui du parlement de Rouen, du 26 juillet 1751, n'ont point été confirmés par la nouvelle loi.

BANC DE L'ŒUVRE.

C'est ainsi que se nomme l'emplacement destiné, dans l'église, aux administrateurs de la fabrique, par l'article 21 du décret du 30 décembre 1809, portant :

.... Ces marguilliers (les marguilliers d'honneur), et tous les membres du conseil auront une place distinguée dans l'église; ce sera *le banc de l'œuvre* : il sera placé devant la chaire, autant que faire se pourra. Le curé ou desservant aura, dans ce banc, la première place, toutes les fois qu'il s'y trouvera pendant la prédication.

BANCS ET CHAISES.

Les dispositions de la loi du 2 janvier 1791, et celles postérieures se trouvant confondues dans le décret réglementaire du 30 décembre 1809, on se borne à rappeler ici les articles de ce décret, qui traitent des bancs et chaises. (*Voyez* Places dans les églises.)

Art. 30. Le placement des bancs ou chaises dans les églises, ne pourra être fait que du consentement du curé ou desservant, sauf le recours à l'évêque.

64. Le prix des chaises sera réglé, pour les différents offices, par délibération du bureau, approuvée par le conseil : cette délibération sera affichée dans l'église.

65. Il sera réservé, dans toutes les églises, une place où les fidèles qui ne louent pas de chaises, ni de bancs, puissent commodément assister au service divin, et entendre les instructions.

66. Le bureau des marguilliers pourra être autorisé, par le conseil, soit à régir la location des bancs et chaises, soit à la mettre en ferme.

67. Quand la location des chaises sera mise en ferme, l'adjudication aura lieu après trois affiches, de huitaine en huitaine : les enchères seront reçues au bureau de la fabrique par soumission, et l'adjudication sera faite au plus offrant, en présence des marguilliers ;

de tout quoi il sera fait mention dans le bail, auquel sera annexée la délibération qui aura fixé le prix des chaises.

68. Aucune concession de banc ou de places dans l'église, ne pourra être faite, soit par bail pour une prestation annuelle, soit au prix d'un capital ou d'un immeuble, soit pour un temps plus long que la vie de ceux qui l'auront obtenue (1), sauf les exceptions ci-après :

69. La demande de concession sera présentée au bureau, qui, préalablement la fera publier par trois dimanches, et afficher à la porte de l'église pendant un mois, afin que chacun puisse obtenir la préférence par une offre plus avantageuse.

S'il s'agit d'une concession pour un immeuble, le bureau le fera évaluer en capital et en revenu, pour être, cette évaluation, comprise dans les affiches et publications.

70. Après ces formalités remplies, le bureau fera son rapport au conseil.

S'il s'agit d'une concession par bail, pour une prestation annuelle, et que le conseil soit d'avis de faire cette concession, sa délibération sera un titre suffisant.

71. S'il s'agit d'une concession pour un immeuble, il faudra, sur la délibération du conseil, obtenir notre autorisation (celle du Roi), dans la même forme que pour les dons et legs. Dans le cas où il s'a-

(1) Cette disposition est conforme à un arrêt du parlement de Rouen, du 7 juin 1726, portant que « les fieffes de bancs dans les églises ne sont » qu'à vie et non à perpétuité. »

girait d'une valeur mobiliaire, notre autorisation sera nécessaire, lorsqu'elle s'élèvera à la même quotité pour laquelle les communes et les hospices sont obligés de l'obtenir (1).

72. Celui qui aurait entièrement bâti une église, pourra retenir la propriété d'un banc ou d'une chapelle pour lui et sa famille, tant qu'elle existera.

Tout donateur ou bienfaiteur d'une église, pourra obtenir la même concession suivant l'avis du conseil de fabrique, approuvé par l'évêque et par le ministre des affaires ecclésiastiques.

Le rapprochement des dispositions ci-dessus transcrites sur la location et la mise en ferme des bancs et chaises, et sur la concession des bancs, donne lieu aux observations suivantes :

Il faut considérer deux sortes de siéges dans les églises : des chaises et des bancs. Les art. 64 et 67 ne parlent que des chaises, d'où l'on pourrait inférer qu'il n'y aurait que le prix de cette espèce de siége seulement qui devrait être réglé par le bureau, au moyen d'une délibération approuvée par le conseil, et affichée dans l'église; mais par ces deux dispositions, on a prévu les cas où, comme dans les villes, la plus grande partie des siéges se composerait de chaises, car l'article 66 parle de

(1) L'art. 1er de l'ordonnance du Roi, du 2 avril 1817, maintient aux préfets le droit d'autoriser l'acceptation des dons mobiliers d'une valeur en capital de 300 fr. et au-dessous : pour les libéralités supérieures à cette somme, et pour celle d'immeubles, l'autorisation doit être accordée par le Roi.

bancs et de chaises, en les assimilant les uns aux autres, d'où il faut conclure que quand, dans une église, des bancs et des chaises sont indistinctement offerts aux fidèles, on peut opérer comme il est dit en l'art. 67.

Il faut remarquer que, par ces termes : *mettre en ferme*, on n'entend pas autre chose que de louer à un seul entrepreneur tous les siéges de l'église pour un temps quelconque; mais il y a des églises où la majeure partie des siéges se compose de bancs fermés, conviendrait-il de les mettre tous dans les mains d'un seul fermier ? Non, sans doute, cela aurait trop d'inconvénient, et il est bien préférable de les louer séparément, par autant de baux particuliers.

Par le terme *loyer*, pris dans le sens littéral, on entend l'usage d'une chose que l'on cède à autrui, pour un temps plus ou moins long, moyennant une redevance; mais dans le sens particulier aux bancs, le loyer s'entend de leur occupation par séance ou par année. Par séance, c'est le résultat du système de régie; par année, c'est celui de la mise en ferme.

Si les bancs sont mis en ferme, on vient d'insinuer qu'il est préférable, pour ne pas dire qu'il est indispensable, de faire autant d'adjudications qu'il y a de bancs. En effet, il y a quelques différences entre les bancs et les chaises. Les chaises appartiennent *primo occupanti* à tous les fidèles indistinctement, et si chacun pouvait se placer dans un banc, surtout quand il est fermé, les paroissiens ne jouiraient pas de cet avantage qu'ils trouvent dans la possession d'un banc pour un temps déterminé.

Doit-on louer les bancs à vie, ou se borner à une location annuelle? En interprétant dans un sens rigoureux l'art. 68 du décret du 30 décembre, il paraîtrait que les bancs pourraient être loués pour la vie des personnes; mais par ce genre de location, qui a quelque ressemblance avec les baux à longues années ou avec les concessions ou fieffe, on tomberait dans l'incovénient grave de ne pouvoir procurer de siéges aux familles qui viendraient s'établir dans la paroisse, et, d'un autre côté, l'intérêt de la fabrique pourrait se trouver compromis. Ce mode est également impraticable pour la totalité des bancs, si l'on considère les mouvements de la population, par l'entrée et la sortie des fermiers et locataires, et par l'embarras dans lequel se trouverait le fieffataire d'un banc, s'il changeait de paroisse.

Il est préférable, par ces considérations, de louer par des baux de courte durée et de trois ans au plus. Le prix annuel doit être stipulé payable à des termes fixes, et l'on fera toujours bien de s'abstenir de toute condition de pot-de-vin. L'adjudication doit être passée devant le bureau, approuvée par le conseil et enregistrée.

La concession des bancs pour un certain nombre d'années, ou pour la vie des concessionnaires, a lieu en suivant les formalités indiquées par l'art. 69, et nulle concession ne peut être faite, si elle n'est provoquée par soumission adressée au bureau. Toutes celles qui ont eu lieu antérieurement à la promulgation du décret du 30 décembre 1809, sont nulles. L'ancien ministre des cultes, et le ministre de l'intérieur, l'ont décidé plusieurs fois, et Son Exc. le ministre des affaires ecclésiastiques, dans une lettre écrite le 28 juin 1825, à Monseigneur l'évêque d'Amiens, s'est exprimé ainsi : « Toute concession de banc qui n'aurait pas » été régularisée d'après le décret du 30 décem» bre, ne saurait être reconnue. Pour jouir d'une » place dans une église, on ne peut l'obtenir qu'au » moyen d'une concession nouvelle, et il ne doit » exister d'autres concessions, soit par bail, soit » par prestation annuelle, que dans les formes dé» terminées par ce décret. (Art. 68 à 73.) »

Que les bancs soient loués ou concédés, la fabrique doit les livrer en bon état, et les occupants doivent être tenus de les entretenir pendant leur jouissance.

On indiquera au titre *Place dans les églises*, des moyens de tirer parti des siéges.

Les biens rendus aux fabriques par l'arrêté du 26 juillet 1803 (7 thermidor an 11), ont été restitués libres de toute espèce de charge (1). En sorte

(1) Un avis du conseil-d'état, du 30 novembre 1810, approuvé le 9 décembre suivant, porte « que les biens restitués aux fabriques leur ont

qu'un ancien fieffataire ou concessionnaire de banc dans une église, moyennant une rente constituée, ne peut réclamer la jouissance de son banc aux conditions anciennes, malgré qu'il ne puisse se refuser de servir la rente. Cette question a été soumise par le préfet de la Manche, au ministre de l'intérieur, qui l'a décidée dans ce sens le 10 mars 1819 (1). Cette décision

» été rendus quittes des rentes dont ils étaient grevés, pour lesquelles » les créanciers doivent se pourvoir devant le ministre des finances de- » puis la suppression de la liquidation générale. »

(1) « M. le Préfet, vous m'avez présenté la question de savoir si les héritiers d'un ancien propriétaire de banc dans une église, sont tenus au paiement de la rente créée en retour de la concession, lorsque la jouissance de ce banc leur est refusée.

» Par les lois de 1789 et 1790, et par les lois postérieures jusqu'au concordat de 1801, tous les biens ecclésiastiques ont été réunis au domaine de l'état. En vertu du concordat, les églises ont été rendues à l'exercice de la religion, affranchies de toutes leurs anciennes charges, et les biens ont continué à appartenir au domaine. Postérieurement, et le 7 thermidor an 11, un arrêté a rendu aux fabriques leurs biens non-aliénés ; mais sans qu'elles fussent tenues d'en acquitter leurs anciennes charges. Elles acquittent seulement les services religieux, fondés sur les biens à elle rendus (*sauf à les réduire d'après les statuts et réglements de chaque diocèse*).

» Le décret du 30 décembre 1809 fixe, à partir de l'art. 66 jusqu'à l'art. 73 inclusivement, les règles d'après lesquelles les concessions de bancs et autres, peuvent avoir lieu, toute concession qui n'aurait pas été régularisée d'après ce décret, ne saurait être reconnue.

» Il résulte de cette législation, 1° que les anciens droits revendiqués, touchant des concessions dans les églises, sont annulés, sans que les rentes créées à raison de ces concessions puissent être éteintes ; 2° que, pour jouir d'une place dans une église, on ne peut l'obtenir qu'au moyen d'une concession nouvelle, ainsi que le prescrit le décret du 30 décembre.

» Recevez, etc..... *Signé* le comte DE CAZE. »

peut paraître, au premier abord, contraire à la justice; car, en règle générale, celui qui a les profits doit avoir les charges; mais elle n'en est pas moins fondée sur le principe incontestable que les églises tiennent leurs biens, à titre nouveau, de la libéralité du gouvernement et exempts de toutes charges.

Le sixième du produit des bancs, chaises et places dans les églises, déduction faite des frais d'établissement et d'entretien, est prélevé pour former un fonds de secours en faveur des prêtres âgés et infirmes.

La distribution de ces secours est faite par l'évêque, suivant le décret du 1er août 1805 (13 thermidor an 13), ainsi conçu :

Art. 1er. Le sixième du produit de la location des bancs et places dans les églises, faite en vertu des réglements des évêques pour les fabriques de leurs diocèses, après déduction des sommes que les fabriques auront dépensées pour établir ces bancs et chaises, sera prélevé pour former un fonds de secours à répartir entre les ecclésiastiques âgés ou infirmes.

Au titre *Autorités constituées*, on voit quelle est la place que les fonctionnaires publics peuvent occuper dans l'église; et à celui *Chœur de l'église*, on trouve quel est le droit du curé ou desservant sur les stalles et autres siéges.

BANS DE MARIAGES. (*Voyez* Mariages.)

BAPTÊME.

Le sacrement de baptême s'administre gratuitement; mais le curé peut accepter les offrandes qui lui sont volontairement faites par les parrain et marraine. Les officiers de l'église ne perçoivent non plus que ce qui leur est personnellement et immédiatement donné.

Si la famille demande qu'on sonne les cloches, alors la fabrique reçoit un droit qui est déterminé, d'après les réglements du diocèse, et, à défaut, en vertu d'arrêtés de la fabrique. Ce droit varie suivant le nombre de cloches, et le temps pendant lequel on les sonne. Les fournitures que la fabrique serait dans le cas de faire, tels que cierges, doivent également lui être payées.

BATIMENTS.

Ceux servant à l'exercice de la religion, sont: l'église, le presbytère et les bâtiments ruraux qui en dépendent, ainsi que les anciennes maisons vicariales (1). Leur entretien est à la charge de la fabrique, sauf le recours à la commune, en cas d'insuffisance de ressources, suivant qu'il résulte des dispositions du décret du 30 décembre 1809, ci-après transcrites:

(1) Décret du 8 nov 1810. Voir ce décret au titre *Maisons vicariales*

Art. 41. Les marguilliers, et spécialement le trésorier, seront tenus de veiller à ce que toutes les réparations soient bien et promptement faites. Ils auront soin de visiter les bâtiments avec des gens de l'art, au commencement du printemps et de l'automne. (*Voir* Ecoles, Eglises, Maisons presbytérales et vicariales, Réparations, Travaux.)

BATIMENTS RURAUX. (*Voyez* Presbytères.)

BAUX.

La loi définit plusieurs espèces de baux : on nomme *bail à loyer*, le louage des maisons et celui des meubles ; *bail à ferme*, celui des biens ruraux ; *loyer*, celui du travail ou du service ; *bail à cheptel*, celui des animaux dont le profit se partage entre le propriétaire et celui à qui on les confie ; *bail emphytéotique*, celui fait pour plus de neuf ans, des maisons et des héritages.

Un arrêt rendu par le Roi, en son conseil, le 16 décembre 1727, ordonnait :

..... Art. 1er. Conformément aux déclarations de 1696, 1699, 1708..., il sera passé par-devant *notaires* des baux de tous les revenus dépendant de tous les bénéfices..., fabriques, etc.

D'après ces principes posés par l'ancienne législation, les baux des biens des fabriques doivent être passés devant notaires. Le décret du 30 décembre 1809 ne prescrit rien à cet égard, l'art. 60 porte seulement :

Les maisons et les biens ruraux appartenant à la fabrique seront affermés, régis et administrés par le bureau des marguilliers, dans la forme déterminée pour les biens des communes.

Mais on ne doit pas en conclure que les baux puissent être consentis administrativement par le bureau; le ministère d'un notaire continue d'être nécessaire pour leur passation, et le décret du 30 décembre 1809 le prescrit au moins implicitement, en obligeant le trésorier à indiquer dans son compte le nom du notaire qui a reçu le bail.

Il faut aussi considérer que le Code civil n'admet d'hypothèque que sur des actes notariés.

Art. 2127. L'hypothèque conventionnelle ne peut être consentie que par acte passé en forme authentique de la créance, soit dans un acte authentique postérieur, devant deux notaires, ou devant un notaire et deux témoins.

2129. Il n'y a d'hypothèque conventionnelle valable que celle qui, soit dans le titre authentique constitutif de la créance, soit dans un acte authentique postérieur, déclare spécialement la nature et la situation des immeubles actuellement appartenant au débiteur, sur lesquels il consent l'hypothèque de la créance.

Ce qui fortifie l'opinion que les baux doivent être reçus par les notaires, c'est la disposition ci-après de l'ordonnance du 7 octobre 1818, relative aux biens des communes :

Art. 4. Conformément à l'art. 1er du décret du 12 août 1807, il sera passé acte de l'adjudication par-devant le notaire désigné par le préfet.

5

Ces actes doivent être soumis à l'approbation du préfet, sur la minute, et être enregistrés dans les vingt jours, lesquels ne courent que du jour de la réception de l'acte approuvé.

Ce principe a été consacré de nouveau par les dispositions de l'art. 78 de la loi de finances, du 15 mai 1818, ainsi conçu :

Demeurent assujétis au timbre et à l'enregistrement sur la minute, dans le délai de vingt jours, conformément aux lois existantes, 1° les actes des autorités administratives et des établissements publics, portant transmission de propriété, d'usufruit et de jouissance : les adjudications ou marchés de toute nature, etc....

Lorsqu'une fabrique est dans le cas de louer ou d'affermer quelqu'immeuble, le bureau doit rédiger un cahier de charges, clauses et conditions, et le soumettre à la délibération du conseil. On doit avoir soin d'y insérer, pour condition expresse, que le preneur donnera caution si elle est reconnue nécessaire, et qu'il consentira une inscription hypothécaire sur ses biens personnels.

Ce cahier de charges est transmis au préfet pour être approuvé, s'il y a lieu : on présente en même-temps deux candidats pris parmi les notaires du lieu, afin que, dans son arrêté d'approbation, ce magistrat en désigne un pour passer l'acte.

Le bail est exécutoire comme tous les contrats, et le trésorier poursuit le recouvrement des fermages par tous les moyens indiqués au titre *Actes conservatoires*; mais s'il y a contestation pour le paiement du loyer, ou pour l'exécution des autres clauses, elle est portée devant les tribunaux, après que l'autorisation en a été accordée par le conseil de préfecture, s'il le juge convenable aux intérêts de la fabrique.

Les baux ne peuvent être résiliés, et le prix annuel ne peut en être diminué qu'avec l'autorisation de l'évêque et du préfet.

Nous avons dit que le bail devait être approuvé sur la minute avant l'enregistrement. Des notaires ont prétendu qu'ils ne pouvaient se dessaisir de leurs minutes; c'est une erreur. Quand un notaire a reçu un bail dans l'intérêt d'une commune ou d'un établissement public, il n'y a pas encore d'*acte* proprement dit, ce n'est qu'un *projet* que le préfet peut modifier, annuler même si les conditions ou le prix sont contraires aux intérêts de l'établissement propriétaire. (*Voyez* Baux emphytéotiques, 3e alinéa.)

BAUX EMPHYTÉOTIQUES.

Ce sont les actes par lesquels on cède la jouissance d'un immeuble pour un temps plus long que neuf ans.

Ils ne peuvent, comme les acquisitions, les ventes, les échanges, être consentis qu'avec l'autorisation du Roi, sur une délibération du conseil, l'avis de l'évêque et celui du préfet (art. 62 du décret du 30 décembre 1809).

Il est de principe, consacré par l'art. 61, qu'aucun des membres du bureau des marguilliers ne peut se porter adjudicataire, soit même comme associé de l'adjudicataire, des ventes, marchés de réparations, constructions, reconstructions, ou baux des biens de la fabrique. L'art. 1596 du Code civil généralise cette défense et l'étend nécessairement aux autres membres du conseil, puisqu'ils font partie de l'administration de l'établissement.

L'article 1er du titre 1er de la loi du 18 décembre 1790, qui permet de porter le nombre d'années de l'emphytéose à 99 ans, s'exprime ainsi :

Il est défendu de créer à l'avenir aucune redevance foncière non-remboursable, sans préjudice des baux à rente ou emphytéose, et non-perpétuels, qui seront exécutés pour toute leur durée, et pourront être faits à l'avenir pour 99 ans et au-dessous, ainsi que les baux à vie, même sur plusieurs têtes, à la charge qu'elles n'excèdent pas le nombre de trois.

L'expérience démontre chaque jour que les fermiers, par baux ordinaires, s'occupent beaucoup plus de recueillir que d'améliorer. On peut trouver la raison de cette insouciance pour les biens des fabriques dans le mode suivi pour la location. Le fermier actuel n'a aucune assurance d'obtenir un nouveau bail, en sorte qu'il serait exposé à faire des améliorations dont un autre profiterait. C'est avec raison qu'un auteur célèbre, qui a écrit sur

l'agriculture, a dit : « Assurez à un homme la pos-
» session paisible d'un rocher stérile, et il en fera
» un jardin productif. Donnez-lui à bail un jardin
» fertile, et il deviendra un désert entre ses
» mains. »

Il est en effet plus avantageux pour les fermiers et pour les biens, que l'on passe des baux à longues années, plutôt que des baux ordinaires; mais il est en même-temps nécessaire que l'emphytéote offre un prix convenable; car la valeur locative des biens, comme leur valeur vénale, augmente annuellement dans une proportion telle, que des biens loués, il y a cinquante ans, à raison de 500 francs, sont facilement loués aujourd'hui 1000 francs.

BEDAUX. (*Voyez* Officiers de l'église.)

BÉNÉDICTION NUPTIALE. (Voyez *Mariage*.)

BIENS *des Fabriques*. (*Voyez* Domaines.)

Ils ont suivi le sort des biens du clergé; ils furent réunis au domaine. Le gouvernement, pendant l'anarchie, les mit en vente, ou en disposa en les transférant aux hospices et aux créanciers de l'état, soit en remplacement de biens aliénés, soit en paiement de dettes.

Ce n'est enfin que par arrêté du 26 juillet 1803 (7 thermidor an 11), que les biens non-aliénés ont été rendus à leur ancienne destination; ce décret porte :

Art. 1er. Les biens des fabriques non aliénés, ainsi que les rentes dont elles jouissaient, et dont le transfert n'a pas été fait, sont rendus à leur destination.

2. Les biens des églises supprimées seront réunis à ceux des églises conservées, et dans l'arrondissement desquels ils se trouvent.

3. Ces biens seront administrés dans la forme particulière aux biens communaux.

Cette restitution comprenait, non-seulement les biens et rentes que le domaine avait sous la main, mais encore ceux qu'il avait ignorés jusqu'alors ; en sorte que, si les commissions administratives des hospices et bureaux de charité, ou quelques personnes intéressées à cela avaient découvert des biens de fabrique (1), depuis le 3 novembre 1793 (13 brumaire an 2), époque où ils ont été déclarés nationaux, et qu'il n'y eût pas eu d'envoi légal en possession, ces mêmes biens devraient être restitués aux fabriques, et les hospices, bureaux de charité et les particuliers ne pourraient en conserver la possession ; c'est ce qui a été décidé par le conseil-d'état, suivant son avis du 30 avril 1807, sur la question suivante :

1° Les biens des fabriques que les hospices ont découvert depuis la loi du 13 brumaire an 2 (3 novembre 1793), qui les déclare nationaux jusqu'à l'arrêté du 7 thermidor an 11 (26 juillet 1803), qui les rend aux fabriques, appartiennent-ils aux hospices, par le fait

(1) *Voyez* Révélations.

seul de leur découverte, et sans qu'ils en aient été envoyés en possession?

Estime (le conseil-d'état) que la 1re question est clairement résolue par l'article 1er de l'arrêté du 26 juillet 1803 (7 thermidor an 11), où on lit que *les biens de fabriques non-aliénés, ainsi que les rentes dont elles jouissaient, et dont le transfert n'a pas été fait, seront rendus à leur destination*; d'où il suit que tout immeuble ou rente provenant de fabriques, de confréries, de fondations, ou de fabriques d'anciens chapitres, dont l'aliénation ou le transfert n'avait pas été consommé antérieurement à la promulgation des arrêtés des 26 juillet 1803, 17 décembre 1803 (25 frimaire an 12), 6 mars et 17 juillet 1805 (15 ventôse et 28 messidor an 13), retourne aux fabriques, et doit leur être restitué, quelles qu'aient été les démarches préliminaires des hospices pour en obtenir la jouissance, et que ces démarches leur donnent seulement le droit de répéter contre les fabriques le remboursement des frais faits pour parvenir à la découverte et à l'envoi en possession desdits biens.

Il résulte de cette jurisprudence que les fabriques peuvent obliger les hospices et les bureaux de charité, qui possèdent des biens ayant appartenu auxdites fabriques, à justifier de leurs titres d'envoi en possession; et si ces titres ne portent pas un caractère légal, il y a lieu à réclamation.

De même, si le transfert d'un bien ou d'une rente n'a été fait que postérieurement à l'arrêté du 26 juillet 1803, l'établissement ou le particulier en faveur de qui le transfert a été fait, n'est pas admis à en profiter. Cette question a été ainsi décidée par le conseil-d'état, le 28 novembre 1809. Il s'agissait d'un particulier qui s'était pourvu contre une décision du ministre des finances qui avait rejeté sa réclamation contre l'arrêté d'un préfet, portant refus de viser le transfert d'une rente constituée à son profit par un préposé des domaines.

Enfin, cette règle s'applique aux rentes dues par des hospices à des fabriques, d'où il suit que si les hospices ne justifiaient pas d'un transfert légal, d'une date antérieure au 26 juillet 1803, ils ne pourraient invoquer l'extinction par la confusion dans les mains de l'état, et ils seraient tenus de continuer les rentes aux fabriques ; le conseil-d'état l'a positivement décidé par son arrêt du 19 février 1823.

Les dispositions de l'art. 1er de l'arrêté du 26 juillet 1803 ne sont point applicables aux biens formant la dotation d'un bénéfice dont le titulaire passait les baux en son nom. Ces sortes de biens sont la propriété de l'état, et les fabriques, qui n'ont été remises en possession que de leurs anciens biens, n'y peuvent rien prétendre. Le conseil-d'état a prononcé sur une question de cette espece le 12 février 1814. Il s'agissait d'un bénéfice simple doté en biens et rentes, dont le titulaire recevait les revenus à charge d'une messe par semaine dans la cathédrale de Liége, sous l'invocation de sainte Agnès.

Pareils arrêts furent rendus le 8 septembre 1819, pour une chapelle établie dans l'église de Saint-Etienne-de-Cernay, et le 14 août 1822 pour un oratoire, près le château de Séverac.

Cette dictinction, établie par la jurisprudence du conseil-d'état, est conforme à diverses décisions rendues antérieurement par le ministre des finances; 1° celle du 28 frimaire an 12, portait : « Les différents biens, rentes et » fondations chargées de messes anniversai- » res, et services religieux faisant partie des » revenus de l'église, sont comprises dans les » dispositions de l'arrêté du 7 thermidor an 11, » et ils doivent être rendus à leurs destination. » 2° Dans celle du 30 ventôse suivant, interprétative de la première, S. Exc. déclare que celle du 28 frimaire comprenait, non-seulement les fondations faites nommément aux fabriques; mais encore celles qui l'auraient été au profit des curés, vicaires, chapelains, et tous autres ecclésiastiques de la même église paroissiale nommés pour servir ces fondations.

Il ne faudrait pas, toutefois, que des administrateurs de fabriques, entraînés par un zèle mal entendu, poussassent leurs recherches et leurs prétentions jusqu'à vouloir contester la validité des ventes ou de transferts réguliers que le gouvernement aurait consentis pendant qu'il était en possession des biens.

Parmi les biens et rentes concédés aux hospices et bureaux de charité, en vertu de la loi du 25 février 1801 (4 ventôse an 9), et des arrêtés pris en conséquence, il s'en trouve qui sont chargés de services religieux. Un décret rendu sur cet objet le 19 juin 1806, porte :

Art. 1er. Les administrations des hospices et des bureaux de charité, qui... auront été mises en possession de quelques biens et rentes chargés précédemment de fondations pour quelques services religieux, paieront régulièrement la rétribution de ces services religieux, conformément au décret du 9 septembre 1805 (22 fructidor an 13), aux fabriques des églises auxquelles ces fondations doivent retourner.

2. Le paiement des arrérages de cette rétribution s'effectuera, à compter du 1er vendémiaire an 12, et dans les trois mois qui suivront la publication du présent décret.

3. Les fabriques veilleront à l'exécution des fondations, et en compteront le prix aux prêtres qui les auront acquittées, aux termes du décret du 22 fructidor an 13.

4. Dans les trois mois, à compter d'aujourd'hui, les préfets donneront connaissance aux fabriques respectives des fondations qui leur compètent, en conséquence de l'article 1er ci-dessus, et ils en enverront un état à notre ministre des cultes.

(*Voyez*) Fondations et Services religieux.)

Un décret du 17 juillet 1805 (28 messidor an 13), a déclaré propriétés des fabriques les biens et rentes non-aliénés ayant appartenu aux anciennes confréries. (*Voyez* Confréries.)

Les dispositions de l'art. 2 de l'arrêté du 26

juillet 1803 (7 thermidor an 11), relatives aux biens des églises supprimées, ont été consacrées de nouveau par le décret du 30 mai 1806, portant :

Art. 1er. Les églises et presbytères qui, par suite de l'organisation ecclésiastique, seront supprimés, font partie des biens restitués aux fabriques, et sont réunis à celles des cures ou succursales dans l'arrondissement desquelles ils seront situés. Ils pourront être échangés, loués ou aliénés au profit des églises et des presbytères des chefs-lieux.

2. Ces échanges ou aliénations n'auront lieu qu'en vertu de nos décrets.

3. Les baux à loyer devront être approuvés par les préfets.

4. Le produit des locations ou aliénations des églises, et les revenus des biens pris en échange, seront employés, soit à l'acquisition des presbytères, ou de toute autre manière, aux dépenses du logement des curés et desservants, dans les chefs-lieux de cure ou de succursale où il n'existe pas de presbytère.

5. Les réparations à faire aux églises et aux presbytères seront constatées par des devis estimatifs ordonnés par les préfets, à la diligence des marguilliers nommés en vertu de l'arrêté du 7 thermidor an 11.

6. Les préfets enverront à nos ministres de l'intérieur et des cultes l'état estimatif des églises et presbytères supprimés dans chaque arrondissement de cure ou succursale, en même-temps que l'état des réparations à faire aux églises et presbytères conservés.

Un autre décret du 31 juillet 1806, est venu fortifier l'arrêté du 7 thermidor, et expliquer celui du 30 mai. Il convient de le transcrire ici avec ses considérants.

Vu l'article 2 de l'arrêté du gouvernement du 7 thermidor an 11, portant que les biens des fabriques des églises supprimées, sont réunis à ceux des églises conservées, et dans l'arrondissement desquelles ils se trouvent ;

Considérant que la réunion des églises est le seul motif de la concession des biens des fabriques de ces églises; que c'est une mesure de justice que le gouvernement a adoptée pour que le service des églises supprimées fût continué dans les églises conservées, et pour que les intentions des donateurs ou fondateurs fussent remplies ; que par conséquent, il ne suffit pas qu'un bien de fabrique soit situé dans le territoire d'une paroisse ou succursale, pour qu'il appartienne à celle-ci, qu'il faut encore que l'église à laquelle ce bien a appartenu, soit réunie à cette paroisse ou succursale ;

Notre conseil-d'état entendu,

Nous avons décrété et décrétons ce qui suit :

Art. 1er. Les biens des fabriques des églises supprimées appartiennent aux fabriques des églises auxquelles les églises supprimées sont réunies, quand même ces biens seraient situés dans des communes étrangères.

Un autre décret du 17 mars 1809, qui n'a pas été imprimé, a rendu aussi aux fabriques les biens rentrés dans la main du domaine, par suite de déchéance, en déclarant applicables à ces biens les dispositions des articles 72 et 75 du décret du 18 germinal an 10; il est ainsi conçu :

Vu les art. 72 et 75 de la loi du 18 germinal an 10, portant :

Art. 72. Les presbytères et les jardins attenant, non aliénés, seront rendus aux curés et aux desservants des succursales.

« Art. 75. Les édifices anciennement destinés au culte » catholique actuellement dans les mains de la nation, » à raison d'un édifice par cure et par succursale, seront » mis à la disposition des évêques, par arrêté des » préfets. »

Vu l'art. 1er. du décret du 30 mai 1806 (page 75),

Vu le rapport de notre ministre des cultes,

Nous avons décrété et décrétons ce qui suit :

Art. 1er. Les dispositions des articles ci-dessus de la loi du 18 germinal an 10, sont applicables aux églises et aux presbytères qui, ayant été aliénés, sont rentrés dans les mains du domaine, pour cause de déchéance.

2. Néanmoins, dans le cas de cédules souscrites par les acquéreurs déchus, à raison du prix de leur adjudication, le remboursement du prix de cette cédule sera à la charge de la paroisse à laquelle l'église ou le presbytère sera remis.

Comme aussi, dans le cas où les acquéreurs déchus auraient commis des dégradations par l'enlèvement de quelques matériaux, ils seront tenus de verser la valeur de ces dégradations dans la caisse de la fabrique, qui, à cet effet, est mise à la place du domaine.

3. Les dispositions du décret du 30 mai 1806, pourront être appliquées aux chapelles de congrégations et aux églises de monastères non-aliénés, ni concédés pour un service public et actuellement disponibles.

Il a pu s'élever des doutes sur la possibilité de restituer aux fabriques des biens mis en vente et rentrés dans les mains du domaine, parce que les instructions de l'administration de l'enregistrement portent, en termes généraux, que ces biens doivent être réadjugés; mais le décret du 17 mars est positif, et le ministre des finances a rendu le 26 septembre 1822, la décision suivante :

« Les biens des fabriques aliénés, réunis au domaine de l'état par suite de la déchéance des acquéreurs et encore disponibles, seront restitués à ces établissements, nonobstant toutes décisions contraires qui demeureront comme non-avenues, à la charge expresse par les fabriques de verser dans la caisse du domaine, pour être remis à l'acquéreur déchu les à-comptes qu'il aurait payés. »

Sur une contestation qui s'est élevée entre le domaine et une fabrique, au sujet d'un presbytère, Son Exc. a pris le 20 décembre 1822, cette décision spéciale.

La déchéance du sieur N est valablement encourue et consommée, et la fabrique de N est maintenue en possession (1) du presbytère de N, à charge par cette fabrique de verser dans la caisse du domaine, pour être remis à l'acquéreur déchu, le montant de ce qui pourra lui revenir d'après le décompte, etc.

Diverses autres décisions conformes ont été rendues postérieurement, notamment les 4 juillet et 6 août 1823.

(1) *Nota.* La fabrique n'avait jamais été envoyée en possession, elle ne s'y était même pas mise.

Ces dispositions sont analogues à celle de l'art. 5 de l'ordonnance du 11 juin 1817, rendue en faveur des émigrés.

Un dernier décret du 8 novembre 1810, a statué également sur les maisons vicariales, il porte :

Les dispositions des décrets des 30 mai 1806 et 17 mars 1809, sont applicables aux *maisons vicariales* non-aliénées, ni concédées pour un service public, et actuellement disponibles ; ces maisons feront partie des biens restitués aux fabriques, et sont réunies à celles des cures ou succursales dans l'arrondissement desquelles elles seront situées. Elles pourront être échangées, louées et aliénées au profit des églises et presbytères des chefs-lieux, en se conformant aux dispositions prescrites par le décret du 30 mai 1806.

Enfin, une ordonnance royale du 28 mars 1820 a prescrit en faveur des églises légalement érigées en succursales ou chapelles, depuis la circonscription du 28 août 1808, la remise des biens non aliénés et possédés par le domaine, ou par des fabriques paroissiales ; elle est ainsi conçue :

Art. 1er. Les fabriques des succursales, érigées depuis la circonscription générale des paroisses du royaume, approuvée le 28 août 1808, ou qui le seraient à l'avenir, sont autorisées à se faire remettre en possession des biens ou rentes appartenant autrefois aux églises qu'elles administrent, ou à celles qui y sont réunies, dont au moment de la publication de la présente ordonnance, le transfert ou l'aliénation n'aurait pas été définitivement et régulièrement consommé en exécution de l'art. 2 de l'arrêté du 7 thermidor an 11, et des décrets des 30 mai et 31 juillet 1806.

2. La même faculté est accordée, sous les mêmes conditions, aux fabriques des chapelles établies conformément aux dispositions du titre II du décret du 30 septembre 1807, mais seulement quant à l'usufruit des biens ou rentes appartenant autrefois, soit à l'église érigée légalement en chapelle, soit à celles qui se trouveraient comprises dans la circonscription, et à charge, par la fabrique usufruitière, de donner immédiatement avis à la fabrique de la cure ou succursale, des biens ou rentes dont elle se serait mise ou poursuivrait l'entrée en jouissance, pour, par cette dernière, être prises les mesures nécessaires, afin de se faire envoyer régulièrement en possession de la nue-propriété.

3. Les évêques pourront nous proposer de distraire des biens et rentes possédés par une fabrique paroissiale, pour être rendus à leur destination originaire, soit en toute propriété, soit seulement en simple usufruit, suivant les distinctions établies ci-dessus, ceux ou partie de ceux provenant de l'église érigée postérieurement en succursale ou en chapelle, lorsqu'il sera reconnu que cette distraction laissera à la fabrique, possesseur actuel, les ressources suffisantes pour l'acquittement de ses dépenses.

La délibération de cette dernière fabrique, une copie de son budget, la délibération du conseil municipal, et les avis du sous-préfet et du préfet, devront accompagner la proposition de l'évêque.

Les restitutions autorisées par les diverses dispositions qui précèdent doivent se faire sur la demande des conseils de fabriques, et l'avis du directeur des domaines, par des arrêtés spéciaux des préfets, approuvés par le ministre des finances. (Avis du conseil-d'état, du 23 décembre 1806, approuvé le 25 janvier 1807, 7 octobre 1808, 8 septembre 1819, et 18 juillet 1821.)

De cette obligation d'obtenir un envoi régulier en possession, il ne faut pas inférer que le domaine puisse aujourd'hui reprendre les biens dont les fabriques se sont mises d'elles-mêmes en possession; mais on doit en conclure que si l'état avait définitivement disposé d'un immeuble ou d'une rente, postérieurement à l'arrêté du 7 thermidor an 11, au moyen d'un transfert régulier, le défaut d'envoi en possession serait valablement opposé à la fabrique.

Si une ancienne paroisse supprimée se trouve divisée entre plusieurs paroisses rétablies, le partage des biens se fait en proportion du nombre d'habitants domiciliés dans chaque paroisse, suivant que le conseil-d'état l'a décidé les 25 avril 1812 et 25 juin 1818. Alors si les biens sont chargés de services religieux, ces services sont acquittés dans chaque paroisse dans la proportion de la part qui lui est attribuée par le partage, sauf la réduction de droit, s'ils excèdent la somme qui y est affectée, d'après le taux fixé par les réglements du diocèse.

Ainsi qu'il est expliqué au titre *Bâtiments*, des communes ont prétendu à tort que les bâtiments ruraux, et tout ce qui excédait le logement rigoureusement nécessaire pour le curé ou desservant, était une propriété communale. Ces difficultés ont été particulièrement élevées de la part des conseils municipaux des communes dont les églises ont été supprimées. (*Voyez* Presbytères.)

Ces nombreuses citations ont paru nécessaires afin de mettre, dans un seul cadre, toute la législation relative aux biens des cures, succursales et chapelles. Il reste à expliquer comment les biens de ces établissements doivent être régis; le décret réglementaire du 30 décembre 1809 contient, à cet égard, des dispositions précises qui continuent de faire règle. Elles sont rapportées ci-après :

Art. 1er. Les fabriques.... sont chargées.... d'administrer les aumônes et les biens, rentes et perceptions autorisées par les lois et réglements, les sommes supplémentaires fournies par les communes, et généralement tous les fonds qui sont affectés à l'exercice du culte.

25. Le trésorier est chargé de procurer la rentrée de toutes les sommes dues à la fabrique, soit comme faisant partie de son revenu annuel, soit à tout autre titre.

36. Les revenus de chaque fabrique se forment :

1° Du produit des biens et rentes restitués aux fabriques, des biens des confréries, et généralement de ceux qui auraient été affectés aux fabriques par nos divers décrets (1);

(1) Ceux précédemment transcrits.

2° Du produit des biens, rentes et fondations qu'elles ont été ou pourront être, par nous, autorisées à accepter ;

3° Du produit des biens et rentes célés au domaine, dont nous les avons autorisés, ou dont nous les autoriserions à se mettre en possession (1) ;

4° Du produit spontané des terreins servant de cimetières ;

5° Du produit de la location des chaises ;

6° De la concession des bancs placés dans l'église ;

7° Des quêtes faites pour les frais du culte ;

8° De ce qui sera trouvé dans les troncs placés pour le même objet ;

9° Des oblations faites à la fabrique ;

10° Des droits que, suivant les réglements épiscopaux, approuvés par nous, les fabriques perçoivent, et de celui qui leur revient sur le produits des frais d'inhumations ;

11° Du supplément donné par la commune, le cas échéant.

60. Les maisons et biens ruraux, appartenant à la fabrique, seront affermés, régis et administrés par le bureau des marguilliers, dans la forme déterminée pour les biens communaux.

62. Ne pourront, les biens-immeubles de l'église, être vendus, aliénés, échangés, ni même loués pour un temps plus long que neuf ans, sans une délibération du conseil, l'avis de l'évêque diocésain (2), et notre autorisation.

---

(1) *Voyez* Révélations.

(2) L'avis du sous-préfet et celui du préfet sont également nécessaires, comme ils le sont pour les biens communaux.

Billets d'enterrements. (*Voyez* Inhumation.)

Binage.

Les curés, desservants, vicaires, et les chapelains particuliers peuvent, dans des cas de besoin, être autorisés par le supérieur diocésain à *biner*; c'est-à-dire, à célébrer deux messes dans des églises différentes.

Si l'un des ecclésiastiques que nous venons de désigner célèbre sa première ou sa seconde messe dans une église légalement érigée en succursale, il a droit à une indemnité de 200 fr. sur les fonds du trésor royal. Si c'est dans une chapelle ou annexe, à la charge des communes ou des habitants, l'indemnité est payée par lesdites communes ou par les habitants intéressés. A plus forte raison, les particuliers qui profitent des avantages de l'exercice de la religion, doivent acquitter l'indemnité due au prêtre autorisé à biner, si l'église n'a reçu aucun titre, et si elle n'est ouverte que par permission ou par tolérance de l'évêque.

L'indemnité de 200 fr. n'avait d'abord été accordée qu'aux desservants qui étaient chargés de deux succursales en même-temps; les curés semblaient être exclus de cette faveur, et ils l'étaient effectivement par le texte de la décision; mais le Roi l'a étendue, non-seulement à MM. les curés, mais encore à ceux de leurs vicaires que l'évêque aurait chargés du desservice d'une paroisse.

Il s'était élevé beaucoup de difficultés entre les

prêtres autorisés à biner et les fabriques, ainsi que les communes, au sujet de la jouissance des presbytères des succursales vacantes; mais elles se trouvent applanies par l'ordonnance du 3 mars 1825, portant :

Art. 2. Les curés ou leurs vicaires, ainsi que les desservants, autorisés par leur évêque à biner dans les succursales vacantes, ont droit à la jouissance des presbytères et dépendances de ces succursales, tant qu'ils exercent régulièrement ce double service. Ils ne peuvent en louer tout ou partie qu'avec l'autorisation de l'évêque. (*Voyez* la fin du titre *Presbytère.*)

Bois. (*Voyez* Arbres.)

Si une fabrique n'a pas de bois en massif, de bois en coupes réglées, elle peut avoir, notamment dans les communes rurales, des arbres épars, soit en propriété sur des biens appartenant à l'établissement, soit en usufruit sur les cimetières. Or, la législation sur l'exploitation des bois, est très-compliquée, et il importe de la bien connaître afin d'éviter des obstacles qui peuvent avoir des suites plus ou moins fâcheuses. Les fabriques ont d'autant plus besoin d'être pénétrées de la marche à suivre, pour obtenir la délivrance d'arbres, que souvent ces bois sont d'une très-grande ressource pour les fabriques, ainsi que pour les communes obligées de subvenir à leurs besoins.

Une loi du 29 septembre 1791 a désigné les bois soumis au régime forestier.

Un arrêté du 10 mars 1802 (19 ventôse an 10), relatif à l'administration des bois des communes, porte :

Art. 1er. Les bois appartenant aux communes sont soumis au même régime que les bois nationaux, et l'administration, garde et surveillance, en sont confiées aux mêmes agents.

2. La régie de l'enregistrement est chargée du recouvrement du prix des adjudications de toutes les coupes extraordinaires desdits bois.

9. Toutes les dispositions précédentes sont applicables aux bois des hospices, et autres établissements publics.

Une loi du 29 avril 1803 (9 floréal an 11), porte que la nomination des gardes des bois des communes, et autres établissements publics, sera soumise à l'approbation du conservateur de l'arrondissement, qui délivrera les commissions et les enverra à l'administration forestière, pour y être visées et enregistrées.

Un décret du 15 avril 1811, qui continue de faire règle, n'intéresse que les particuliers qui ont la libre disponibilité de leurs bois, hormis les arbres propres aux constructions navales; cependant il peut être utile aux fabriques, ainsi qu'aux communes obligées de leur subvenir, de connaître les dispositions suivantes :

Art. 1er. Les dispositions de l'ordonnance de 1669, et de la loi du 9 floréal an 11, qui prescrivent aux propriétaires d'arbres-futaies, épars ou en plein bois, de faire des déclarations de leur intention d'abattre lesdits arbres, seront exécutées sous les peines exprimées ci-après : sont exceptés de la déclaration les propriétaires des arbres situés dans les lieux clos et fermés de murs ou de haies vives, avec fossés attenant aux habitations, et qui ne sont pas aménagés en coupes réglées.

2. Les propriétaires ne sont assujétis à comprendre, dans leur déclaration, que les chênes de futaie, et les ormes ayant treize décimètres de tour et au-dessus. Si les ormes sont plantés en avenue près les maisons d'habitation, ils sont également exempts d'en faire la déclaration.

3. Les contrevenants seront condamnés, pour la première fois, à l'amende, à raison de 45 fr. par mètre de tour, pour chaque arbre passible de la déclaration ci-dessus.

En cas de récidive, l'amende sera doublée.

4. Les déclarations seront faites en double, sur papier timbré, et remises à l'inspecteur ou sous-inspecteur forestier de l'arrondissement, lequel visera un des doubles qui sera retiré par le déclarant.

Les martelages seront opérés par un contremaître de la marine, l'abattage sera fait par le propriétaire, l'époque en sera constatée par le maire, le propriétaire en informera le contremaître (art. 5, 6, 7 et 8).

9. Six mois après l'abattage constaté, si l'administration de la marine ou ses fournisseurs n'ont pas payé la valeur de ces bois, les propriétaires pourront disposer à leur gré des arbres marqués.

Les contraventions seront poursuivies par les agents forestiers, les contre-maîtres et les fournisseurs (art. 10, 11, 12 et 13).

14. Les propriétaires qui n'auront pas fait l'abattage dans le délai d'un an, à dater du jour de leur déclaration, seront tenus de la renouveler; la première sera alors considérée comme non-avenue.

Il résulte de cette législation que les bois des communes et des établissements publics sont assimilés aux bois de l'état pour le régime, la garde et la surveillance. Dès-lors, une commune ou une fabrique est dans l'obligation, lorsqu'elle veut disposer d'arbres, de se conformer aux règles ordinaires concernant la déclaration, la visite et le martelage des arbres propres aux constructions navales; elle doit encore solliciter une autorisation de S. Exc. le ministre des finances.

Il semblerait que ces règles ne devraient trouver d'application que lorsqu'il s'agirait de bois en coupes réglées, et que, comme les particuliers, les communes et les établissements pourraient, au moyen d'une délibération des conseils municipaux, ou des administrations chargées de la surveillance, disposer, avec l'autorisation du préfet, de quelques arbres épars excrus sur les propriétés, lorsqu'il aurait été reconnu que ces bois ne seraient pas propres à la marine. Il n'en est point ainsi, dans aucun temps les communes et les établissements n'ont eu la libre disposition de leurs arbres épars : ce principe, consacré par l'ancienne législation forestière, se trouve fortifié par l'arrêté du gouvernement du 10 mars 1802 (19 ventôse an 10), qui n'a fait aucune distinction entre les arbres dont il s'agit et les bois en massif. Cette question, qui a été produite plusieurs fois, a toujours été résolue négativement. Les autorisations qui sont provoquées par l'administration des forêts, imposent généralement l'obligation d'une nouvelle plantation, et cette sage disposition ne peut être éludée. Il est versé, dans la caisse du domaine un 10e de la valeur des bois delivrés, pour servir d'indemnité de surveillance, de martelage, de récolements, etc., aux agents forestiers (1).

D'après ce qui précède, voici la marche à suivre pour obtenir la délivrance d'arbres :

Un procès-verbal descriptif et estimatif des arbres est nécessaire pour en connaître le nombre, l'essence et la valeur.

Une délibération du conseil municipal, s'il s'agit d'un bien communal, ou de l'administration de l'établissement, s'il s'agit d'un hospice, d'un bureau de charité ou d'une fabrique, doit faire con-

(1) Pour les arbres epars ou de promenades, il n'y a à payer que les frais des vacations des agents forestiers. (Décision du 20 aoû 1823.)

naître la nécessité d'abattre les arbres et la destination à donner, soit à ces bois, soit à leur produit.

Comme les communes sont intéressées à ce que les fabriques administrent régulièrement, et avec économie, les biens qui leur sont propres, le conseil municipal doit émettre son avis sur la demande en délivrance d'arbres, formée par lesdites fabriques. Or, le procès-verbal estimatif, la délibération du conseil de fabrique et celle du conseil municipal, sont envoyés au sous-préfet. Ce fonctionnaire les vise et les transmet au préfet avec son avis. Ce magistrat vise également le procès-verbal estimatif, approuve les délibérations, s'il y a lieu, et adresse le tout au conservateur de l'arrondissement forestier, ou à l'inspecteur du département. Le conservateur ou l'inspecteur fait visiter les arbres par un agent, sous ses ordres, qui en constate le nombre et la valeur, et déclare s'ils sont propres aux constructions navales, et même si la délivrance peut en être autorisée; enfin, par quel nombre de jeunes arbres ils doivent être remplacés, et pendant combien de temps cette nouvelle plantation devra être entretenue par l'établissement propriétaire, sous la surveillance des agents forestiers.

Le conservateur ou l'inspecteur joint son avis à celui de l'agent forestier et aux autres pièces, et renvoie le tout au préfet, qui en fait la transmission à l'administration des forêts, chargée de solliciter les décisions ministérielles.

Tant de formalités sont sans doute bien longues à remplir, et il serait désirable que LL. Exc. les ministres des finances et des affaires ecclésiastiques voulussent bien se concerter et donner quelque latitude aux préfets pour autoriser la délivrance des arbres épars, non propres aux constructions de la marine ; mais jusqu'à ce moment, il n'a encore été rendu aucune décision à cet égard. Cependant, des représentations fondées sur l'urgence de travaux à faire à des églises, à des presbytères ou bâtiments en dépendant, sur le besoin de procurer des ressources pour ces travaux ou pour faire face à d'autres dépenses également indispensables, ont été faites par des préfets et par des conseils généraux, et l'on est porté à espérer que LL. Exc. prendront ces observations en considération.

BUDGET.

(*Voyez* le Modèle à la suite de cet article.)

La formation en est ordonnée par le décret réglementaire du 30 décembre 1809. Voici les dispositions qui y sont relatives :

Art. 12. Seront soumis à la délibération du Conseil, 1° le budget de la fabrique....

24. Le bureau des marguilliers dressera le budget de la fabrique, et préparera les affaires qui doivent être portées au conseil....

45. Il sera présenté chaque année au bureau, par le curé ou desservant, un état par aperçu des dépenses nécessaires à l'exercice du culte, soit pour les objets

de consommation, soit pour réparations et entretien d'ornements, meubles et ustensiles d'églises.

Cet état, après avoir été, article par article, approuvé par le bureau, sera porté en bloc, sous la désignation de *dépenses intérieures*, dans le projet du budget général : le détail de ces dépenses sera annexé audit projet.

46. Ce budget établira la recette et la dépense de l'église. Les articles de dépense seront classés dans l'ordre suivant :

1° Les frais ordinaires de la célébration du culte ;

2° Les frais de réparations des ornements, meubles et ustensibles d'église ;

3° Les gages des officiers et serviteurs de l'église ;

4° Les frais de réparations locatives.

La portion de revenus qui restera, après cette dépense acquittée, servira au traitement des vicaires légitimement établis ; et l'excédant, s'il y en a, sera affecté aux grosses réparations des édifices affectés au service du culte.

47. Le budget sera soumis au conseil de la fabrique, dans la séance du mois d'avril de chaque année ; il sera envoyé, avec l'état des dépenses de la célébration du culte, à l'évêque diocésain, pour avoir sur le tout son approbation.

48. Dans le cas où les revenus de la fabrique couvriraient les dépenses portées au budget, le budget pourra, sans autres formalités, recevoir sa pleine et entière exécution.

49. Si les revenus sont insuffisants pour acquitter, soit les frais indispensables du culte, soit les dépenses nécessaires pour le maintien de sa dignité, soit les gages

des officiers et des serviteurs de l'église, soit les réparations des bâtiments, ou pour fournir à la subsistance de ceux des ministres que l'état ne salarie pas, le budget contiendra l'aperçu des fonds qui devront être demandés aux paroissiens pour y parvenir, ainsi qu'il est réglé au chapitre IV.

Dans le cas prévu par l'article 37, relatif à l'insuffisance des ressources de la fabrique, et lorsqu'il s'agit de constructions ou de grosses réparations des édifices consacrés aux cultes (art. 92), le budget est porté au conseil municipal, convoqué à cet effet, pour y être délibéré (art. 93).

96. Si le conseil municipal est d'avis de demander une réduction sur quelques articles de dépenses de la célébration du culte, et dans le cas où il ne reconnaîtrait pas la nécessité de l'établissement d'un vicaire, sa délibération en portera les motifs.

Toutes les pièces seront adressées à l'évêque, qui prononcera.

97. Dans le cas où l'évêque prononcerait contre l'avis du conseil municipal, ce conseil pourra s'adresser au préfet; et celui-ci enverra, s'il y a lieu, toutes les pièces au ministre des cultes, pour être par.... (le Roi), sur son rapport, statué en conseil-d'état ce qu'il appartiendra.

Il résulte positivement des dispositions qui précèdent que le budget de la fabrique n'est produit à l'autorité civile, et n'est susceptible d'être discuté par elle, qu'autant que l'établissement ne peut pourvoir à ses besoins avec ses propres ressources.

La forme du budget n'est déterminée par aucune disposition réglementaire ; ce sont les supérieurs diocésains qui la prescrivent *ad libitum*. On verra ci-contre un modèle calqué sur celui du diocèse de Rouen.

Diocèse d	*BUDGET de la Fabrique de l'Eglise de pour l'année 182*	Département d
Paroisse d		Commune d

TITRE 1er. – CHAPITRE UNIQUE. – Dette de la Fabrique.

Montant présumé des dettes à acquitter au 1er janvier 18 f c

TITRE 2. – Recettes de la Fabrique.	Montant présumé de la Recette.	Réglement de l'Evêque.	Observations de l'Evêque.
CHAPITRE Ier. – RECETTES ORDINres.			
Biens restitués en vertu de l'arrêté du 7 thermidor an 11			
Rentes restituées en vertu du même arrêté. . .			
Biens dont l'acceptation a été autorisée depuis le même arrêté			
Rentes de fondations anciennes et nouvelles.			
Biens célés au domaine, dont la fabrique a été mise en possession.			
—— restitués par suite de déchéance, en vertu du décret du 17 mars 1809.			
—— dépendants de paroisses supprimées, ou d'anciennes confréries, rendus par suite des décrets des 30 mai et 31 juillet 1806, et 8 novembre 1810			
Rentes nouvelles sur particuliers.			
—— Sur l'état			
Produit des bancs, stalles, tribunes, chapelles et chaises			
Concessions de places			
Produit des quêtes et troncs.			
—— des oblations faites à la fabrique. . . .			
—— spontané des cimetières.			
Cire provenant des enterrements, services funèbres et cierges offerts sur les pains bénits			
Droits dans les frais d'inhumations et services religieux.			
. . . .			
. . . .			
TOTAL des Recettes ordinres.			
CHAPITRE II. — RECETTES EXTRAORDres.			
. . . .			
. . . .			
RESTE, par aperçu, des Recettes de 18 . . .			
TOTAL des Recettes extraordres.			
RÉCAPITULATION.			
RECETTES ordinaires			
RECETTES extraordinaires.			

TITRE 3. – Dépense de la Fabrique.	Dépenses présumées pour 18	Réglement de l'Evêque.	Observations
CHAPITRE Ier. – DÉPENSES ORDINAIRES.			
ART. Ier. *Objets de consommation.*			
Pain d'autel........................			
Vin, à raison de messes par jour.			
Cire........................			
Huile........................			
Encens........................			
ART. 2. *Entretien des Ornements*, etc.			
Entretien des ornements........			
-- des meubles et ustensiles........			
Blanchissage........................			
ART. 3. *Réparations locatives.*			
Entretien de l'église........			
-- de la sacristie........			
-- du presbytère et autres bâtiments..			
-- du cimetière........			
ART. 4. *Personnel.*			
Honoraires du prédicateur........			
Traitement de vicaires, à pour chacun.			
Officiers du bas-chœur........			
Traitement du sacristain........			
-- du clerc........			
-- des chantres, à pour chacun........			
-- du serpent........			
-- de l'organiste........			
-- des suisses........			
-- des bedeaux........			
-- des sonneurs........			
-- des enfants de chœur........			
ART. 5. *Fondations.*			
Obits et autres services religieux fondés........			
Distribution d'aumônes fondées........			
ART. 6. *Charges sur les biens.*			
Contributions........			
Rentes........			
Ce du produit des places........			
ART. 7. *Dépenses diverses.*			
Registres des actes de baptêmes, etc.			
Frais d'administration........			
ART. 8. *Dépenses imprévues*........			
TOTAL des dépenses ordinaires........			
Recettes ordinaires et extraordinaires........			
Différence { en excédant........			
Différence { en déficit........			

CHAPITRE II. – DÉPENSES EXTRAORDres.	Dépenses présumées pour 18	Règlement de l'Evêque.	Observations.
ART. 1er. *Dettes de la Fabrique.*			
ART. 2. *Achats de mobilier.*			
ART. 3. *Constructions et grosses réparations.*			
TOTAL des Dépenses extraordres.			
RÉCAPITULATION GÉNÉRALE.			
Report de la différence ci-contre. { Excédant. / Déficit.			
Dépenses extraordinaires..........			
Résultat général .... { en excédant... / en déficit....			

Vu et arrêté par le Conseil de Fabrique, le présent Budget, duquel il résulte qu'il y a excédant (ou déficit) *de*

A *le* 18

Approbation de l'Évêque.

Bureau des Marguilliers.

Sa composition, l'ordre de ses séances et ses fonctions sont réglés par la 2e section du chapitre premier du décret du 30 décembre 1809. (*Voyez* Marguilliers.)

Bureaux de charité.

Un arrêté du gouvernement du 25 mai 1803 (5 prairial an 11), a autorisé le rétablissement des troncs et des quêtes, dans les temples et autres lieux publics, en faveur des bureaux de charité. Il porte :

Art. 1er. Les administrateurs des hospices et des bureaux de charité.... sont autorisés à faire quêter dans tous les temples consacrés à l'exercice des cérémonies religieuses, et à confier la quête, soit aux filles de charité vouées au services des pauvres et des malades, soit à telles autres dames charitables qu'ils jugeront convenables.

2. Ils sont pareillement autorisés à faire placer dans tous les temples.... des troncs destinés à recevoir les aumônes et les dons que la bienfaisance individuelle voudrait y déposer.

Ces dispositions ont été maintenues par l'art. 75 du décret du 30 décembre 1809, ainsi conçu :

Tout ce qui concerne les quêtes dans les églises sera réglé par l'évêque, sur le rapport des marguilliers, sans préjudice des quêtes pour les pauvres, lesquelles devront toujours avoir lieu dans les églises, toutes les fois que les bureaux de bienfaisance le jugeront convenable.

Il est à remarquer que cette faculté de placer des troncs, et de faire quêter dans les églises, n'est attribuée qu'aux bureaux de bienfaisance ou de charité, d'où l'on doit conclure que, dans les communes où des administrateurs des biens des pauvres n'ont pas été légalement établis, ni le maire, ni le conseil municipal ne peut s'en prévaloir. Il est en effet plus convenable de s'en rapporter au curé ou desservant sur le soin des pauvres; nul autre que ce pasteur n'est plus à portée d'apprécier leurs besoins et de les soulager.

D'un autre côté, il ne paraît pas non plus que les bureaux de charité *cantonaux* puissent être autorisés à placer des troncs et faire quêter dans les églises des paroisses, autres que celles du chef-lieu de canton, aucune disposition réglementaire ne l'ayant permis. La raison de douter que cette faculté soit accordée, vient de ce que les bureaux de charité cantonaux ont été plutôt établis pour surveiller l'administration des biens des pauvres, et pour délibérer sur les affaires qui les intéressent, que pour s'occuper de distributions d'aumônes. (*Voyez* Hospices, Transferts, Biens, Domaines, Pain bénit.)

Cahiers de charges.

Ils doivent être rédigés par le bureau, en double

expédition, dont l'une sur papier timbré. Ils sont soumis à l'approbation du préfet.

Le modèle suivant présente toutes les conditions qu'il convient d'imposer aux adjudicataires.

Modèle de cahier de charges.

Art. 1er. Nul ne sera admis à concourir s'il n'est avantageusement connu pour sa moralité et ses moyens pécuniaires, et s'il n'est muni d'un certificat spécial, soit d'un ingénieur, soit d'un architecte attaché à l'administration, ou reconnu par elle, et qui atteste sa moralité et sa capacité. Il devra exercer habituellement au moins la profession à laquelle appartiendra la majeure partie des travaux compris dans le devis.

2. Ceux qui voudront concourir devront déposer au secrétariat de l'administration qui procédera à l'adjudication, avant l'expiration du délai fixé par les affiches, leurs soumissions avec le certificat de capacité joints.

3. Au jour fixé, l'administrateur qui procédera à l'adjudication fera, en présence des autres fonctionnaires appelés à y assister, le dépouillement des soumissions, écartera celles qui seront jugées insuffisantes ou irrégulières, ou celle des concurrents dont le certificat ne serait pas jugé suffisant, et ouvrira l'adjudication sur celles admises; les soumissionnaires seront introduits, et les bougies allumées pour procéder à l'adjudication au rabais: le taux des enchères sera fixé au paragraphe des *conditions particulières* à la suite du devis, ainsi que la faculté de réunir plusieurs articles s'il y a lieu, et l'adjudication ne sera définitive qu'après l'extinction d'une bougie sur laquelle il n'aura été fait aucune enchère, et en faveur du dernier enchérisseur.

4. Les devis et conditions étant déposés au secrétariat de l'administration qui procédera à l'adjudication; il ne sera pas nécessaire d'en faire lecture au moment de l'adjudication; en conséquence l'adjudicataire sera censé en avoir pris une connaissance suffisante et réfléchie, tant sur les lieux que par les devis et cahier de charges, et par les renseignements qu'il aura dû se procurer au cabinet de l'architecte surveillant les travaux; il devra exécuter les ouvrages compris aux devis fidèlement, ponctuellement, et selon l'art de chacun d'eux.

5. L'adjudicataire se conformera aux ordres de l'architecte chargé de la direction des ouvrages, et sera responsable de l'exécution de tous ceux qui lui seraient donnés par tout autre que cet architecte.

6. Il sera tenu d'avoir un nombre suffisant d'ouvriers, et, selon l'importance des travaux, un bon commis intelligent, aggréé de l'architecte, pour surveiller en l'absence de l'adjudicataire les travaux, et pouvoir répondre.

Il ne pourra distraire les ouvriers ou commis employés aux travaux, et l'architecte aura droit de le contraindre à renvoyer ceux incapables, paresseux, ou qui lui manqueraient de subordination.

7. Il devra se procurer tous les ustensibles, agrès, outils, échaffaudages, moyens de transport, et tous autres quelconques nécessaires à l'exécution prompte et sans interruption des ouvrages, ainsi que les gardefous ou autres objets de sûreté commandés par la police.

Il devra se pourvoir, à ses frais, d'emplacement pour le dépôt des matériaux dans le cas où il ne pourrait en obtenir aux environs du chantier, sans nuire à la circulation et au service de l'établissement dans lequel s'exécutent les travaux, ou à la voie publique.

Il devra faire les démarches nécessaires auprès des administrations locales pour obtenir toutes les permissions que les circonstances exigeront, et il se conformera à toutes les lois et ordonnances de police.

Il ne pourra faire de réclamations pour les frais de gardiens et d'éclairage, le cas échéant.

Il ne pourra rien répéter pour ces objets, attendu que l'on a dû comprendre aux devis, sous le titre de faux frais, ce qui est présumé dû pour l'usure d'outils.

Tous les dommages qui pourraient être réclamés par les voisins pour raison d'avarie seront aussi à ses frais; il en sera de même de ceux qui seraient faits par lui ou ses ouvriers au bâtiment dans lequel s'exécutent les travaux, ou à ceux environnants, sauf les cas de force majeure légalement constatés.

8. 1° Il ne pourra de son chef augmenter, diminuer ou échanger en aucune manière les ouvrages prescrits au devis.

2° S'il était jugé nécessaire, pendant l'exécution des travaux, pour plus de solidité ou d'économie, ou pour tout autre motif valable, d'en changer ou diminuer quelques parties, même d'en faire par compensation d'un ou de plusieurs articles sur l'autre, l'entrepreneur se conformera dans tous les cas à ce qui lui sera prescrit à cet égard, par écrit, signé de l'architecte, et les dépenses seront réglées sur les attachements des ouvrages qu'il aura faits d'après les modifications ordonnées, et suivant les prix portés au détail estimatif dans le devis, avec diminution proportionnée au rabais obtenu par l'adjudication.

3° Si ces changements dénaturaient les travaux indiqués au devis, ou devaient augmenter la dépense y fixée, l'architecte devra, sur un rapport au préfet ou à l'administration qui aura ordonné le travail, en obtenir l'autorisation et la notifier à l'entrepreneur, qui de suite sera tenu d'exécuter les travaux ; en cas d'urgence, l'architecte aura le droit, jusqu'à concurrence de trois cents francs de dépense seulement, et sous sa responsabilité, de commander par écrit les travaux nécessaires, et l'adjudicataire sera obligé de les faire sans qu'il lui soit justifié d'autorisation préalable.

4° Tous les ouvrages exécutés par l'entrepreneur sans un ordre par écrit, resteront à son compte.

9. L'entrepreneur ne sera dans aucun cas admis à demander d'indemnité ou de supplément de prix, ni la résiliation de l'adjudication, pas même pour les erreurs qui existeraient dans les calculs des devis, sauf les événements de force majeure, et ce qui est prévu au 3e paragraphe de l'article précédent.

Dans le cas de force majeure, ou de degâts arrivés à ses ouvrages par des événemeuts dont on ne peut répondre, l'entrepreneur devra faire constater le dommage dans les vingt-quatre heures par un procès-verbal du maire de la commune, et il sera remboursé du montant en vertu d'une décision du préfet, prise sur le rapport de l'architecte.

Dans le cas prévu par le troisième paragraphe de l'article précédent, les augmentations de travaux seront fixées d'après les prix portés aux devis d'objets analogues, augmentés du dixième pour bénéfice, et réduits d'après le rabais de l'adjudication.

Il en sera de même pour les ouvrages prévus ou imprévus qui seront faits, soit sur les articles portés en masse, soit sur la somme à valoir ou le rabais provenant de l'adjudication.

10. L'entrepreneur ne pourra rétrocéder son marché, sous peine de résiliation et de folle-enchère avec dommages et intérêts.

Il ne pourra faire aucun sous-marché qu'avec des ouvriers munis de patentes, en soumettant ces sous-marchés à l'architecte pour qu'il les vise et fasse approuver.

Ils pourront recevoir leur exécution, sans que pour cela il cesse d'être responsable personnellement pour la totalité.

Cet article sera obligatoire lorsque l'architecte jugera convenable d'en exiger l'exécution, afin qu'il ne soit employé que des chefs d'ouvriers honnêtes et capables.

11. L'entrepreneur ne pourra fournir que de bons matériaux, chacun dans leur espèce; il ne pourra disposer de l'approvisionnement fait sur le chantier autrement que pour l'entreprise à lui adjugée.

Les matériaux seront susceptibles de réception avant leur emploi; tous ceux qui seront rejetés devront être enlevés sur-le-champ des chantiers, ou bien ils seraient rompus, jetés aux décombres et enlevés à ses frais, le cas échéant.

Si quelques défauts échappaient dans l'examen primitif et qu'ils fussent aperçus après l'emploi, il ne sera pas moins obligé de les enlever et remplacer à ses frais;

il en serait de même pour toutes les fournitures et main-d'œuvre qui ne seraient pas faites dans les règles de l'art, ainsi qu'il est prescrit à l'art. 4 ci-dessus.

Il sera responsable de tous les dégâts qui arriveraient par les retards qu'il apporterait à l'exécution des ouvrages, ou par défaut de précautions suffisantes.

12. Il se mettra au travail immédiatement après la remise qui lui aura été faite des actes auxquels l'adjudication aura donné lieu, continuera ou arrêtera selon les ordres qu'il recevra en raison de la disposition des fonds.

Si le besoin l'exigeait, il fournira la quantité d'ouvriers qu'il paraîtrait convenable de demander, sans qu'il puisse alléguer les sous-marchés qu'il aurait conclus d'après l'article 10.

Il ne pourra commencer aucun ouvrage avant d'en prévenir l'architecte, et ne pourra, dans aucun cas, dénaturer, remblayer ou recouvrir aucun objet avant qu'il en ait été pris attachement entre lui et l'architecte, à charge à lui de supporter les frais nécessaires pour remédier à cette omission.

Il devra avoir fourni et fait confectionner tous les objets indiqués au devis dans le délai y fixé, qui commencera à courir du jour de l'ordre donné par l'architecte et de la remise des actes d'adjudication, et ce, sous peine de souffrir la déduction du dixième du prix, s'il outre-passe le délai, de celui fixé au devis pour la première réception.

Ce second délai expiré, l'entrepreneur serait mis en demeure, et le préfet pourrait ordonner de préposer des ouvriers à ses frais et à ceux de sa caution pour terminer les ouvrages.

13. Les changements prévus par le paragraphe 2 de l'article 8 ne donneront pas lieu à augmentation de délai.

Les augmentations prévues par le paragraphe 3 y donneront lieu, et le délai nouveau sera fixé dans le rapport sur lequel interviendra l'autorisation; il courra du lendemain de la remise à l'entrepreneur, de cette autorisation.

Dans le cas où les ouvrages prescrits ne pourraient pas être faits dans une campagne, l'entrepreneur recevra l'ordre de faire les ouvrages qui lui seront désignés dans le délai qui lui sera fixé, et il devra commencer aussitôt.

14. Le toisé des ouvrages exécutés ne sera fait qu'après l'achèvement desdits ouvrages, suivant leur mise en œuvre, sans *usages*, les plus-values étant comprises dans les devis.

Tous les ouvrages qui ne sont pas susceptibles d'être toisés seront estimés pour leur emploi, d'après les prix du détail estimatif réduit sur l'adjudication.

Les plombs, fers, et autres matières à fournir au poids ne seront placés qu'après que leurs poids aura été vérifié : il en sera de même pour les matières de même espèce, qui seront délivrées en déduction à l'entrepreneur, et il ne pourra s'en livrer qu'après ce pesage.

15. L'entrepreneur sera payé à fur et mesure de l'avancement de ses ouvrages ou fournitures, sur mandat de l'ordonnateur de la dépense, d'après un certificat de l'architecte.

Le premier paiement ne pourra avoir lieu que lorsque les ouvrages seront au quart de leur avancement pour ceux moindres de dix mille francs, et au sixième pour ceux au-dessus, et il sera toujours en avance d'un cinquième.

16. Il sera fait deux réceptions, la première immédiatement après l'achèvement des travaux ; et la seconde, celle définitive, un mois après la première, s'il n'est pas nécessaire de la différer davantage.

Le procès-verbal de première réception fera mention des travaux en réparation ou reconstruction jugés nécessaires.

Celui de la dernière ne sera accordé que lorsque toutes les conditions du devis auront été reconnues bien exécutées.

Cette réception ne dérogera en rien à l'article 1792 du Code civil sur la garantie de dix ans pour vices de construction non-apparents.

Pendant l'intervalle des deux réceptions, l'entrepreneur terminera ce qui aura été jugé à refaire ou réparer, et entretiendra les ouvrages en bon état.

Dans le cas où les ouvrages devraient durer plusieurs campagnes, à l'expiration du délai fixé pour les travaux désignés pour la saison, il en sera fait réception particulière, qui tiendra lieu de première réception, et entre les saisons de travaux, l'entrepreneur devra tenir les ouvrages faits en bon état, sauf ce que les circonstances rendraient nécessaire d'ordonner dans le sens de l'art. 1792 du Code civil, à charge ou décharge de l'entrepreneur.

17. Le cinquième du montant de l'adjudication restera en réserve pour garantie des ouvrages jusqu'après l'approbation du procès-verbal de réception définitive, conformément à la circulaire du ministre de l'intérieur, du 22 juillet 1816 (n° 103).

18. L'entrepreneur ne pourra sous aucun prétexte refuser le paiement de ses ouvriers et fournisseurs, et il ne recevra le reliquat de son marché qu'en justifiant qu'il ne leur doit rien, attendu le privilége qu'ils ont en sous-ordre sur le prix de l'adjudication pour leurs peines et fournitures y relatives.

19. Il sera tenu de fournir, dans les vingt-quatre heures de l'adjudication, caution solvable et avec hypothèques sur biens suffisants situés dans le département, laquelle sera obligée avec lui solidairement à l'exécution des travaux. Le taux de ce cautionnement est fixé au quart du prix de l'adjudication pour les travaux au-dessous de 10,000 francs, et au dixième pour ceux au-dessus.

La caution devra, en signant l'acte de cautionnement au secrétariat de l'administration qui aura ordonné les travaux, justifier par titres et certificats d'hypothèques, qui lui seront de suite remis, de la valeur de ses biens.

20. L'entrepreneur et sa caution devront élire domicile pour l'effet et suite de l'adjudication dans le lieu où siégera l'autorité qui aura ordonné les travaux.

21. Il paiera les droits de timbre et d'enregistrement, d'affiches, etc., et généralement tous les frais auxquels le devis et l'adjudication auront donné lieu.

Les honoraires de l'architecte surveillant seront payés en dehors du prix de l'adjudication, et non par l'adjudicataire.

22. Il fera place nette de tous les matériaux et de tous les gravois qui se trouveront sur les chantiers après l'exécution des ouvrages, ce qui sera constaté dans le procès-verbal de réception définitive.

23. Les contestations qui pourraient s'élever, soit en interprétation des articles du devis ou du présent, soit sur l'exécution des ouvrages, seront jugées par le conseil de préfecture, conformément à la loi du 27 ventôse an VIII, comme travaux publics; les entrepreneurs et leurs cautions devront être soumis aux décisions du conseil qui seront exécutoires provisoirement, sauf recours au conseil-d'état.

S'il s'agissait d'une dépense peu importante, l'on pourrait simplifier ce cahier de charges.

CAISSE. (*Voyez* Armoire.)

La caisse est destinée à renfermer les fonds appartenant à la fabrique, et desquels le trésorier est comptable, ainsi que les registres, titres et papiers de l'établissement. Il peut même, pour éviter toute confusion, être établi une caisse et une armoire.

L'art. 87 du décret du 30 décembre 1809 autorise les évêques et leurs grands-vicaires à vérifier l'état de la caisse, les comptes, registres et inventaires.

CAISSE CENTRALE ET DE SERVICE.

Les dispositions législatives qui obligent les communes à placer à la caisse de service, pour y porter intérêt, les sommes disponibles au-delà des besoins courant, et dont l'emploi n'est pas prochain, ne sont pas rigoureusement applicables aux fabriques; mais ces établissements peuvent user du même moyen que les communes.

Rien n'est plus commode et plus avantageux que ces placements. Une fabrique aurait une somme de quelqu'importance à sa disposition, et qui serait destinée à embellir l'église, à acheter des objets mobiliers, à faire des réparations, etc., si la dépense ne devait pas avoir lieu immédiatement, il serait bien de déposer les fonds à la caisse du receveur particulier le plus voisin, en lui indiquant le motif du versement. Dès que le besoin de faire usage des fonds serait arrivé, le bureau les ferait retirer, ce qui n'éprouverait aucune difficulté.

Un autre mode de placement, qui ne peut non plus donner lieu à aucun embarras, ni au plus léger scrupule, c'est l'acquisition de rentes sur l'état. L'opération de l'achat et de la revente en est si facile, que l'on ne doit pas hésiter à employer ce moyen qui, on le répète, n'a pas le moindre inconvénient. On ne parlera pas ici du taux auquel le *fort intérieur* permet les acquisitions de rentes sur particuliers; l'on se bornera à dire que les rentes sur l'état sont d'une nature différente, et que, sous le gouvernement sage et paternel du Roi, ces rentes n'éprouveront jamais, il faut l'espérer, une baisse telle que le taux soit inférieur au denier 15.

CAPITAUX. (*Voyez* Remboursement de capitaux, Remploi de capitaux.)

CATHÉDRALE.

Le chapitre 5 du décret du 30 décembre 1809

renferme des dispositions relatives à l'administration des églises métropolitaines et cathédrales, aux maisons épiscopales et aux séminaires.

Au surplus, toutes les dispositions relatives aux fabriques paroissiales sont applicables aux fabriques des cathédrales, sous le rapport de leur administration intérieure (art. 105); seulement Messeigneurs les Evêques peuvent, au moyen d'un réglement d'organisation, soumis à l'approbation du Roi, se réserver la nomination du président du conseil, celle des membres du bureau des marguilliers, ainsi que le choix du trésorier et du secrétaire : un grand nombre de réglements de cette nature ont été approuvés jusqu'à ce moment.

Célébration des dimanches et fêtes.

Nous sortons peut-être des limites que le titre de cet ouvrage semble fixer, en y parlant de la célébration des jours spécialement consacrés au service de Dieu; mais nous considérons que ce traité est destiné pour des fonctionnaires qui ne pourront qu'être flattés d'y trouver tout ce qui se rattache au temporel de la religion.

Il ne s'agit pas d'obliger les citoyens à des pratiques religieuses, ni même de les condamner à rester au moins oisifs pendant que les fidèles s'acquittent des devoirs que leur qualité de chrétiens, ou plutôt que leur piété leur impose, mais de réprimer le scandale que le commerce et l'industrie occasionnent les jours de dimanches et fêtes, surtout lorsqu'ils sont exercés extérieurement.

La religion gémit sans doute de ce que, dans un pays catholique, les saints canons de l'Eglise ayant besoin de l'appui des lois civiles ; mais, à la faveur de la philosophie moderne, l'irréligion et l'impiété ont fait de tels progrès pendant un quart de siècle que l'on viole effrontément tout ce que cette religion sainte a de plus sacré.

C'est dans la vue d'arrêter les suites funestes de ce systême subversif de tout ordre moral et religieux, que l'un des premiers soins d'un Roi très-chrétien, monté sur le trône de saint Louis, a été de proposer aux Chambres la loi du 18 novembre 1814, dont voici le texte :

Art. 1er. Les travaux ordinaires seront interrompus les dimanches et jours de fête reconnus par la loi de l'état.

2. En conséquence, il est défendu lesdits jours,

1° Aux marchands, d'étaler et de vendre, les ais et volets des boutiques ouverts ;

2° Aux colporteurs et étalagistes, de colporter et d'exposer en vente leurs marchandises dans les rues et places publiques ;

3° Aux artisans et ouvriers, de travailler extérieurement et d'ouvrir leurs ateliers ;

4° Aux charretiers et voituriers employés à des services locaux, de faire des chargements dans les lieux publics de leur domicile.

3. Dans les villes, dont la population est au-dessus de cinq mille âmes, ainsi que dans les bourgs et villages, il est défendu aux cabaretiers, marchands de vin, débitants de boissons, traiteurs, limonadiers, maîtres de paume et de billard, de tenir leurs maisons ouvertes, et d'y donner à boire et à jouer lesdits jours, pendant le temps de l'office (1).

4. Les contraventions aux dispositions ci-dessus seront constatées par procès-verbaux des maires et adjoints, ou des commissaires de police.

5. Elles seront jugées par les tribunaux de police simple, et punis d'une amende qui, pour la première fois, ne pourra pas excéder cinq francs.

6. En cas de récidive, les contrevenants pourront être condamnés au maximum des peines de police.

7. Les défenses précédentes ne sont pas applicables,

1° Aux marchands de comestibles de toute nature; sauf cependant l'exécution de l'article 3;

2° A tout ce qui tient au service de santé;

3° Aux postes, messageries et voitures publiques;

4° Aux voituriers de commerce par terre et par eau, et aux voyageurs;

5° Aux usines, dont le service ne pourrait être interrompu sans dommage;

6° Aux ventes usitées dans les foires et fêtes dites *patronales*, et au débit des mêmes marchandises dans

(1) L'art. 56 de la loi du 28 avril 1816, défend aussi aux employés de la régie des contributions indirectes, de s'introduire chez les débitants de boissons pour y faire leurs visites pendant les heures où, à raison du service divin, les maisons desdits débitants doivent rester fermées.

les communes rurales, *hors le temps du service divin*;

7° Aux chargements des navires marchands et autres bâtiments du commerce maritime.

8. Sont également exceptés des défenses ci-dessus, les meûniers et les ouvriers employés, 1° à la moisson et autres récoltes; 2° aux travaux urgents de l'agriculture; 3° aux constructions et réparations motivées par un péril imminent, à la charge, dans ces deux derniers cas, d'en demander la permission à l'autorité municipale.

9. L'autorité administrative pourra étendre les exceptions ci-dessus aux usages locaux.

10. Les lois et réglements de police antérieurs, relatifs à l'observation des dimanches et fêtes, sont et demeurent abrogés.

Ces dispositions sont sans doute insuffisantes pour empêcher tous les inconvénients qui naissent de la violation des jours consacrés au service du Seigneur; mais, en attendant que le gouvernement d'un Roi éminemment religieux, ait ordonné des mesures de répression plus appropriées à toutes les localités, les maires, les adjoints et les commissaires de police qui doivent être pénétrés de respect pour la religion, peuvent empêcher le plus grand mal.

Ces fonctionnaires n'ignorent pas, au surplus, que l'interdiction prononcée par l'art. 2, s'applique aux jeux, curiosités, saltimbanques, chanteurs et autres choses analogues.

Nous terminerons cet article en faisant observer que, suivant un usage plus ou moins ancien, et qu'aucune loi n'autorise, il se tient dans quelques communes, les jours de fêtes et dimanches, des marchés qui donnent trop souvent lieu à des scènes scandaleuses, même pendant le temps des offices. C'est un abus grave que les autorités locales doivent faire cesser par tous les moyens possibles.

CÉNOTAPHE. (*Voyez* Monuments, Inscriptions.)

CÉRÉMONIES PUBLIQUES.

La loi organique du 8 avril 1802 (18 germinal an 10), porte :

Art. 47. Il y aura, dans les cathédrales et paroisses, une place distinguée pour les individus catholiques qui remplissent les fonctions des autorités civiles et militaires.

49. Lorsque le gouvernement ordonnera des prières publiques, les évêques se concerteront avec le préfet et le commandant militaire du lieu, pour fixer le jour, l'heure et le mode d'exécution de ces ordonnances.

Les convocations sont faites par le fonctionnaire le plus élevé en grade dans l'ordre des préséances déterminées par les décrets organiques. (*Voyez* Autorités constituées, Préséance, Honneurs civils et Militaires.)

CHAISES. (*Voyez* Bancs et Chaises.)

CHANTRES. (*Voyez* Employés de l'Eglise.)

CHAPELAINS. (*Voyez* Aumôniers et Chapelles.)

Chapelles.

Il peut être établi des chapelles domestiques ou oratoires particuliers dans les maisons des pauvres, dans celles d'instruction, et même dans des maisons particulières, avec l'autorisation du Roi. (*Voyez* Oratoires.)

Chapelles communales.

Lors de l'organisation du culte, il ne fut créé que des cures et des succursales aux frais du gouvernement. Beaucoup d'anciennes paroisses ne purent obtenir cet avantage : elles furent réunies aux paroisses conservées ; mais il leur a été permis de demander que leurs églises fussent érigées en chapelles ou annexes, à leurs frais. Le décret du 30 septembre 1807, contient à cet égard les dispositions qui suivent :

Art. 8. Dans les paroisses ou succursales trop étendues, et lorsque la difficulté de communication l'exigera, il pourra être établi des chapelles.

9. L'établissement de ces chapelles devra être préalablement provoqué par une délibération du conseil-général de la commune, dûment autorisé à s'assembler à cet effet, et qui contiendra l'engagement de doter le chapelain.

13. Les chapelles ou annexes dépendront des cures ou succursales, dans l'arrondissement desquelles elles seront placées. Elles seront sous la surveillance des curés ou desservants, et le prêtre qui y sera attaché n'exercera qu'en qualité de vicaire ou de chapelain.

(*Voyez* Chapelles vicariales, Oratoires, Vicaires.)

Chapelles vicariales.

Sa Majesté en créant, par son ordonnance du 25 août 1819, 500 nouvelles succursales, a autorisé le placement de vicaires dans des communes dont les églises ne sont ni cures, ni succursales; cette ordonnance porte :

Art. 3. Les vicaires actuellement établis ou à établir dans les cures ou succursales trop étendues, pourront être placés dans une autre commune que celle du chef-lieu paroissial, et y recevoir l'indemnité.... accordée par l'ordonnance du 9 avril 1817, pourvu toutefois que cette commune ait pris, suivant les formes administratives, l'engagement d'entretenir son église, et d'assurer au vicaire le traitement prescrit par le décret du 30 décembre 1809.

4. Les communes, dont les églises seront ainsi desservies, jouiront de l'exemption portée à l'article 1er de l'avis du conseil-d'état, approuvé le 14 décembre 1810. (*Voyez* Frais de culte.)

Lorsqu'une commune veut obtenir que son église soit rétablie sous le titre de chapelle, d'annexe ou de chapelle de secours, le conseil municipal doit prendre dans une délibération *ad hoc*, l'engagement d'entretenir l'église en bon état, et d'assurer au vicaire un logement, ainsi qu'un traitement dont le *minimum* est fixé à 300 fr. et le *maximum* à 500 fr. par l'art. 40 du décret du 30 décembre 1809, et alors l'église obtenant le titre de chapelle vicariale, le vicaire recevra, sur les fonds du gouvernement, le secours de 300 fr. accordé annuellement aux vicaires de paroisses, autres que celles de grande population.

La délibération du conseil municipal doit être envoyée au supérieur diocésain et au préfet. Le préfet la transmet au ministre de l'intérieur avec l'avis de l'évêque.

Si le traitement des 3 à 500 fr. ne peut être fourni qu'au moyen d'une imposition extraordinaire, la délibération doit être prise par le conseil municipal, et par les plus forts imposés, conformément à l'art. 39 de la loi du 15 mai 1818. (*Voyez* Imposition extraordinaire.)

Les fabriques des églises qui reçoivent le titre de *chapelle vicariale*, sont organisées à l'instar des fabriques des cures et succursales.

CHARGE DES COMMUNES. (Voyez *Communes*, *Frais de Culte*.)

CHARGES DES FABRIQUES.

Elles sont définies par l'art. 37 du décret du 30 décembre 1809, ainsi qu'il suit :

1° Frais nécessaires du culte ; savoir, les ornements, les vases sacrés, le linge, le luminaire, le pain, le vin, l'encens, le paiement des vicaires, des chantres, des sacristains, organistes, sonneurs, suisses, bedeaux et autres employés au service de l'église, selon la convenance et les besoins des lieux ;

2° Honoraires des prédicateurs de l'avent, du carême et autres solemnités ;

3° Décoration et embellissement intérieur de l'église ;

4° Entretien des églises, presbytères et cimetières, sauf, dans le cas d'insuffisance de ressources, le recours sur la commune.

CHARGES DE TRÉSORIER.

On appelait autrefois *Charge de Trésorier*, le sommier ou rôle sur lequel le trésorier sortant inscrivait, par ordre de date et par nature, les divers revenus à recouvrer dans l'année suivante ; ces charges étaient arrêtées par les marguilliers, et rendues exécutoires par les anciens intendants ou par leurs délégués, sur la représentation des titres, qu'il devenait alors inutile de produire pour obliger les débiteurs à payer.

On a souvent demandé si les anciennes charges ne pourraient point suppléer au défaut des titres ; ainsi qu'on le dira au titre *Prescription*, l'affirmative a été jugée plusieurs fois par les tribunaux, sur l'opinion fondée que les titres avaient existé, puisque les intendants avaient certifié l'exactitude des charges destinées à les suppléer.

CHŒUR DE L'ÉGLISE.

En cherchant à éclairer les personnes pour lesquelles ce recueil est destiné, on est dans une continuelle inquiétude d'y insérer quelque chose qui puisse donner lieu à la plus légère difficulté entre MM. les curés et les fabriciens, ou les autorités constituées ; mais on ne peut se défendre du besoin de dire qu'il y aurait méprise de penser que le curé a la disposition exclusive du chœur de l'église. En effet, il n'existe aucun article réglementaire, même dans le droit ancien, qui puisse justifier cette prétention, au contraire la concession ou le loyer de toutes les places non occupées par le clergé doit profiter à la fabrique, d'après l'art. 36 du décret du 30 décembre 1809. Il est seulement à observer que, conformément à l'art. 30 du même décret, le curé doit être consulté toutes les fois qu'il s'agit de la distribution des places dans l'église, parce que c'est à lui seul qu'il appartient de juger si l'exercice des cérémonies religieuses n'en peut être gêné.

Ce serait également une erreur de croire que les fonctionnaires publics puissent, de plein droit, se placer dans le chœur lorsqu'ils assistent à l'office divin. L'art. 47 de la loi du 8 avril 1802, en ordonnant la réserve d'une place distinguée dans les églises pour les individus catholiques qui remplissent les fonctions des autorités civiles et militaires, n'a pas assigné de lieu ; c'est à la fabrique à le désigner, sur la proposition du curé.

Néanmoins, il faut distinguer le cas où les fonctionnaires se rendent à l'église sur convocation pour assister aux cérémonies publiques, de celui où ils n'y vont que comme les autres fidèles ; car, dans le premier, le décret du 24 messidor an 12 veut qu'ils soient placés dans le chœur, autant que possible. (*Voyez* Autorités constituées.)

CIERGES.

L'article 76 du décret du 30 décembre 1809 porte :

Le trésorier portera parmi les recettes en nature, les cierges offerts sur les pains bénits, ou délivrés pour les annuels, et ceux qui, dans les enterrements et services funèbres, appartiennent à la fabrique.

Il aurait pu s'élever des difficultés sur le partage à faire entre les fabriques et le clergé ; pour y obvier, il a été rendu un décret le 26 décembre 1813, qui dispose :

Art. 1er. Dans toutes les paroisses (du royaume), les cierges qui, aux enterrements et services funèbres, seront portés par les membres du clergé, leur appartiendront : les autres cierges, placés autour du corps et à l'autel, aux chapelles ou aux autres parties de l'église, appartiendront; savoir, une moitié à la fabrique, et une autre moitié à ceux du clergé qui y ont droit; ce partage sera fait en raison du poids de la totalité des cierges.

2. Il n'est rien innové à l'égard des curés qui, à raison de leur dotation, sont chargés des frais du culte.

CIMETIÈRES. (*Voyez* Contestations.)

Les inhumations se faisaient généralement autrefois dans les églises, ou dans les cimetières placés près de ces édifices. On avait reconnu depuis longtemps les inconvénients graves qui pouvaient en résulter, et par lettres-patentes du 15 mai 1776, le Roi défendit d'inhumer dans les églises d'autres personnes que les évêques, curés, patrons, etc., et Sa Majesté accorda seulement aux concessionnaires de places dans les églises pour leur sépulture, le droit de choisir un lieu dans les cimetières.

Divers réglements avaient ordonné le placement des cimetières hors l'enceinte des villes, bourgs et villages, mais ces réglements n'étaient pas exactement suivis, et ils étaient d'ailleurs incomplets. Un décret du 12 juin 1804, transcrit au titre *Inhumation*, a prescrit sur cette matière des dispositions bien précises.

Il est défendu de tenir dans les cimetières des assemblées profânes, d'y commettre des indécences, sous peine de punition corporelle, comme aussi d'y faire paître des bestiaux. (Arrêts du Conseil du Roi du 2 juin 1614, du Parlement de Rennes du 14 mai 1622, et de celui de Paris du 4 août 1745.)

Les cimetières sont des propriétés communales; mais ils appartiennent en usufruit aux fabriques, qui, conséquemment, sont chargées de leur entretien (article 37 du décret du 30 décembre 1809), et profitent de leurs produits spontanés (art. 36). Il ne peut être question que de produits qui consistent dans les herbes, lorsqu'elles sont à maturité, ou dans les émondes des arbres excrus ou plantés, tant dans l'enceinte, que sur les haies et fossés, ainsi que des pommes ou poires dans les lieux où l'on a conservé l'usage intolérable d'avoir des arbres à fruit dans les lieux de sépulture. Il n'est pas permis de faire la moindre spéculation de culture dans les terreins servant de cimetières, ni de les affermer pour les faire pâturer; le respect dû à la mémoire des morts s'y oppose; mais on peut y faire des plantations pour l'ornement, ce qui peut, d'ailleurs, devenir un objet de ressource pour les communes chargées des constructions et des grosses réparations à faire aux édifices consacrés à l'exercice de la religion.

Les fabriques étant usufruitières des cimetières, les communes ne peuvent faire abattre aucun arbre, sans qu'elles n'aient été entendues.

Un projet de décret avait été présenté au gouvernement par le ministre de l'intérieur, sur l'avis de l'ancien ministre des cultes, pour ordonner que, dans les communes rurales, il fût réservé, devant et autour des églises, sur le terrein des anciens cimetières, qui seraient affermés ou aliénés, une place et un chemin de ronde, dont les dimensions étaient déterminées dans ce projet de décret; le conseil-d'état, considérant que les dispositions du projet n'auraient pu être applicables à toutes les différentes localités, les églises étant isolées dans une commune, et bordées ou entourées de bâtiments dans d'autres, rendit, le 20 décembre 1806, une décision qui fut approuvée le 25 janvier 1807, et qui est ainsi conçue :

Il n'y a pas lieu à rendre sur cette matière un décret général, il suffit que le ministre ordonne aux maires des communes de ne vendre aucun ancien cimetières, sans lui soumettre le projet d'aliénation, afin qu'il décide quelles sont les parties de ces anciens cimetières qu'on devra réserver, pour laisser aux églises l'air, le jour nécessaire, une libre circulation et de faciles communications.

Un décret du 7 mars 1808 contient des dispositions sur la salubrité des cimetières, et détermine la distance à laquelle les constructions pourront être faites dans le voisinage des cimetières situés hors des communes; il porte :

Art. 1er. Nul ne pourra, sans autorisation, élever aucune habitation, ni creuser aucun puits, à moins de cent mètres, des nouveaux cimetières transférés hors des communes, en vertu des lois et réglements.

2. Les bâtiments existant ne pourront également être restaurés ni augmentés, sans autorisation.

Les puits pourront, après visite contradictoire d'experts, être comblés, en vertu d'ordonnance du préfet du département, sur la demande de la police locale.

Circonscriptions Ecclésiastiques.

La circonscription générale des cures et succursales du royaume a été déterminée, sur la proposition des évêques et des préfets, par un décret du 28 août 1808; celle des cures, succursales et chapelles créées depuis, l'ont été également par un acte du gouvernement, soit décret, soit ordonnance; et l'acte d'une création de paroisse, sous quelque titre que ce soit, désigne toujours le siége de cette paroisse. Or, si l'on reconnaît la nécessité d'en changer, soit la circonscription, soit le siége, ce changement ne peut s'opérer que par une ordonnance royale, rendue sur la proposition de l'évêque et du préfet.

Dans le cas du déplacement du siége d'une cure, succursale ou chapelle, pour l'établir dans une autre église, située dans l'étendue de la paroisse ou de la même commune, il faut considérer que les habitants les plus rapprochés de l'église primitivement créée peuvent être entendus à s'opposer à cette innovation. En effet, il s'agit toujours de changer leur position, de les priver de droits acquis; enfin, de leur enlever une possession qu'ils tiennent du Souverain; c'est pourquoi les conseils municipaux doivent être appelés à délibérer sur le nouveau projet, et les habitants de toute la paroisse admis à faire valoir leurs réclamations dans une information de *commodo* et *incommodo*, ordonnée par le préfet. (*Voyez* Paroisse.)

Cire. (*Voyez* Cierges.)

Clefs de l'armoire et de la caisse. (*Voyez* ces deux titres.)

Dans l'ancienne législation, il n'est question que d'une caisse ou armoire, tandis que par le décret du 30 décembre 1809, il semble qu'on ait voulu qu'il fût établi l'une et l'autre : l'armoire pour les titres et papiers, et la caisse pour les espèces. Autrefois, les clefs du coffre unique étaient placées, l'une dans les mains du curé, l'autre dans celles du trésorier sortant, et le trésorier en exercice était dépositaire de la troisième. Le nouveau réglement ne parle plus de remettre une clef au trésorier sortant, c'eût été, en effet, agir contre les règles adoptées pour toutes les comptabilités. Le trésorier sortant ayant rendu son compte, en met toutes les reprises à la charge du trésorier entrant, et n'a plus, dès-lors, aucun droit de surveiller la caisse ; sa gestion est finie : il n'est plus comptable qu'envers le nouveau trésorier du montant des recouvrements restés à faire, et qu'il lui a donnés en reprises.

S'il y a une armoire et une caisse, une clef de chacune est remise au curé et au président du bureau, et le trésorier doit avoir la troisième clef de la caisse ; quant à celle de l'armoire, il serait naturel que ce fût le secrétaire du bureau qui en fût dépositaire.

Cloches.

Le son des cloches est réglé en vertu de l'art. 48 de la loi organique du 8 avril 1802 (18 germinal an 10), portant :

L'évêque se concertera avec le préfet, pour régler la manière d'appeler les fidèles au service divin, par le son des cloches. On ne pourra les sonner pour toute autre cause, sans la permission de la police locale.

Quelques maires ont élevé la prétention d'être libres d'empêcher de sonner pour le service divin pendant le temps fixé par le curé, ou de faire sonner pour des inhumations au-delà du temps ordinaire; quelques-uns ont même voulu que les clefs du clocher leur fussent remises. On ne connaît aucune décision intervenue sur ces sortes de difficultés; mais il paraît être dans l'ordre que ce soit le curé qui dirige la sonnerie, en se conformant à ce qui a été réglé entre les autorités supérieures. Toutefois, le maire pouvant se trouver dans la nécessité de faire sonner, en cas d'alerte, les clefs doivent être mises à sa disposition toutes les fois qu'il les réclame.

La sonnerie pour les baptêmes et les services funèbres est réglée par la fabrique.

COMITÉ CONSULTATIF.

L'on désigne, sous la dénomination de *Comité consultatif*, un conseil composé de trois avocats institué par le préfet, pour donner son avis dans les affaires contentieuses qui intéressent les communes et les établissements publics.

La consultation de ces jurisconsultes est spécialement exigée par l'arrêté du gouvernement du 21 frimaire an 12, lorsqu'il s'agit de transiger sur des droits litigieux. Cet arrêté ne concerne que les communes ; mais l'art. 2045 du Code civil oblige les établissements publics aux mêmes formalités que les communes pour les transactions, et d'ailleurs l'art. 60 du décret du 30 décembre 1809, veut que les biens des fabriques soient administrés comme ceux des communes, d'où il suit que la disposition de l'arrêté du gouvernement est applicable aux fabriques, ce qui a aussi été prescrit par une circulaire ministérielle.

Le cas de transaction est le seul pour lequel l'avis du comité consultatif soit expressément exigé; mais il en est bien d'autres où le conseil de préfecture ait à prononcer sur les intérêts des fabriques, et alors, par une sage prévoyance, MM. les préfets sont dans le louable usage de suppléer au silence de la loi, en s'éclairant de cet avis.

Communes.

Elles sont chargées de fournir au curé un logement avec un jardin, suivant l'art. 72 de la loi organique du 8 avril 1802 (18 germinal an 10), ainsi conçu :

Les presbytères et les jardins attenant, non-aliénés, seront rendus *aux curés et aux desservants* des succursales. A défaut de ces presbytères, les conseils-généraux des communes sont autorisés à leur procurer un logement et un jardin.

Les dispositions de l'art. 92 du réglement du 30 décembre 1809, corroborant celles qui précèdent, ont prévu le cas où les communes ne pourraient procurer un logement en nature à leur curé, et celui où il entrerait dans les convenances de cet ecclésiastique, de recevoir une indemnité représentative.

Cet article est ainsi conçu :

92. Les charges des communes relativement au culte, sont :

1° De suppléer à l'insuffisance des revenus de la fabrique pour les charges portées en l'article 37 (dépenses ordinaires et annuelles) ;

2° De fournir au curé ou desservant un presbytère ; ou, à défaut de presbytère, un logement ; ou, à défaut de presbytère et de logement, une indemnité pécuniaire ;

3° De fournir aux grosses réparations des édifices consacrés au culte.

Un décret du 8 avril 1803 (18 germinal an 11), renferme les dispositions suivantes, concernant les charges des communes.

Art. 3. Les conseils municipaux, en exécution de l'art. 67 de la loi du 18 germinal an 10, délibéreront, 1° sur les augmentations de traitement à accorder sur les revenus de la commune, aux curés, vicaires et desservants ; 2° sur les frais d'ameublement des maisons curiales ; 3° sur les frais d'achat et entretien de tous les objets nécessaires au service du culte dans les églises paroissiales et succursales.

4. Les conseils municipaux indiqueront le mode qu'ils jugeront le plus convenable pour lever les sommes à fournir par la commune, pour subvenir aux dépenses désignées en l'article précédent.

Ce décret continue d'être en vigueur; mais les dispositions relatives à l'ameublement des presbytères ne sont pas généralement exécutées; cependant si ce n'est pas une obligation rigoureuse pour les communes, il serait à désirer qu'elles fournissent au moins les gros meubles aux curés et desservants. Le décret du 30 décembre 1809, qui ne contient aucunes nouvelles dispositions à cet égard, n'a pas rapporté les antécédents. Ce réglement ne parle pas non plus des suppléments de traitement, et néanmoins les communes conservent toujours le droit d'en accorder aux curés et desservants. Une autre charge de la commune est la dépense que nécessite l'état de situation du presbytère et de ses dépendances, lors de la prise de possession de chaque curé. (Art. 44 du décret du 30 décembre 1809.)

(*Voyez* Circonscriptions civiles et ecclésiastiques.)

Comptabilité.

La régie des biens appartenant aux fabriques est confiée à des administrateurs gratuits, qui doivent veiller à ce que les recettes et dépenses soient régulièrement effectuées et clairement constatées. On pourrait même dire que celui qui remplit une fonction honorifique doit, moins qu'un employé salarié, négliger le plus petit détail, afin de pouvoir toujours justifier de l'exactitude de sa gestion. Il suffit aussi que les comptes des fabriques ne soient pas généralement soumis à l'inspection de l'autorité supérieure, pour qu'on doive apporter un soin scrupuleux dans l'enregistrement de toutes les sommes qui entrent dans la caisse, et de toutes celles qui en sortent, pour qu'il ne soit payé aucune dépense sans pièces justificatives et régulières, suivant qu'il sera expliqué à l'article *Comptes*.

La base de la comptabilité est le budget : rien ne doit être fait, sous le rapport de la dépense, hors des termes de ce budget, sans une autorisation spéciale du supérieur diocésain, ou du préfet, suivant la nature de la dépense.

COMPTES.

Les fabriques ne sont pas assujéties, comme les communes et les établissements publics ordinaires, à rendre compte de leur administration à l'autorité supérieure. Le trésorier est annuel, et gère gratuitement; il ne doit présenter qu'au bureau des marguilliers, le compte annuel de sa gestion, lequel est arrêté par le conseil de la fabrique. Le supérieur diocésain se fait représenter le compte lorsqu'il est en cours de visite, et peut nommer un commissaire pour assister, en son nom, à la reddition dudit compte. Or, ce n'est qu'une faculté qui est réservée à l'évêque, et si ce prélat n'use pas de ce droit, le compte n'est pas susceptible d'autre approbation que de celle du conseil. Voici, au surplus, les dispositions que renferme le réglement du

30 décembre 1809; elles sont entièrement conformes à l'ancienne législation, et même à l'édit de 1695.

Art. 12. seront soumis à la délibération du Conseil... 2° le compte annuel de son trésorier...

82. Le compte à rendre chaque année, par le trésorier, sera divisé en deux chapitres : l'un de recette, et l'autre de dépense.

Le chapitre de recette sera divisé en trois sections : la première, pour la recette ordinaire ; la deuxième, pour la recette extraordinaire ; et la troisième pour la partie des recouvrements ordinaires ou extraordinaires, qui n'auraient pas encore été faits.

Le reliquat d'un compte formera toujours le premier article du compte suivant. Le chapitre de dépense sera aussi divisé en dépense ordinaires, dépenses extraordinaires, et dépenses, tant ordinaires qu'extraordinaires, non encore acquittées.

83. A chacun des articles de recettes, soit des rentes, soit des loyers ou autres revenus, il sera fait mention des débiteurs, fermiers ou locataires, des noms et situation de la maison et héritage, de la qualité de la rente foncière ou constituée, de la date du dernier titre nouvel, ou du dernier bail, et des notaires qui les auront reçus ; ensemble de la fondation à laquelle la rente est affectée, si elle est connue (1).

(1) Les règles tracées par le décret du 30 décembre 1809, suffisent pour un comptable exercé, parce que la forme ne fait rien, pourvu qu'un compte soit clair, précis, et surtout exact. Le modèle ci-après peut être avantageusement employé.

84. Lorsque, soit par le décès du débiteur, soit par le partage de la maison ou de l'héritage qui est grevé d'une rente, cette rente se trouve due par plusieurs débiteurs, il ne sera néanmoins porté qu'un seul article de recette, dans lequel il sera fait mention de tous les débiteurs, et sauf l'exercice de l'action solidaire, s'il y a lieu.

85. Le trésorier sera tenu de présenter son compte annuel au bureau des marguilliers, dans la séance du premier dimanche du mois de mars.

Le compte, avec les pièces justificatives, leur sera communiqué, sur le récépissé de l'un d'eux. Ils feront au conseil, dans la séance du premier dimanche du mois d'avril, le rapport du compte : il sera examiné, clos et arrêté dans cette séance, qui sera, pour cet effet, prorogée au dimanche suivant, si besoin est.

86. S'il arrive quelques débats sur un ou plusieurs articles du compte, le compte n'en sera pas moins clos sous la réserve des articles contestés.

87. L'évêque pourra nommer un commissaire pour assister, en son nom, au compte annuel; mais si ce commissaire est un autre qu'un grand-vicaire, il ne pourra rien ordonner sur le compte, mais seulement dresser procès-verbal sur l'état de la fabrique, et sur les fournitures et réparations à faire à l'église.

Dans tous les cas, les archevêques et évêques en cours de visites, ou leurs vicaires-généraux, pourront se faire représenter tous comptes, registres et inventaires, et vérifier l'état de la caisse.

88. Lorsque le compte sera arrêté, le reliquat sera remis au trésorier en exercice, qui sera tenu de

s'en charger en recette. Il lui sera en même-temps remis un état de ce que la fabrique a à recevoir par baux à ferme, une copie du tarif des droits casuels, un tableau par approximation des dépenses, celui des reprises à faire, celui des charges et fournitures non acquittées.

Il sera, dans la même séance, dressé sur le registre des délibérations, acte de ces remises; et copie en sera délivrée, en bonne forme, au trésorier sortant, pour lui servir de décharge.

89. Le compte annuel sera en double copie, dont l'une sera déposée dans la caisse ou armoire à trois clefs, l'autre à la mairie.

90. Faute par le trésorier de présenter son compte à l'époque fixée, et d'en payer le reliquat, celui qui lui succédera sera tenu de faire, dans le mois au plus tard, les diligences nécessaires pour l'y contraindre; et, à son défaut, le procureur.... (du Roi), soit d'office, soit sur l'avis qui lui en sera donné par l'un des membres du bureau ou du conseil, soit sur l'ordonnance rendue par l'évêque en cours de visite, sera tenu de poursuivre le comptable devant le tribunal de première instance, et le fera condamner à payer le requat, à faire régler les articles débattus, ou à rendre son compte, s'il ne l'a été; le tout dans un délai qui sera fixé; si non, et ledit temps passé, à payer provisoirement, au profit de la fabrique, la somme égale à la moitié de la recette ordinaire de l'année précédente, sauf les poursuites ultérieures.

Après des dispositions aussi précises, comment se fait-il que, dans un grand nombre de fabriques, les comptes n'aient pas été rendus, ou l'aient été d'une manière si irrégulière, depuis plusieurs années? C'est véritablement un scandale dont on pourrait dire que tous les paroissiens ont à se faire reproche, et notamment les membres du conseil et ceux de l'administration municipale. Le service des églises souffre toujours plus ou moins de la tolérance de ces abus, et un fonctionnaire, ami de la religion et de ses devoirs, ne peut rester dans l'insouciance sur ce point; car s'il ne pèse sur lui qu'une responsabilité morale, elle est bien capable au moins de gêner sa conscience.

Obliger un comptable quelconque à rendre compte de sa gestion, est la chose du monde la plus facile, et l'obliger à payer ce qu'il doit, ne présente pas plus de difficnlté, pourvu qu'il offre de la responsabilité. On ne parlera ici que des trésoriers de fabriques, afin de ne pas sortir des bornes qu'on s'est fixé dans cet ouvrage. La loi autorise le procureur du Roi à faire citer d'*office* le trésorier en retard, devant le tribunal; il suffit donc de faire connaître à ce magistrat qu'un trésorier n'a pas rendu son compte, pour qu'il soit tenu d'agir contre lui. Souvent on est arrêté par des considérations personnelles; on ne veut pas se mêler de dénoncer qui que ce soit; une fausse délicatesse retient, et le mal continue de se faire. Un autre motif arrête encore : que demander à ce trésorier? Il a constamment caché sa gestion, on a toujours ignoré ses recettes; il ne veut d'ailleurs pas rendre de compte, et, si on le poursuit, il usera de mauvaise foi. Il n'arrivera rien de tout cela si l'on veut agir. D'abord, qu'on demande le secret au procureur du Roi sur le nom de la personne qui a su vaincre toute répugnance pour l'avertir; accoutumé à la discrétion, il le gardera religieusement. D'un autre côté, on connaît toujours approximativement l'évaluation des recouvrements qu'a dû faire le trésorier depuis qu'il gère; qu'il ait reçu, ou qu'il n'ait pas reçu, ce n'est pas-là ce qui doit inquiéter; il est comptable de tout ce qu'il a dû percevoir pour la fabrique. Ainsi, lorsqu'un trésorier a géré pendant trois ans, six ans, etc. (malgré que sa gestion eût dû n'être que d'une année); si l'on peut apprécier à 600 francs les recettes de chaque année, il doit 1800 francs, 3600 francs, etc.; voilà la somme pour laquelle il devra être poursuivi. Une fois traduit en justice, on trouvera bien le moyen de le faire justifier par pièces régulières, des dépenses qu'il aura acquittées. C'est alors que les articles 28 et 35 du réglement du 30 décembre 1809, seront exécutés dans toute leur rigueur. Voici les dispositions qu'ils renferment :

Art. 28. Toute la dépense de l'église et les frais de sacristie seront faits par le trésorier, et en conséquence il ne sera rien fourni par aucun marchand ou artisan, sans un mandat du trésorier, au pied duquel le sacristain, ou toute autre personne apte à recevoir la livraison, certifiera que le contenu dudit mandat a été rempli.

35. Tous les marchés seront arrêtés par le bureau des marguilliers, et signés par le président, ainsi que les mandats.

Cette derniere disposition, relative à la signature des mandats, est nécessairement applicable à tous les cas où il s'agit d'acquitter une dépense de la fabrique, soit en exécution de marchés arrêtés par le bureau, soit par suite de fournitures faites sur l'ordre du trésorier.

Suivant qu'on le voit au titre *Trésorier*, la fabrique a une hypothèque légale sur les immeubles du trésorier (art. 2121 du Code civil), et cet administrateur est contraignable par corps, pour cause de dilapidation, de refus de rendre son compte ou d'en payer le reliquat. (Art. 126 et 127 du Code de procédure civile), d'où il semblerait naturel de tirer cette conséquence que, s'il y a débats entre le trésorier et les administrateurs de la fabrique, l'appurement rigoureux du compte doit être réglé par le tribunal de première instance, toujours à la diligence du procureur du Roi ; cependant la Cour de cassation a rendu, le 9 juin 1825, un arrêt qui consacre une jurisprudence contraire, et d'après laquelle c'est devant l'autorité administrative et non devant les tribunaux, que doivent être rendus les comptes des trésoriers. Cet arrêt est motivé, 1° sur l'art. 14, titre 1er de la loi du 23 octobre --- 5 décembre 1790, portant « que les administrateurs des biens des fabriques seront tenus, jusqu'à ce qu'il y ait été autrement pourvu, de rendre leurs comptes en présence du conseil général de la commune, pour être vérifiés par le directoire du district et arrêtés par celui du département; 2° sur l'art. 5 de l'arrêté du gouvernement, du 26 juillet 1803, qui dispose que les comptes des fabriques seront rendus en la même forme que ceux des communes. »

Il est vrai de dire que le réglement du 30 décembre 1809, qui a apporté des changements notables à la législation antérieure, n'a attribué à aucune autorité le jugement des contestations de cette nature, et qu'il semble avoir laissé subsister l'assimilation prononcée par l'arrêté de 1803 des comptes de fabriques aux comptes des communes; mais les conseils de préfectures, comme tribunaux d'exception, ne peuvent connaître que des affaires contentieuses qui leur sont explicitement et formellement attribuées par la loi. Nous ne pensons donc pas que les conseils de préfectures soient compétents, un seul arrêt de la Cour de Cassation ne nous paraissant pas suffisant pour établir une jurisprudence qui puisse, à défaut de disposition législative, leur conférer de nouvelles attributions.

DIOCÈSE d

DÉPARTEMENT d

PAROISSE d

EXERCICE 18

COMPTE que rend le Sieur Marguillier-Trésorier en exercice pour l'année 18 , *des recettes faites et à faire, et des dépenses acquittées et à acquitter pour ladite année, conformément aux dispositions des articles* 82 *et suivants du décret du* 30 *décembre* 1809.

CHAPITRI

NOMS ET DEMEURES des débiteurs.	NOM ET SITUATION de l'immeuble.	NATURE de la rente foncière ou constituée.	DATE du dernier TITRE.	ET des qui l
			ART. Ier. – *Reliq*	
			ART. 2. – *Ferma*	
			ART. 3. *Loyers* ..	
			ART. 4. – *Rentes*	

ÉTTES ORDINAIRES.

IO NS es eeuble.	Reprises du compte précédent.	SOMMES dues pour l'année	TOTAL.	SOMMES reçues.	RESTE en reprise	*Observations.*
e précédent.						NOTA. Ces détails sont exigés pour les fermages, les loyers et les rentes; mais on peut s'en dispenser pour les autres articles de recette, et suivre le modèle de la page suivante. Si l'on voulait s'épargner la peine de présenter autant de développement dans le compte, il faudrait y joindre des états qui les contiendraient, alors chaque nature de recette ne ferait l'objet que d'une ligne, et le modèle de la page suivante suffirait.

Suite des Recettes ordinaires.

DÉSIGNATION des RECETTES.	Reprises du dernier compte.	Sommes dues pour l'année.	Total.	Sommes reçues.	Reste en reprises.
D'autre part.........					
Art. Ier. – *Reliquat du compte précédent.*					
2. *Fermages*.........					
3. *Loyers*...........					
4. *Rentes*...........					
5.					
6.					
....					
Total des Recettes ordinres.					
Recettes extraordinaires.....					
Total des Recettes extraordres					
RÉCAPITULATION.					
Recettes ordinaires.........					
Recettes extraordinaires.....					
Total général...					

CHAPITRE II. *DÉPENSES ORDINAIRES* (*).

DÉSIGNATION des DÉPENSES.	RESTE à payer, suivant le dernier compte.	SOMMES dues pour l'année.	TOTAL.	SOMMES payées.	RESTE dû.
TOTAL des Dépenses ordinres.					
Dépenses extraordinaires....					
TOT. des Dépenses extraordres.					
RÉCAPITULATION.					
Dépenses ordinaires........					
Dépenses extraordinaires....					
TOTAL GÉNÉRAL....					

(*) *Observations*. Les dépenses peuvent être inscrites sommairement, en ayant soin de former, pour chaque nature, un bordereau qui renfermerait les mandats et les pieces à l'appui.

RÉSUMÉ.

Les Recettes ordinaires et extraordinaires s'élèvent à. . . . .

Les dépenses ordinaires et extraordinaires, à. . . . . . .

Et les reprises à recouvrer dans le compte prochain, à. . . .

Partant, l'excédant (ou le déficit) est de. . . . .

Et les sommes restant à payer, à. .

Le présent compte duquel il résulte que

1° Les recettes sont de

2° Les dépenses de

3° Les reprises de

4° L'exédant de recette (ou le déficit) de

5° Les restes à acquitter de

Présenté par le trésorier soussigné.

A le an 18

CONCESSIONS *de Bancs et de Places.*

L'art. 68 du décret du 30 décembre 1809, qui fait règle, porte :

Aucune concession de bancs ou de places dans l'église ne pourra être faite, soit par bail pour une prestation annuelle, soit au prix d'un capital ou d'un immeuble, soit pour un temps plus long que la vie de ceux qui l'auront obtenue, sauf l'exception ci-après. (*Voyez* Bancs et Chaises.)

Quelques particuliers qui, avant la révolution, jouissaient de bancs ou de chapelles dans les églises, ont prétendu qu'ils avaient droit de continuer de les occuper aux conditions anciennes; cette prétention n'est pas fondée, lors même que les concessions auraient été faites à charge de redevance annuelle, et que cette redevance serait encore due aujourd'hui, parce que le concessionnaire a perdu son droit, lorsque les biens des églises ont été réunis au domaine, et que le gouvernement les a rendus aux fabriques, libres de toutes charges (1). Les fieffes ne pouvaient, d'ailleurs, sous l'empire de l'ancienne législation, être faites que pour la vie et non à perpétuité; c'est du moins ce qui fut décidé par arrêt du Parlement de Normandie, le 7 juin 1726.

---

(1) *Voyez* les décisions transcrites aux titres *Bancs*, *Dettes*. *Places dans les Eglises.*

CONCESSIONS DE PLACES DANS LES CIMETIÈRES.

Il peut en être accordé, lorsque les cimetières sont d'une étendue suffisante. (*Voy.* Inhumations.)

CONFRÉRIES.

Les biens des confréries, qui avaient suivi le sort de ceux des fabriques, ont été restitués par le décret du 17 juillet 1805 (28 messidor an 13), dont les dispositions suivent :

Art. 1er. En exécution de l'arrêté du 7 thermidor an 11, les biens non-aliénés et les rentes non-transférées, provenant de confréries établies précédemment dans les églises paroissiales, appartiendront aux fabriques.

2. Les biens et rentes de cette espèce qui proviendraient de confréries établies dans des églises actuellement supprimées, seront réunis à ceux des églises conservées, et dans l'arrondissement desquelles ils se trouvent.

D'anciens membres d'associations ont prétendu avoir le droit de disposer de ces sortes de biens. Un avis du conseil-d'état, intervenu le 28 août 1810, sur une difficulté de cette nature, et dont les conclusions sont fondées sur les dispositions du décret du 28 messidor an 13, se trouve ci-après :

LE CONSEIL-D'ÉTAT, qui, d'après le renvoi ordonné par Sa Majesté, a entendu le rapport de la section de l'intérieur, sur celui du ministre de ce département, tendant à autoriser le maire de Varèse.... à accepter l'offre faite par les confrères de l'Oratoire de Saint-

Roch, d'une somme de 250 fr. de rente, pour une école de ladite commune;

Vu le décret du 28 messidor an 13;

Considérant qu'aux termes de ce décret, les biens des confréries appartiennent aux fabriques;

Que conséquemment les membres de ces confréries n'ont aucun droit de disposer des biens qui y étaient affectés.

Est d'avis,

Qu'il n'y a lieu d'autoriser ladite acceptation, et que les biens de la confrérie, dite *de l'Oratoire*, doivent être réunis à ceux de la fabrique de l'église de Varèse, sauf aux marguilliers à en employer une partie, de l'avis du conseil municipal et avec l'autorisation du préfet, à l'établissement d'une école.

Conseil de fabrique.

Lors de la restitution des biens des fabriques, il fut ordonné qu'ils seraient administrés dans la forme des biens communaux, par trois marguilliers nommés par le préfet, sur une liste double; c'est-à-dire, sur une liste de six candidats présentée par le maire et le curé (art. 3 de l'arrêté du 26 juillet 1803), le curé en fut déclaré membre, mais seulement avec voix consultative. Une organisation qui se ressentait encore des malheureux temps de la désolation de l'église, ne pouvait subsister. Il était ridicule, en effet, que s'agissant de l'administration de biens et revenus destinés pour l'exercice de la religion, le supérieur diocésain ne fût pour rien dans la nomination des administrateurs; que le curé n'y fût appelé que pour donner des renseignements; et qu'enfin le maire en fût également exclu, malgré que cette administration dût agir comme l'administration communale. Le décret du 30 décembre 1809 est venu remédier à tout; par lui un conseil de fabrique a été créé avec un bureau composé de membres pris dans son sein. Voici, à l'égard du conseil, les dispositions de ce réglement; c'est à elles qu'il faut uniquement s'arrêter:

Art. 2. Chaque fabrique sera composée d'un conseil et d'un bureau de marguilliers.

3. Dans les paroisses où la population sera de cinq mille âmes et au-dessus, le conseil sera composé de neuf conseillers de fabrique: dans toutes les autres paroisses, il devra l'être de cinq; ils seront pris parmi les notables; ils devront être catholiques et domiciliés dans la paroisse.

4. De plus, seront de droit membres du conseil,

1° Le curé ou desservant qui y aura la première place, et pourra s'y faire remplacer par l'un de ses vicaires;

2° Le maire de la commune du chef-lieu de la cure ou succursale; il pourra s'y faire remplacer par l'un de ses adjoints: si le maire n'est pas catholique, il devra se substituer un adjoint qui le soit, ou, à défaut, un membre du conseil municipal, catholique. Le maire sera placé à la gauche; et le curé ou desservant, à la droite du président.

5. Dans les villes où il y aura plusieurs paroisses ou

succursales, le maire sera de droit membre du conseil de chaque fabrique ; il pourra s'y faire remplacer comme il est dit en l'article précédent.

6. Dans les paroisses ou succursales dans lesquelles le conseil de fabrique sera composé de neuf membres, non-compris les membres de droit, cinq des conseillers seront, pour la première fois, à la nomination de l'évêque, et quatre à celle du préfet : dans celles où il ne sera composé que de cinq membres, l'évêque en nommera trois, et le préfet deux.

7. Le conseil de fabrique se renouvellera partiellement tous les trois ans ; savoir : à l'expiration des trois premières années dans les paroisses où il est composé de neuf membres, sans y comprendre les membres de droit, par la sortie de cinq membres qui, pour la première fois, seront désignés par le sort, et des quatre plus anciens après les six ans révolus : pour les fabriques dont le conseil est composé de cinq membres, non-compris les membres de droit, par la sortie de trois membres désignés par la voie du sort, après les trois premières années, et des deux autres après les six ans révolus. Dans la suite, ce seront toujours les plus anciens en exercice qui devront sortir.

8. Les conseillers qui devront remplacer les membres sortants, seront élus par les membres restants.

Lorsque le remplacement ne sera pas fait à l'époque fixée, l'évêque ordonnera qu'il y soit procédé dans le délai d'un mois ; passé lequel délai, il y nommera lui-même, et pour cette fois seulement (1).

---

(1) Sous l'empire de ce décret, le supérieur diocésain ne pouvait user de la faculté de faire une nomination d'office dans le conseil de fabrique,

Les membres sortants pourront être réélus.

9. Le conseil nommera au scrutin son secrétaire et son président : ils seront renouvelés le premier dimanche d'avril de chaque année (1), et pourront être réélus. Le président aura, en cas de partage, voix prépondérante.

Le conseil ne pourra délibérer que lorsqu'il y aura plus de la moitié des membres présents à l'assemblée ; et tous les membres présents signeront la délibération, qui sera arrêtée et signée à la pluralité des voix.

10. Le conseil s'assemblera le premier dimanche du mois d'avril (2), de juillet, d'octobre et de janvier, à l'issue de la grande messe ou des vêpres, dans l'église, dans un lieu attenant à l'église, ou dans le presbytère.

---

qu'après avoir mis la fabrique en demeure pendant un mois ; mais aujourd'hui il suffit que le conseil ait laissé écouler un mois, à partir du jour où le remplacement aurait dû avoir lieu, pour procéder lui-même au remplacement. C'est ce qui résulte de l'ordonnance du 12 janvier 1825, laquelle porte :

« Art. 2. A l'avenir, la séance du conseil de fabrique, qui, aux termes de l'article 10 du réglement général, doit avoir lieu le premier dimanche d'avril, se tiendra le dimanche de *Quasimodo*.

» Dans cette séance devront être faites, tous les trois ans, les élections ordinaires, prescrites par le décret du 30 décembre 1809.

» 3. Dans le cas de vacance, par mort ou démission, l'élection en remplacement devra être faite dans la première séance *ordinaire* du conseil de fabrique qui suivra la vacance.

» Les nouveaux fabriciens ne seront élus que pour le temps d'exercice qui restait à ceux qu'ils sont destinés à remplacer.

» 4. Si, *un mois après* les époques indiquées dans les deux articles précédents, le conseil de Fabrique n'a pas procédé aux élections, *l'évêque diocésain nommera lui-même.* »

(1) Depuis, l'ordonnance royale du 12 janvier 1825 (art. 2), cette réunion a lieu le jour de *Quasimodo*.

(2) Même observation.

L'avertissement de chacune de ces séances sera publié le dimanche précédent, au prône de la grande messe.

Le conseil pourra de plus s'assembler extraordinairement, sur l'autorisation de l'évêque ou du préfet, lorsque l'urgence des affaires ou quelques dépenses imprévues l'exigera (1).

11. Aussitôt que le conseil aura été formé, il choisira au scrutin, parmi ses membres, ceux qui, comme marguilliers, entreront dans la composition du bureau; et, à l'avenir, dans celles de ses sessions qui répondra à l'expiration du temps fixé par le réglement pour l'exercice des fonctions de marguilliers; il fera également, au scrutin, élection de celui de ses membres qui remplacera le marguillier sortant.

12. Seront soumis à la délibération du conseil,

1° Le budget de la fabrique;

2° Le compte annuel de son trésorier;

3° L'emploi des fonds excédant les dépenses du montant des legs et donations, et le remploi des capitaux remboursés;

4° Toutes les dépenses extraordinaires au-delà de cinquante francs, dans les paroisses au-dessous de mille âmes, et de cent francs dans les paroisses d'une plus grande population;

5° Les procès à entreprendre ou à soutenir, les baux emphytéotiques ou à longues années, les aliénations ou

---

(1) L'article 6 de l'ordonnance du 12 janvier, oblige l'évêque et le préfet à se donner réciproquement connaissance des autorisations d'assemblées extraordinaires qu'ils accordent aux conseils de fabrique, ainsi que des objets qui doivent y être traités.

échanges, et généralement tous les objets exédant les bornes de l'administration des biens des mineurs.

Toutes les affaires à porter devant le conseil doivent être préparées par le bureau (art. 24).

Le conseil ne peut ordonner de réparations qui excéderaient cent fr. dans les communes au-dessous de mille âmes, et de deux cents francs dans celles au-dessus, qu'en chargeant le bureau de faire dresser un devis estimatif, et de procéder à l'adjudication au rabais, ou par soumission, après trois affiches renouvelées de huitaine en huitaine (art. 42).

Le devis et l'adjudication doivent être soumis à l'approbation du préfet.

En cas d'insuffisance de fonds pour faire face aux réparations, le conseil prend une délibération tendant à ce qu'il y soit pourvu par la commune. Cette délibération est envoyée par le président au préfet (art. 43 et 94).

Le préfet ordonne ensuite la convocation du conseil municipal, pour délibérer sur la nécessité de la dépense, et sur les moyens d'y faire face.

Le budget est soumis au conseil par le bureau, dans sa séance du mois d'avril, et est envoyé à l'évêque avec l'état des dépenses de la célébration du culte (art. 47).

Le conseil délibère toutes les fois qu'il est question de vendre, d'aliéner, d'échanger des biens.

immeubles, ou de les louer pour un terme plus long que neuf ans (art. 62).

Le conseil autorise la régie ou la location des bancs et chaises (art. 67).

Il autorise, sans autres formalités, la concession des bancs, chaises et places, lorsqu'il s'agit d'une prestation annuelle (art. 70).

Le compte du trésorier est présenté au conseil dans sa séance du mois d'avril, par le bureau des marguilliers (art. 85).

Il est à remarquer que les marguilliers d'honneur, s'il en est rétabli dans les paroisses où il y en avait autrefois, sont non-seulement membres du conseil, avec voix délibérative, mais encore membres du bureau, avec voix consultative ; c'est du moins ce qui semble résulter de l'art 21 du réglement de 1809.

Les fabriciens sont du nombre des administrateurs qui ne peuvent être poursuivis pour raison de leurs fonctions sans l'autorisation du gouvernement, suivant que la Cour de cassation l'a jugé par son arrêt du 9 décembre 1808 (1).

Conseil de préfecture.

Son autorisation, pour plaider, est exigée par l'art. 77 ci-après, du décret du 30 décembre 1809 :

Ne pourront, les marguilliers, entreprendre aucuns

---

(1) Sirey, tome 9, p. 401.

procès, ni y défendre, sans une autorisation du conseil de préfecture, auquel sera adressée la délibération, qui devra être prise à ce sujet, par le conseil et le bureau réunis.

Avant de solliciter l'autorisation du conseil de préfecture, la fabrique doit prendre l'avis du comité consultatif, lequel est composé de trois jurisconsultes nommés par le préfet, ainsi que cela se pratique pour les communes.

Aucune disposition législative n'a prescrit cette formalité, hormis le cas de la transaction (arrêté du 23 frimaire an 12); mais il est d'une sage prévoyance de l'observer, et c'est un usage généralement consacré.

L'autorisation du conseil de préfecture est dans tous les cas indispensable; car, suivant qu'il résulte d'un arrêt de la Cour de cassation du 11 janvier 1809, toute la plaidoirie serait nulle, lors même que l'autorisation parviendrait dans le cours de la procédure.

Il est à remarquer, au surplus, qu'une première autorisation suffit pour *tous les degrés de jurisdiction*, à moins qu'elle ne soit limitative; c'est un point de jurisprudence également établi par divers arrêts de la Cour de cassation.

S'il s'agit d'un droit de propriété, que le comité consulsatif déclare qu'il y a lieu d'attaquer ou de défendre, et que le conseil refuse d'autoriser la fabrique à plaider, elle est recevable devant le conseil-d'état à se pourvoir contre l'arrêté du conseil de préfecture, lequel doit toujours contenir les motifs du refus ; c'est ainsi que le conseil-d'état a rendu, le 10 janvier 1821, un arrêt qui annulle un arrêté de cette espèce en renvoyant, devant les tribunaux ordinaires, la commune de Saint-Georges sur Fontaine-le-Bourg (Seine-Inférieure), qui avait formé le pourvoi.

Le conseil de préfecture accorde aussi l'autorisation de donner main-levée des inscriptions hypothécaires prises pour la conservation des biens et rentes. Ce droit lui est conféré par analogie aux dispositions du décret du 11 thermidor an 12, relatif aux inscriptions des hospices et des bureaux de charité. (*Voyez* Radiation d'inscription.)

CONSEILS MUNICIPAUX.

L'administration des fabriques est tellement liée avec celle des communes, que le placement des prêtres et vicaires habitués dans une cure ou succursale, a besoin d'être délibéré par le conseil municipal. Cette marche est fondée sur ce que les communes sont tenues de subvenir aux besoins des fabriques, en cas d'insuffisance de ressources. Voici à cet égard les dispositions du réglement du 30 décembre 1809 :

Art. 38. Le nombre de prêtres et de vicaires habitués à chaque église, sera fixé par l'évêque, après que les marguilliers en auront délibéré, et que le conseil municipal aura donné son avis.

39. Si, dans le cas de la nécessité d'un vicaire, re-

connue par l'évêque, la fabrique n'est pas en état de payer le traitement, la décision épiscopale devra être adressée au préfet; et il sera procédé, ainsi qu'il est expliqué en l'art. 49, concernant les autres dépenses de la célébration du culte, pour lesquelles les communes suppléent à l'insuffisance des revenus des fabriques.

L'art. 49, cité ci-dessus, renvoie pour l'exécution, lorsqu'il s'agit de demander des fonds aux paroissiens, aux dispositions suivantes du même décret :

Art. 93. Dans le cas où les communes sont obligées de suppléer à l'insuffisance des revenus des fabriques pour ces deux premiers chefs (suppléer à l'insuffisance des ressources, et fournir un logement ou une indemnité au curé ou desservant), le budget de la fabrique sera porté au conseil municipal, dûment convoqué à cet effet, pour y être délibéré ce qu'il appartiendra. La délibération du conseil municipal devra être adressée au préfet, qui la communiquera à l'évêque diocésain, pour avoir son avis. Dans le cas où l'évêque et le préfet seraient d'avis différents, il pourra en être référé, soit par l'un, soit par l'autre, à notre ministre des cultes.

95. Le préfet nommera les gens de l'art par lesquels, en présence de l'un des membres du conseil municipal et de l'un des marguilliers, il sera dressé, le plus promptement qu'il sera possible, un devis estimatif des réparations. Le préfet soumettra ce devis au conseil municipal, et, sur son avis, ordonnera, s'il y a lieu, que ces réparations soient faites aux frais de la commune, et en conséquence qu'il soit procédé par le

conseil municipal, en la forme accoutumée, à l'adjudication au rabais.

96. Si le conseil municipal est d'avis de demander une réduction sur quelques articles de dépense de la célébration du culte, et dans le cas où il ne reconnaîtrait pas la nécessité de l'établissement d'un vicaire, sa délibération en portera les motifs.

Toutes les pièces seront adressées à l'évêque, qui prononcera.

97. Dans le cas où l'évêque prononçerait contre l'avis du conseil municipal, ce conseil pourra s'adresser au préfet; et celui-ci enverra, s'il y a lieu, toutes les pièces au ministre des cultes, pour être par... (le Roi), sur son rapport, statué... ce qu'il appartiendra.

99. Si les revenus communaux sont insuffisants, le conseil délibérera sur les moyens de subvenir à cette dépense, selon les règles prescrites par la loi.

102. Dans le cas où il y a lieu à la convocation du conseil municipal, si le territoire de la paroisse comprend plusieurs communes, le conseil de chaque commune sera convoqué, et délibérera séparément.

Les conseils municipaux sont composés, suivant la population, de 10, 20 ou 30 membres, non compris le maire. Ils ne peuvent délibérer, s'il n'y a au moins les deux tiers des membres présents (arrêté du 25 vendémiaire an 9), et les délibérations sont prises à la majorité des membres présents. Dans leurs sessions annuelles, les conseils municipaux ont le droit de délibérer sur tous les objets d'utilité communale; mais, hors cette session, ils ne peuvent se réunir extraordinairement qu'avec l'autorisation du préfet, sans pouvoir s'occuper d'affaires étrangères à l'objet de la convocation. S'il s'agissait de voter une imposition extraordinaire, il faudrait adjoindre au conseil municipal, suivant le nombre de ses membres, les dix, vingt ou trente plus forts contribuables présents (art. 39 de la loi du 15 mai 1818), ce qui n'a pas lieu dans les communes ayant plus de cent mille fr. de revenus. Le conseil et les hauts cotisés doivent se constituer séparément, et les règles relatives au conseil municipal sont applicables auxdits propriétaires. Ces deux corps se réunissent cependant, et ne forment qu'une seule assemblée sous la présidence du maire; mais, en cas de dissidence, les voix sont recueillies de manière à s'assurer du nombre des votants, et de celui des opposants dans le conseil et dans les hauts cotisés.

Les adjoints ne sont point membres du conseil municipal, et ils ne peuvent sister aux délibérations, sous peine de nullité de ces actes. Seulement ils remplacent les maires lorsque ces fonctionnaires sont empêchés pour cause de maladie ou d'absence.

La délibération serait également nulle si elle était prise avec le concours de quelques particuliers étrangers au conseil, quelque soit leur titre ou qualité.

Il est à remarquer aussi que, parmi les plus

forts imposés, on ne peut recevoir des fondés de pouvoirs à la place des propriétaires, ni des femmes, que les lois françaises n'admettent point à prendre part à nos délibérations.

(*Voyez* Délibérations, où se trouvent *deux Modèles*).

CONSTRUCTIONS ET RECONSTRUCTIONS.

Les travaux importants ne peuvent être entrepris qu'après qu'il a été dressé un devis, et fait un plan des lieux et des travaux; ces pièces sont soumises à l'approbation du préfet, lequel consulte le conseil des bâtiments civils, s'il en a été institué un près de la préfecture, et, à défaut, l'architecte du département.

Ainsi qu'on le voit au titre *Travaux*, le préfet peut, aux termes de l'ordonnace du 8 août 1821, autoriser les travaux qui n'excèdent pas vingt mille francs.

Les travaux sont mis en adjudication au rabais, soit à l'extinction des feux, soit sur soumissions cachetées. L'adjudication n'est définitive qu'après qu'elle a été approuvée par le préfet.

CONSTRUCTIONS PRÈS DES CIMETIÈRES.

Le gouvernement, voulant prévenir les inconvénients fâcheux qui pouvaient résulter de l'usage, généralement suivi, de faire les inhumations dans les églises et dans les cimetières qui les entouraient, ordonna, par un décret du 12 juin

1804 (23 prairial an 12), que, pour *les villes et bourgs*, les cimetières fussent placés à la distance de 35 à 40 mètres de l'enceinte des agglomérations.

La santé publique étant le motif de ce changement d'emplacement des cimetières, il fallait, pour compléter ce système sanitaire, qu'on empêchât d'environner d'habitations les nouveaux lieux de sépulture, et qu'on défendît de pratiquer ou de conserver des puits dont l'eau aurait pu se ressentir du voisinage des cimetières. C'est dans ce but que le décret du 7 mars 1808, transcrit au titre *Cimetière*, a été rendu.

CONSTRUCTIONS SUR LA VOIE PUBLIQUE.

Elles ne peuvent avoir lieu que lorsqu'on a obtenu l'alignement du préfet, s'il s'agit d'une route royale ou départementale, en ville ou en campagne; et du maire, pour les villes, bourgs et villages. Il en est de même des reconstructions, réédifications, et même des simples réparations. Les murs qui ne se trouvent pas dans l'alignement arrêté, sont susceptibles d'y être mis dès qu'on veut y entreprendre des réparations. Si, par l'effet d'une reconstruction, on cède du terrein à la voie publique, on en est préalablement indemnisé, à dire d'experts, conformément aux lois des 16 septembre 1807 et 8 mars 1810; par suite du même principe, si l'on est obligé d'avancer sur la voie publique, on est tenu de payer le terrein dont on profite.

CONTENANCE *des Jardins des Presbytères.*
(Voyez *Jardins.*)

CONTESTATIONS.

L'article 80 du décret du 30 décembre 1809 veut que « toutes contestations relatives à la pro-
» priété des biens, et toutes poursuites à fin de
» recouvrement des revenus, soient portées de-
» vant les juges ordinaires; » mais comme les communes et les établissements publics ne doivent jamais s'engager dans aucun procès, sans y avoir été autorisés par le conseil de préfecture, le conseil de la fabrique doit d'abord délibérer sur la nécessité de soutenir ou d'élever la contestation, et le conseil de préfecture, après avoir examiné s'il y a intérêt pour la fabrique de poursuivre l'affaire, accorde ou refuse l'autorisation; « toute-
» fois, le trésorier est tenu de faire tous actes
» conservatoires pour le maintien des droits de la
» fabrique.... » (art. 78); c'est-à-dire, que le trésorier doit faire donner des sommations, et faire faire toutes oppositions de droit.

Comme on le voit par l'article 80, les contestations relatives à la propriété des biens et au recouvrement des revenus, sont du ressort des tribunaux; mais toutes les autres difficultés qui intéressent les fabriques, sont de la compétence de l'autorité administrative. Par exemple, si la restitution des biens éprouve des obstacles de la part d'une commune ou d'une autre fabrique, c'est au préfet qu'il faut s'adresser. Si la difficulté est faite par un particulier, l'affaire rentre dans la cathégorie des contestations relatives à la propriété, et elle est jugée par les tribunaux.

Au nombre des contestations à porter devant l'autorité administrative, on citera le cas où une fabrique qui possédait avant la révolution un terrein qui lui servait de cimetière, dans lequel cette fabrique avait concédé à d'autres paroisses le droit de faire enterrer leurs morts, moyennant le paiement d'une rente annuelle.

D'une part, la fabrique prétend qu'elle doit être renvoyée en possession de sa rente, en vertu de l'arrêté du gouvernement du 26 juillet 1803; de l'autre, la commune soutient que le cimetière lui appartient, et que la rente et le cimetière ayant été également dans les mains du domaine, la rente s'y est éteinte par confusion; raisonnement qui est fondé sur ce que le gouvernement ne pouvait être son propre débiteur.

Pour décider cette question, qui paraît neuve, l'autorité administrative aurait, ce semble, à examiner si jamais les cimetières sont devenus la propriété du domaine, car c'est là un point essentiel; si le gouvernement n'a pas pris la possession des cimetières, ils sont restés aux communautés d'habitans; c'est-à-dire aux communes pour y faire enterrer leurs morts. Eh! quel qu'ait été l'excès de la fureur révolutionnaire, les hommes qui s'étaient revêtus du pouvoir n'ont jamais pu imaginer qu'il serait possible de se passer de cimetières communaux.

Ainsi, il s'agit de savoir avant tout, si le gouvernement est entré en possession des cimetières, ou s'il ne les a pas laissés aux communes par une disposition muette, mais qui est devenue positive et authentique, par l'art. 9 du décret du 12 juin 1804 (23 prairial an 12) portant :

.... Les terreins servant maintenant de cimetières pourront être affermés *par les communes* auxquelles ils appartiennent.

On invoquerait peut-être les dispositions de l'art. 3 du décret du 6 mai 1791, sanctionné le 15; mais que portent-elles?

Les cimetières des paroisses et succursales *supprimées* seront également vendus dans la même forme, et aux mêmes conditions que les biens nationaux.

De quels cimetières s'agit-il ici? De ceux des paroisses supprimées ; cette disposition n'a d'ailleurs eu qu'une exécution éphémère : le gouvernement qui ne voulut plus de cultes, considéra que les inhumations devaient se faire par les soins de l'autorité civile, et ne vit plus les cérémonies religieuses que comme un accessoire sans nécessité. La liberté des consciences fut alors décrétée, et chacun devenant libre de se faire enterrer là où il le jugerait à propos, il fut décidé qu'un cimetière serait conservé dans chaque commune, sans égard pour les circonscriptions ecclésiastiques.

Quelle autre disposition d'acte du gouvernement pourrait-on invoquer pour soutenir que le domaine s'est mis en possession des cimetières? Ce ne sera pas la loi du 24 août 1793, car si les cimetières étaient encore considérés alors comme propriétés des fabriques, le jour même où le domaine a fait main-mise sur les biens de ces établissements, il a respecté les lieux de sépulture, et les a laissés aux communautés d'habitants.

Qu'il en ait été autrement, au surplus; que la loi du 24 août ait dépouillé les fabriques de la possession, et même de la propriété des cimetières, sans avantage pour les communes, le cas supposé qui donne lieu à cette discussion n'en serait pas moins favorable pour la fabrique, et on ne pourrait pas raisonnablement lui opposer *l'extinction par la confusion*. En effet, c'est le 7 thermidor an 11 que les biens ont été restitués aux fabriques: celle que l'on suppose être créancière d'une rente sur son ancien cimetière, n'aurait peut-être pas encore été fondée alors à demander cette rente au domaine, malgré que cette même rente n'eût été ni aliénée, ni transférée; mais si la commune n'était pas déjà propriétaire du cimetière, elle l'est devenue par le décret du 23 prairial an 12. C'est évidemment un don que lui fit alors le gouvernement; le fit-il gratuitement? Voit-on quelque disposition portant que les cimetières sont donnés ou rendus aux communes, affranchis de toute espèce de charges? Non, sans doute, la commune qui aurait été obligée de fournir un cimetière à ses frais, s'il eût été possible qu'il n'en eût pas existé, a conservé ou reçu l'ancien cimetière de la fabrique, avec les charges dont il était grevé, car la *confusion* n'a lieu que dans l'intérêt de l'état, et elle ne peut profiter aux individus qu'il représente. Elle a existé, par exemple, pendant que le domaine était en possession des biens d'un particulier ou d'un établissement public envers lequel l'état était débiteur; mais si les biens, excepté ceux rendus aux fabriques, étaient affectés d'une redevance envers un tiers, lors même que les biens de celui-ci auraient été également séquestrés, ce tiers rentre dans tous ses droits, dès que lesdits biens sortent des mains du domaine. C'est ainsi que la Cour de cassation l'a toujours décidé, notamment par ses arrêts des 5 ou 15 ventôse an 13 (1), 17 mai 1809, 24 mars 1817, et 24 août 1820 (2), telle est aussi la jurisprudence constante du conseil-d'état, etablie par une foule d'arrêts.

Il pourrait être fait une autre objection de la part de l'administration communale : elle renverrait peut-être la fabrique exercer son recours contre les fabriques des autres paroisses, auxquelles la con-

(1) Merlin, Répertoire de Jurisprudence. Paris 1807, t. 2, p. 804.

(2) Journal des Audiences de la Cour de Cassation.

cession avait été faite pour l'inhumation de leurs morts, et qui, par cette raison, étaient débitrices de la rente. Ce renvoi serait illusoire pour la fabrique créancière; si les autres fabriques existent encore, elles lui répondraient que la commune étant obligée à leur fournir un cimetière, elles n'ont aucunes dépenses à faire pour cet objet; qu'il leur importe peu, au surplus, que ce soit tel ou tel lieu de sépulture qui leur soit assigné, et, d'ailleurs, tout a été changé de face; les anciennes paroisses n'ont pas toutes été conservées.

Il paraît donc constant que la commune possesseur du cimetière, à quelque titre que ce soit, est débitrice de la rente, par la raison que cette rente repose sur un terrein qui appartenait à la fabrique; que la rente est le prix de ce terrein; que la rente n'a point été aliénée; et que la conservation ou la remise du terrein, dans les mains de la commune, n'a point été faite à titre nouveau, et sous l'exemption des charges anciennes, ainsi que cela a eu lieu pour les fabriques.

On ne pourrait pas se prévaloir du silence de la fabrique créancière, car les fabriques n'ont rien pu faire jusqu'au 7 thermidor an 11; depuis cette époque, elles ont recueilli leurs anciens biens, à mesure qu'ils sont devenus disponibles; et, ainsi que nous le dirons, page 171, elles ont été mises aux *droits* des anciennes.

CONTRIBUTIONS DIRECTES.

L'art. 105 de la loi du 23 novembre 1798, exempte de l'imposition foncière les églises, cimetières, presbytères et jardins y attenant.

La loi du 24 dudit mois accorde la même exception pour les portes et fenêtres des presbytères. Elle porte, art. 5:

Ne sont pas soumises à ladite contribution les portes et fenêtres des bâtiments employés à un service public, civil, militaire, ou d'instruction, ou aux hospices.

Le principe est d'ailleurs consacré par les réglements et instructions qui ont été donnés pour l'exécution de ces lois, notamment par le décret du 11 août 1808.

Cette exception n'est applicable qu'aux presbytères rendus par le gouvernement, ou acquis par les communes. M. le préfet de la Mayenne a cependant consulté le ministre des finances, afin de savoir si l'on ne pourrait pas, sous le rapport des portes et fenêtres, l'étendre aux maisons presbytérales, qui n'appartiennent ni aux fabriques, ni aux communes, à celles enfin qui sont tenues à loyer.

Son Excellence a répondu favorablement à ce magistrat, le 21 novembre 1816, en s'étayant de la loi organique du 8 avril 1802, qui, en rendant les maisons et les jardins y attenant aux curés et desservants, consacre le droit qu'avaient ces ecclésiastiques, d'être logés, soit aux frais de l'état, soit à celui des communes.

Cette décision du ministre n'a pas prévalu devant la jurisprudence de plusieurs conseils de préfecture; mais il est facile, pour MM. les curés et desservants, et même pour les communes, d'obtenir la décharge annuelle de leurs contributions foncière et portes et fenêtres, sur le fonds de non-valeurs, notamment pour cette dernière contribution.

CONVOIS FUNÈBRES. (Voyez *Inhumation*, *Pompes funèbres.*)

CORRESPONDANCE.

L'ordonnance royale du 14 décembre 1825 dispose que le contre-seing du ministre des affaires ecclésiastiques, appert la franchise envers les fonctionnaires ci-après dénommés; savoir :

Les ministres d'état, les conseillers-d'état, les maîtres des requêtes, les préfets et les sous-préfets;

Les archevêques, évêques, vicaires-généraux, curés, desservants et succursalistes, etc.

Les archevêques et évêques jouissent de la franchise et du contre-seing; mais *sous bandes* seulement, avec les préfets et sous-préfets. Il en est de même pour l'envoi de leurs *mandements imprimés* aux mêmes fonctionnaires et aux maires de leur diocèse.

Les archevêques et évêques peuvent aussi

expédier en franchise, sous leur contre-seing, aux curés, desservants et succursalistes de leur diocèse, et *recevoir* d'eux sous leur contre-seing ; savoir :

Imprimés remplis ou non remplis à la main.

Les mandements ; les lettres pastorales ; les lettres circulaires ; les feuilles d'approbation des prêtres exerçant les fonctions spirituelles ; les lettres d'institution des curés ; les pouvoirs des desservants.

Manuscrits avec ou sans lettres d'envoi.

Les budgets, comptes et délibérations des fabriques ; les ordonnances pour fondation de chapelles domestiques ; les ampliations d'ordonnances royales.

Tous ces objets doivent être mis *sous bandes* et contre-signées par les expéditeurs.

Dans le cas où quelques-uns des paquets auraient été taxés pour suspicion d'incluses ou omission de formalités, on peut exiger immédiatement du directeur de la poste l'ouverture de ces paquets, afin de s'assurer qu'il ne s'y trouve que les papiers dont l'exemption de taxe est autorisée.

Couvertures des edifices.

Les articles 37 et 41 du décret du 30 décembre 1809 obligent les marguilliers, et notamment le trésorier, de veiller à l'entretien des édifices et des bâtiments servant au culte.

Il y a un moyen fort économique de faire entretenir les couvertures en bon état, et son adoption peut diminuer beaucoup l'embarras d'une surveillance presque journalière ; c'est de mettre cet entretien en adjudication pour un bail de plusieurs années.

L'entretien des couvertures de l'une des plus belles et des plus vastes églises de la Basse-Normandie, coûtait annuellement sept ou huit cents francs : des couvreurs y étaient presque toujours occupés. On mit cet entretien en adjudication pour un bail de trois ans, et on trouva un entrepreneur pour trois cents francs par année. A l'expiration de ce bail, la fabrique obtint encore une réduction.

Nous avons une connaissance personnelle de l'avantage qu'on trouve dans ce mode : les hospices dont nous avons été économe, et ensuite receveur pendant plusieurs années, possèdent une étendue très-considérable de bâtiments, une église assez vaste, et une maison située au-dehors de l'enclos; le tout a été mis à l'entretien pour cent trente francs par an, et, auparavant, le terme moyen de dix années de dépense par économie ou par attâchement, s'est élevé à plus de quatre cents francs.

Ce mode est reconnu si avantageux, que maintenant les propriétaires de maisons, un peu étendues, l'ont adopté. L'auteur qui aime à citer des faits, et qui n'a en vue que l'intérêt des fabriques pour lesquelles il écrit, affirme qu'il sait que des maisons particulières mises en entretien annuel, moyennant la faible somme de quinze francs, présentent une surface de couverture plus étendue que n'ont un grand nombre d'églises, sur-tout dans les campagnes.

Si les couvertures sont trop dégradées, on peut mettre dans l'obligation de l'entrepreneur de faire à neuf, chaque année, un nombre quelconque de mètres de couverture, et, dans peu de temps, les couvertures sont remises en bon état.

Les entrepreneurs sont intéressés à ne pas laisser les couvertures se détériorer; dès qu'ils s'apperçoivent qu'une tuile ou une ardoise est arrachée, ils s'empressent de la remplacer, bien convaincus qu'une réparation ajournée devient en peu de temps double, quadruple, décuple même de ce qu'elle était primitivement. Ce soin, qui est dans l'intérêt de l'entrepreneur, est également dans celui de la fabrique.

On ne peut que conseiller l'emploi d'un mode aussi avantageux qu'économique.

Créances des anciennes fabriques.

Les nouvelles fabriques tiennent leurs biens à titre nouveau, de la générosité du gouvernement, et c'est un principe confirmé par une ordonnance du Roi du 28 juillet 1820, rendue sur l'avis du comité du contentieux du conseil-d'état, rapportée par *Sirey*, *tome* 2, *page* 86, que les fabriques sont aux *droits* et non aux *charges* des anciennes fabriques, d'où il suit que les dettes contractées par ces dernières ont dû être acquittées par le gouvernement, en exécution de la loi du 13 brumaire an 2, et que les sommes dont elles étaient créancières et qui n'ont pas été acquittées dans les mains du domaine, appartiennent aux nouvelles fabriques qui peuvent en poursuivre le recouvrement sur les débiteurs.

C'est d'après ce principe que les fabriques ont été remises en possession et jouissance des biens non aliénés par le gouvernement pendant qu'il en était propriétaire, ainsi que des rentes non transférées et de toutes les créances des anciennes fabriques non recouvrées par le domaine.

Parmi ces créances se trouvent les sommes qu'un ancien curé aurait reçues de son prédécesseur ou de ses héritiers pour dégradations ou réparations non exécutées au presbytère ou aux autres biens susceptibles aujourd'hui d'être restitués s'ils n'avaient pas été aliénés. Telle est, en effet, la jurisprudence établie et d'après laquelle la cour royale de Rennes a rendu un arrêt le 4 avril 1818, fondé sur les dispositions de l'art. 37 de la loi du 24 juillet 1790, ainsi conçu :

Néanmoins, ceux des bénéficiers qui auraient reçu de leurs prédécesseurs ou de leurs représentants des sommes ou valeurs moyennant lesquelles ils se seraient chargés en tout ou partie desdites réparations, seront tenus de prouver qu'ils ont rempli leurs engagements ; et ceux qui ont obtenu des coupes de bois pour faire aucunes réparations ou réédifications seront tenus d'en rendre compte au directoire du chef-lieu du bénéfice.

Il convient de faire observer à cet égard que les héritiers d'un ancien curé ne pourraient être contraints solidairement, attendu que l'art. 870 du Code civil porte, au contraire :

Les cohéritiers contribuent entr'eux au paiement des dettes et charges de la succession, chacun dans la proportion de ce qu'il y prend.

Créanciers des anciennes fabriques.

Un décret du 11 mai 1807, qui se trouve déposé aux archives du conseil-d'état, a déclaré les créanciers des anciennes fabriques des paroisses et chapitres compris dans la loi du 13 brumaire an 2, non-recevables à exercer des poursuites contre les nouvelles fabriques des paroisses ou chapitres, sauf auxdits créanciers à suivre, s'il y a lieu, à la liquidation générale de la dette publique, la réclamation de leurs droits.

Le conseil-d'état a, d'après ce principe, rendu une décision le 30 novembre 1810, approuvée le 9 décembre suivant, portant que les biens des fabriques ayant été réunis au domaine, le domaine est devenu débiteur des charges dont ces biens étaient grevés, et que les biens ont été rendus aux fabriques quittes desdites charges, sauf aux créanciers à se pourvoir devant le ministre des finances, depuis la suppression de la liquidation générale.

Si l'administration d'une ancienne fabrique, et non la nouvelle fabrique elle-même, est actionnée pour raison d'une obligation qu'elle a contractée solidairement et en son propre et privé nom, quoiqu'en qualité d'administrateur, les tribunaux sont seuls compétents pour juger de la valeur d'une semblable obligation : il n'y a pas lieu à l'application du décret du 11 mai 1807. (Avis du conseil-d'état, du 11 janvier 1808.)

Un tribunal excède ses pouvoirs s'il valide une saisie-arrêt des revenus d'une fabrique, et s'il règle le mode de paiement des dettes de cette fabrique, qui ne peuvent être acquittées que sur les fonds assignés à cet effet par l'autorité administrative. (Avis du conseil, du 24 juin 1808.)

CRIMES ET DÉLITS. (Voyez *Police des Eglises.*)

CULTE *non catholique.* (Voyez *Inhumations.*)

CURÉS ET DESSERVANTS.

Tous les ecclésiastiques qui sont chargés d'une paroisse sont généralement connus sous le titre *de Curés*, et la cour de Rome n'admet pas d'autres dénominations. Cependant, par l'organisation ecclésiastique, on a distingué les curés des desservants. Les curés sont placés au chef-lieu de canton, ou, par spécialité, dans d'autres communes importantes, et sont nommés par l'évêque, avec l'approbation du gouvernement. Il y en a de deux classes : tous les curés des villes dont le maire est nommé par le Roi, sont de la première, et les autres de la seconde. Le titre et le traitement de première classe sont cependant accordés, dans chaque diocèse, à quelques curés de seconde classe, sur la désignation de l'évêque. Il peut y avoir plusieurs curés dans une même commune, comme un curé peut être chargé de plusieurs communes.

Les desservants, également nommés par l'évêque, sont placés dans les paroisses autres que celle du chef-lieu de canton, à moins qu'il n'y ait plusieurs paroisses dans la même commune.

Ils sont sous la surveillance du curé du canton; mais ils exercent, dans leurs églises et sur le territoire dont se compose la succursale, une jurisdiction semblable à celle des curés dans leurs paroisses. Ils ne sont pas, comme on se le persuade quelquefois, de simples vicaires; à la vérité, ils sont institués sans la participation du gouvernement, et peuvent être changés, révoqués même par l'évêque; mais ils n'en exercent pas moins les fonctions curiales dans leurs paroisses respectives.

Les curés et desservants qui, d'après le décret du 26 juillet 1803 (7 thermidor an 11), n'étaient pas même membres du conseil d'administration des biens des fabriques ou qui n'y avaient que voix consulative, ont été établis membres de droit, non-seulement du conseil-général, mais encore du bureau des marguilliers. Voici le texte du règlement du 30 décembre 1809, qui concerne les curés et desservants :

Art. 4. De plus, seront membres de droit du conseil,

1°. Le curé ou desservant, qui y aura la première place, et pourra s'y faire remplacer par un de ses vicaires;

2°.... Le maire sera placé à la gauche, et le curé à la droite du président.

13. Le bureau des marguilliers se composera,

1° Du curé ou desservant de la paroisse ou succursale, qui en sera membre perpétuel et de droit;

2°.... Le curé ou desservant aura la première place, et pourra se faire remplacer par un de ses vicaires.

Le curé a la première place dans le banc de l'œuvre. (Art. 21.)

Il rend compte à la fin de chaque trimestre, au bureau des marguilliers, des fondations acquittées. (Art. 26.)

29. Le curé ou desservant se conformera aux règlements de l'évêque pour tout ce qui concerne le service divin, les prières et les instructions, et l'acquittement des charges pieuses imposées par les bienfaiteurs, sauf les réductions qui seraient faites par l'évêque, conformément aux règles canoniques, lorsque le défaut de proportion des libéralités et des charges qui en sont la condition l'exigera.

30. Le curé ou desservant agréera les prêtres habitués et leur assignera leurs fonctions.

Dans les paroisses où il en sera établi, il désignera le sacristain-prêtre, le chantre-prêtre et les enfants de chœur.

Le placement des bancs ou chaises, dans l'église, ne pourra être fait que du consentement du curé ou desservant, sauf le recours à l'évêque.

32. Les prédicateurs sont nommés.... sur la présentation du curé....

33. La nomination et la révocation des.... serviteurs de l'église appartiennent aux marguilliers, sur la proposition du curé ou desservant. (*Voyez* Employés de l'Eglise.)

45. Il sera présenté, chaque année, au bureau, par le curé ou desservant, un état par aperçu des dépenses nécessaires à l'exercice du culte, soit pour les objets de consommation, soit pour réparation et entretien d'ornements, meubles et ustensiles d'église.

Le curé est dépositaire de l'une des trois clefs de la caisse ou armoire. (Art. 50.)

Un double de l'inventaire du mobilier de l'église est remis au curé ou desservant, et le récolement annuel de cet inventaire est signé par lui et par le président du bureau. (Art. 55.)

Il signe également et certifie conforme à l'original toutes les transcriptions de titres et pièces faites sur le sommier, par le secrétaire du bureau. (Art. 56.)

Il est informé, par les notaires, des actes de donation ou testamentaires qui sont passés devant eux et qui contiennent des dispositions en faveur de la fabrique. (Art. 58.)

Il est dû au curé ou desservant un presbytère ; ou, à défaut de presbytère, un logement ; ou, à défaut de presbytère et de logement, une indemnité pécuniaire. (Art. 92.) *Voyez* presbytères.

Les réparations locatives du presbytère seulement sont à la charge du curé. (Art. 44.)

Dans plusieurs paroisses, on a voulu nommer le curé ou desservant trésorier de la fabrique. On ne pense pas qu'il doive accepter cette charge ; il semble même qu'il ne le puisse pas régulièrement, car si l'on consulte l'ancienne législation, on voit qu'il fut fait défense aux paroissiens de nommer les curés pour trésoriers, ou de leur faire rédiger les délibérations, notamment par l'arrêt du parlement de Bretagne, du 14 mai 1735, et par celui du parlement de Rouen, du 8 mars 1736.

La nouvelle législation ne porte pas une défense semblable : elle se tait à cet égard ; mais il paraît résulter du rapprochement des articles 16 et 19 du décret du 30 décembre 1809, que le trésorier doit être l'un des trois conseillers membres du bureau. D'ailleurs, on ne conseillerait pas à un curé ou desservant de se charger de gérer la comptabilité de sa fabrique, les ecclésiastiques et particulièrement les curés et desservants doivent éloigner d'eux tout ce qui peut, dans l'esprit des malveillants et des ennemis de la religion, prêter à la critique.

Les curés et desservants peuvent obtenir la permission de s'absenter de leurs paroisses, soit pour cause de maladie, soit pour affaires. Ils sont susceptibles aussi d'en être éloignés momentanément, et dans ces divers cas, le supérieur diocésain pourvoit au remplacement provisoire des titulaires.

Un décret du 17 novembre 1811 contient des dispositions réglementaires sur les indemnités à accorder aux remplaçants, suivant le motif de l'absence et selon le titre de cure ou succursale. (*Voyez* ce décret au titre *Absence.*)

Dans les villes non épiscopales, le plus ancien des curés est membre de droit du conseil de charité établi près des commissions administratives des hospices et des bureaux de bienfaisance. (Art. 2 de l'ordonnance du 31 octobre 1821.)

Tous les ecclésiastiques dont les fonctions exigent résidence sont dispensés de la tutelle. (Art. 427 du Code civil et avis du conseil-d'état, du 20 novembre 1806.) *Voyez* Dotation des Cures et Succursales.

DÉCÈS. (*Voyez* Inhumations.)

DÉCORATION DES ÉGLISES.

L'entretien de l'église, du presbytère et du cimetière est une charge obligatoire de la fabrique; mais, quant à la décoration et à l'embellissement des églises, la dépense qui consiste en peintures, sculptures et autres objets est facultative, et la fabrique doit, avant de l'entreprendre, s'assurer de ses moyens; et, en cas d'insuffisance, se concerter avec l'administration municipale à l'effet de savoir si elle peut ou veut venir au secours de l'établissement. S'il s'élevait quelque contestation à cet égard, la demande de la fabrique serait portée devant l'évêque et devant le préfet, qui statueraient sur l'utilité de la dépense.

Dégradations au presbytère.

Le logement en nature est fourni au curé ou desservant au moyen, soit de l'ancien presbystère rendu à la fabrique, soit d'une maison presbytérale acquise par la commune ou louée par elle; et, à défaut de ces bâtiments, le curé reçoit une indemnité pécuniaire. S'il est logé en nature, de quelque manière que ce soit, il ne doit personnellement que de simples réparations locatives et répond des dégradations survenues par sa faute; c'est ce qui est explicitement dit en l'article 44 du décret du 30 décembre 1809, ainsi conçu :

Lors de la prise de possession de chaque curé ou desservant, il sera dressé, aux frais de la commune, à la diligence du maire, un état de situation du presbytère et de ses dépendances. Le curé ou desservant ne sera tenu que des simples réparations locatives, et des dégradations survenues par sa faute.

Le curé ou desservant sortant, ou ses héritiers ou ayant-causes, seront tenus desdites réparations et dégradations.

DÉLIBÉRATIONS *du Bureau des Marguilliers.*

Elles sont prises par trois membres, au moins, et l'article 20 du décret du 30 décembre 1809, qui contient cette disposition, porte en outre :

En cas de partage, le président aura voix prépondérante.

Toutes les délibérations seront signées par les membres présents.

Le président ne peut, en principe général, user du droit de prépondérance, que dans les cas où il y a autant de voix pour une opinion que pour l'autre, et c'est le côté dans lequel le président vote qui l'emporte. On ne pourrait pas raisonnablement appliquer le principe posé par le second alinéa de l'art. 20, lorsqu'il n'y a que trois membres ; il serait absurde de prétendre qu'un président votant seul de son côté, contre deux membres, l'emporterait sur eux. Non, on a rappelé ici une règle commune à toutes les assemblées délibérantes et qui ne peut trouver d'application, qu'autant que le nombre des votants est pair.

DÉLIBÉRATIONS *du Conseil de Fabrique.*

Le conseil ne peut délibérer que lorsqu'il y a plus de la moitié des membres présents à l'assemblée, et tous les membres doivent signer la délibération, laquelle peut être arrêtée à la pluralité des voix. Le président, en cas de partage, a voix prépondérante (art. 9 du décret du 30 décembre

1809). Ce que l'on a dit de la prépondérance du président du bureau des marguilliers s'applique également à celle du président du conseil de la fabrique.

DÉLIBÉRATIONS *du Conseil municipal.*

Le conseil municipal ne peut délibérer, s'il n'y a au moins les deux tiers des membres présents, non compris le maire ou l'adjoint, et la délibération est arrêtée à la majorité des membres présents; c'est-à-dire moitié, plus un. Par exemple, si le conseil est de dix membres, il en faut sept au moins pour délibérer, et quatre d'un avis semblable, et ainsi des autres nombres.

S'il s'agit d'une imposition extraordinaire à voter, le maire doit appeler au conseil municipal, conformément à l'art. 39 de la loi du 15 mai 1818, les propriétaires les plus forts imposés, en nombre égal à celui des membres du Conseil, à l'exception des villes dont les revenus excèdent 100 mille francs (art. 43). Les hauts cotisés doivent se réunir et se constituer séparément, et les règles d'après lesquels les conseils municipaux se composent et votent, leur sont applicables; mais il faut qu'il y ait dix propriétaires présents, ou vingt ou trente suivant la population. Alors, les deux corps se confondent dans une même assemblée; mais encore les votes des conseillers et des propriétaires se recueillent séparément.

Les délibérations doivent être prises, séance tenante, et inscrites au registre sur lequel tous les membres présents sont tenus de signer, sans pouvoir verbaliser ou consigner une opinion contraire au résultat de la délibération, parce qu'il est de principe que la majorité l'emporte sur la minorité, et que le vœu de la majorité devient celui de la totalité de l'assemblée.

S'il s'agit d'une demande à faire à l'autorité supérieure ou d'une réponse sur une communication, il est fait à l'instant une double minute que tous les membres signent, comme ils l'ont fait au registre. Il en est, en outre, fait une expédition que le président certifie conforme.

L'administration, c'est-à-dire l'autorité supérieure, en exigeant que l'une des expéditions qui lui est transmise soit signée en minute, a pour but de s'assurer qu'elle a été régulièrement prise.

La forme des délibérations n'est déterminée par aucune disposition réglementaire : elle est laissée à la volonté des conseils, et sa rédaction varie en raison de l'objet qu'on y traite. Il arrive cependant souvent que l'on n'a pas le soin de faire suffisamment l'exposé de l'objet mis en délibération, de le définir par des considérants basés sur des dispositions législatives ou réglementaires, et, enfin, de bien motiver le dispositif qui doit toujours être concluant.

On ne peut tracer que le cadre des délibérations

en général, mais il pourra toujours être de quelque utilité; il se trouve ci-après :

MODÈLE pour le Conseil de la Fabrique.

Du jour du mois de 18

Le Conseil général de la fabrique de l'église paroissiale de , réuni dans l'église dudit lieu (ou dans la sacristie, ou dans l'une des salles du presbytère), *en séance ordinaire* (ou sur la convocation de M , en séance extraordinaire, d'après l'autorisation de M. le Préfet ou de Monseigneur l'Évêque, en date du), *sous la présidence de M. , où étaient présents M. curé ou desservant* (ou M. vicaire représentant M. le curé), *M. , maire* (ou M. adjoint, représentant M. le maire), *et MM. administrateurs, MM. , marguilliers d'honneur, et M. administrateur-secrétaire.*

M. expose au Conseil (ou donne lecture au conseil) *d*

Considérant qu

Considérant

Arrête à l'unanimité, ou à la majorité de voix contre

Art. 1er.

Art. 2.

Fait et arrêté, en séance, les jour et an susdits.

(Ensuite tous les membres signent.)

MODÈLE pour un Conseil Municipal, auquel sont adjoints les propriétaires les plus imposés.

L'AN mil huit cent vingt , le ᵉ jour du mois de

Le Conseil municipal de la commune de réuni au lieu ordinaire de ses séances, en session ordinaire (ou en session extraordinaire, d'après l'autorisation de M. le préfet, en date du), *sous la présidence de M. le maire* (ou de M , adjoint, pour l'absence de M. le maire), *où étaient présents les membres du conseil, et les propriétaires les plus imposés au nombre prescrit, par les lois, ainsi qu'il suit :*

Membres du Conseil,	*Hauts cotisés,*
MM.	*MM.*
N....	*N....*
N....	*N....*

M. *a exposé...*, ou bien a dit, Messieurs,

Sur quoi le Conseil,

Considérant qu

Considérant qu

Arrêté à l'unanimité (ou à la majorité de membres du conseil et de des propriétaires plus forts imposés.)

Art. 1ᵉʳ.

Art 2....

Fait et arrêté, en séance, les jour et an susdits.

(Signatures des membres du conseil.)	(Signatures des hauts cotisés.)

Délits. (*Voyez* Police des Eglises.)

Dépenses.

Aucune dépense ne peut être acquittée que par le trésorier, et elle n'est régulière qu'autant qu'elle est comprise au budget, ou autorisée extraordinairement.

Le réglement du 30 décembre 1800 contient les dispositions suivantes, relativement aux dépenses :

Art. 27. Les marguilliers fourniront l'huile, le pain, le vin, l'encens, la cire, et généralement tous les objets de consommation nécessaires à l'exercice du culte; ils pourvoiront également aux réparations et achats des ornements, meubles et ustensiles de l'église et de la sacristie.

28. Tous les marchés seront arrêtés par le bureau des marguilliers, et signés par le président, ainsi que les mandats.

34.... Le bureau déterminera, dans la même séance (tous les trois mois), la somme nécessaire pour les dépenses du trimestre suivant.

35. Toute la dépense de l'église et les frais de sacristie, seront faits par le trésorier; et en conséquence, il ne sera rien fourni par aucun marchand ou artisan, sans un mandat du trésorier, au pied duquel le sacristain, ou tout autre personne apte à recevoir la livraison, certifiera que le contenu audit mandat a été rempli.

45. Il sera présenté chaque année au bureau, par le

curé ou desservant, un état par aperçu des dépenses nécessaires à l'exercice du culte, soit pour les objets de consommation, soit pour réparation et entretien d'ornements, meubles et ustensiles d'église.

Cet état, après avoir été, article par article, examiné par le bureau, sera porté en bloc sous la désignation de *dépenses intérieures*, dans le projet du budget général : le détail de ces dépenses sera annexé audit projet.

53. Si le trésorier n'a pas dans ses mains la somme fixée à chaque trimestre, par le bureau, pour la dépense courante, ce qui manquera sera extrait de la caisse, comme aussi ce qu'il se trouverait avoir d'excédant sera versé dans cette caisse.

L'emploi des fonds excédant les dépenses, celui du montant des legs et des donations, et le remploi des capitaux remboursés, ainsi que toutes les dépenses extraordinaires au-delà de cinquante francs, dans les paroisses au-dessous de mille âmes, et de cent francs dans les paroisses d'une plus grande population, doivent être délibérés par le conseil de fabrique (art. 12 du décret du 30 décembre 1809). Le mandat doit, en conséquence, être appuyé d'une expédition de cette délibération, indépendamment des pièces justificatives de la dépense.

Le remploi des capitaux de rentes doit, au surplus, être fait en acquisitions de rentes sur l'état, cinq ou trois pour cent consolidés. Il en est de même des sommes provenant de dons et legs, à moins qu'il n'en soit autrement ordonné par l'autorité supérieure.

Les tribunaux ne peuvent s'immiscer dans le paiement des dépenses relatives au culte, suivant que le conseil-d'état l'a décidé le 22 juin 1811. Ils excèdent leurs pouvoirs s'ils veulent régler le mode de paiement des dettes d'une fabrique, qui ne peuvent être acquittées que sur les fonds assignés à cet effet par l'autorité supérieure; c'est ce qui résultait d'un autre avis du conseil, du 24 juin 1808.

Desservants. (*Voyez* Curés et Desservants.)

Destitution des fabriciens.

L'évêque et le préfet procèdent à l'organisation primitive des conseils de fabriques; mais ils ne peuvent les renouveler que dans le cas 1° où les membres seraient réduits, par décès, démission ou changement de domicile, à un nombre inférieur à celui exigé pour délibérer, parce qu'alors les membres restant ne seraient pas aptes à en élire d'autres;

2° Dans celui où le renouvellement n'aurait pas été régulièrement fait aux époques prescrites.

L'ordonnance du 12 janvier 1825, s'explique ainsi, sous ce dernier rapport :

Art. 1er. Dans toutes les paroisses, ayant le titre de cure, succursale ou chapelle vicariale, dans lesquelles le conseil de fabrique n'a pas été régulièrement renouvelé, ainsi que le prescrivent les articles 7 et 8 du décret du 30 décembre 1809, il sera immédiatement procédé à une nouvelle nomination des fabriciens, de la manière voulue par l'article 6 du même décret.

Il est aussi de règle que les fabriciens ne puissent être destitués ni par le préfet, ni par l'évêque. Ces autorités ont bien le droit d'*instituer*; mais au ministre des affaires ecclésiastiques et de l'instruction publique seul, appartient celui de *révoquer* un fabricien, et, le cas échéant, le préfet et l'évêque auraient à se concerter pour les propositions à faire à Son Excellence, en les appuyant de motifs et de pièces justificatives, autant que possible.

Le cas est, en effet, semblable à celui où il s'agirait de la destitution d'un membre de l'administration municipale d'une commune au-dessous de 5000 âmes.

Le décret du 30 décembre 1809 ne s'expliquait point à cet égard; mais l'article 5 de l'ordonnance du 12 janvier remplit cette lacune, il porte:

Sur la demande des évêques et l'avis des préfets, notre ministre secrétaire-d'état au département des affaires ecclésiastiques et de l'instruction publique, pourra révoquer un conseil de fabrique, pour défaut de présentation de budget ou de reddition de comptes, lorsque ce conseil, requis de remplir ce devoir, aura refusé ou négligé de le faire, ou par toute autre cause grave.

Il sera, dans ce cas, pourvu à une nouvelle formation de ce conseil de la manière prescrite par l'article 6 du décret du 30 décembre 1809.

Destruction de Monuments, de Statues, etc.

(*Voyez* Monuments.)

Dettes.

Un trésorier ne peut prendre sur lui d'acquitter une dette ancienne; il faut, pour l'acquittement de toute espèce de dépense, qu'il y ait été régulièrement autorisé. Le paiement des dettes est réglé par l'autorité administrative, et ne peut être du ressort des tribunaux. (Avis du conseil-d'état du 24 juin 1808.)

Les biens des fabriques ont été rendus libres de toute espèce de charges, et un décret du 11 mai 1807 a déclaré que les créanciers des anciennes fabriques des paroisses et chapitres, compris dans la loi du 13 brumaire an 2 (1), ne peuvent exercer de poursuites contre les nouvelles fabriques et chapitres, sauf auxdits créanciers à suivre, s'il y a lieu, à la liquidation générale de la dette publique, la réclamation de leurs droits.

---

(1) Cette décision est entièrement conforme aux dispositions de l'art. 4 de la loi du 13 brumaire an 2, conçu en ces termes:

« Toutes les créances dues par les fabriques font partie de la dette nationale; les créanciers seront tenus de présenter leurs titres au liquidateur général de la liquidation d'ici au 1er germinal,... faute par eux de les remettre dans le délai fixé, ils sont dès-à-présent, déchus de toutes répétitions envers la république. »

Les fabriques tiennent leurs biens de la libéralité du gouvernement, et à titre nouveau. De-là il suit que les créances que l'on avait à exercer sur les biens, lorsqu'ils sont devenus nationaux, ont dû être acquittées par le domaine. C'est ce qui a été décidé par l'avis du conseil-d'état, du 30 novembre 1810, approuvé et converti en décret le 9 décembre suivant; mais les fabriques actuelles peuvent toujours réclamer les sommes dues aux anciennes fabriques, quand le gouvernement ne les a pas fait acquitter. (*Voyez* Créances des fabriques.)

La loi a assimilé les biens des fabriques à ceux des communes pour le mode d'administration; cependant les dettes des fabriques sont tout-à-fait distinctes des dettes communales, et les tribunaux sont compétents pour juger si, dans le fait, des administrateurs de fabriques se sont obligés comme particuliers, en leurs propres et privés noms, et quels doivent être les effets de cet engagement. Le conseil-d'état a rendu à ce sujet, le 11 décembre 1808, une décision qui annullait un arrêté de conflit pris par un préfet, et basé sur ce que, d'une part, les lois assimilent les biens des fabriques à ceux des communes, et que, par conséquent, la dette devait être liquidée, et de ce que, d'autre part, la dette avait été contractée au profit de l'établissement par les administrateurs, en leur qualité.

DEVIS ESTIMATIF. (*Voyez* Réparations, Construction, Travaux.)

Aucuns travaux, même des réparations de simple entretien, ne peuvent être entrepris, lorsqu'ils excèdent cent francs dans les communes au-dessous de mille âmes, et de deux cents francs dans les autres, sans un devis approuvé par le préfet, le conseil de la fabrique ayant préalablement délibéré, et sans qu'il ne soit procédé à l'adjudication, à moins que le préfet n'en ordonne autrement.

Le devis est double, dont l'un sur papier timbré. Il doit être rédigé par un architecte ou par un homme ayant les connaissances suffisantes. Il est appuyé de plans, coupes, élévations et profils, toutes les fois qu'il s'agit de travaux de quelqu'importance. On y joint également un cahier des charges des travaux et de l'adjudication qui doit en être passée, sur soumission cachetée ou au rabais, à l'extinction des feux. (*Voyez* Cahier des charges.)

Le devis doit être divisé en quatre chapitres contenant,

Le 1er, un exposé raisonné de la nécessité et de l'objet des travaux ;

Le 2e, une description des ouvrages en dimensions, qualité des matériaux et confections par espèce de travail ou d'arts ;

Le 3e, les dimensions et échantillons, et le détail

estimatif des ouvrages, d'après chaque espèce de travail ;

Le 4e, les conditions particulières, les délais pour l'exécution des travaux et un dernier article qui renvoie aux clauses générales du cahier des charges.

Les *sous-détails* ne doivent point être compris au devis; il est mieux de les fournir séparément sur des feuilles indiquant, 1° la quantité de chaque matière à employer par unité de mesure de chaque espèce d'ouvrage et le prix à l'extraction, avec l'accroissement auquel les différents transports à pied-d'œuvre donne lieu ; 3° le détail de la main-d'œuvre; 4° les faux-frais dans les travaux pour fournitures, usures d'agrès, outils, échafaudage, etc.

Le tout est additionné, et il y est ajouté un dixième pour bénéfice.

Diligences.

Les diligences à faire par un trésorier pour le recouvrement des revenus de la fabrique, consistent dans une sommation de paiement, après avoir averti les débiteurs. Il poursuit la saisie, les arrêts de deniers, la vente, et s'arrête aussitôt qu'il y a opposition. Il est alors obligé d'intenter action, et il ne peut citer, même devant le juge de paix, sans une autorisation du conseil de préfecture. Cependant, l'art. 78 du décret du 30 décembre 1809 l'autorise à faire tous actes conservatoires pour le maintien des droits de la fabrique. Or, s'il s'agit d'un empiétement, d'une usurpation sur les propriétés de la fabrique, le trésorier doit faire faire provisoirement les diligences conservatoires. Au nombre de ces diligences sont nécessairement comprises les oppositions ou saisies-arrêts dont parle l'art. 363 du Code de procédure civile, car l'art. 365 fixe, sous peine de nullité, des délais qui peuvent ne pas toujours permettre au trésorier d'obtenir préalablement une autorisation; mais s'il arrivait qu'au moment où l'affaire serait appelée, la fabrique n'eût pas encore été autorisée, le tribunal ajournerait la cause.

Les diligences sont faites à la requête du trésorier, au nom de la fabrique.

Les significations faites aux établissements publics sont nulles, si elles ne sont portées en leurs bureaux (art. 69, nos 3 et 5 du Code de procédure civile), et si l'original n'est visé par le préposé, et, à son refus, par le procureur du Roi (art. 1039). *Voyez* Plaidoieries.

DIMANCHES. *Voyez* Célébration des Dimanches et Fêtes.

DOMAINES.

Une loi du 2 novembre 1789 déclara nationaux tous les biens ecclésiastiques, à charge par le gouvernement de pourvoir d'une manière convenable aux frais du culte, à l'entretien de ses ministres, et au soulagement des pauvres. Les biens d'église furent mis en vente comme faisant partie du domaine. Cette aliénation a été approuvée par l'article 13 du concordat. A cette époque, il existait encore des biens non-vendus, tels que des presbytères et les jardins y attenant. La restitution en fut faite aux fabriques par l'art. 72 de la loi du 8 avril 1802. Cette loi porte que la remise est faite aux curés et aux desservants; mais on doit entendre qu'elle a eu lieu en faveur des fabriques, à charge par elles de les consacrer au logement des ministres de la religion.

Un arrêté du gouvernement, du 26 juillet 1803, a restitué en outre tous les biens non encore aliénés; un décret du 17 juillet 1805 déclare propriété des fabriques les biens et rentes non-aliénés ayant appartenu aux anciennes confréries.

Les décrets des 30 mai et 31 juillet 1806 ont fortifié et étendu ces remises.

Celui du 17 mars 1809 a rendu les églises et presbytères rentrés sous la main du domaine, par suite de déchéance. Un autre, du 18 novembre 1810, a appliqué les dispositions des décrets précédents aux maisons vicariales. Enfin, une ordonnance du Roi du 28 mars 1820, a accordé aux fabriques des églises rétablies depuis l'organisation ecclésiastique, l'autorisation de se faire mettre en possession de tous leurs biens non-aliénés.

En se reportant au titre *Biens* on verra, par la copie littérale des lois, décrets et ordonnances ci-dessus rappelés, que les biens des églises supprimées, en quelque lieu qu'ils soient, appartiennent aux fabriques des églises auxquelles la réunion a été faite.

Il faut encore remarquer ici que les biens que possèdent les fabriques, par suite de ces restitutions, leur viennent de la générosité du gouvernement, à titre nouveau et exempts de charges. (Avis du conseil-d'état, approuvé le 9 décembre 1810.)

Les cessions faites aux fabriques, de biens vendus avant le 7 thermidor an 11, avec l'accomplissement des formalités prescrites par les lois, lors même que ces cessions auraient été faites à titre onéreux, sont nulles, si l'identité des objets et la validité de la vente sont bien constatées.

Lorsqu'une rente a été transférée depuis l'arrêté du 7 thermidor an 11, le transfert est nul. (Avis du conseil-d'état, du 28 novembre 1809.)

Les fabriques ne peuvent prétendre à la propriété des biens formant la dotation d'un bénéfice simple dont le titulaire seul touchait les revenus et passait les baux en son nom ; ces sortes de biens sont la propriété du domaine. (Avis du 12 février 1814.)

Si le domaine a quelques doutes sur la nature des rentes dont une fabrique se serait mise en possession, et s'il veut savoir s'il ne s'en trouve point qui soient dans le cas prévu par l'avis du conseil-d'état, du 25 janvier 1807, c'est-à-dire qui appartiennent au domaine public, le préfet peut imposer aux administrateurs l'obligation d'en produire l'état. (Avis du 29 décembre 1810. *Voyez* Biens et Rentes.)

DONS ET LEGS:

L'art. 1er de la loi du 2 janvier 1817 a confirmé les dispositions antérieures relatives au droit qu'ont les établissements ecclésiastiques d'accepter des libéralités. Il est conçu en ces termes :

Tout établissement ecclésiastique reconnu par la loi pourra accepter, avec l'autorisation du Roi, tous les biens-meubles, immeubles, ou rentes, qui lui seront donnés par acte entre-vifs ou par acte de dernière volonté.

Avant d'indiquer les formalités à remplir pour obtenir cette autorisation, il convient de citer les dispositions du Code civil, relatives aux libéralités dont il s'agit.

Art. 910. Les dispositions entre-vifs ou par testament au profit.... d'établissement d'utilité publique, n'auront leur effet qu'autant qu'elles seront autorisées par le Roi.

931. Tous actes portant donation entre-vifs seront passés devant notaires, dans la forme ordinaire des contrats, et il en restera minute, *sous peine de nullité*.

932. La donation entre-vifs n'engagera le donateur, et ne produira aucun effet que du jour qu'elle aura été acceptée en termes exprès. L'acceptation pourra être faite du vivant du donateur, par un acte postérieur et authentique, dont il restera minute ; mais alors la donation n'aura d'effet, à l'égard du donateur, que du jour où l'acte qui contiendra cette acceptation lui aura été *notifié*.

910. La transcription (au bureau des hypothèques pour les biens susceptibles d'hypothèques), sera faite à la diligence des.... administrateurs.

On citera aussi les dispositions du décret du 30 décembre 1809.

Art. 58. Tout notaire devant lequel il aura été passé un acte contenant donation entre-vifs, ou une disposition testamentaire au profit d'une fabrique, sera tenu d'en donner avis au curé ou desservant.

59. Tout acte contenant des dons ou legs à une fabrique, sera remis au trésorier, qui en fera son rapport à la prochaine séance du bureau.

81. Les dons et legs ne supporteront que le droit fixe d'un franc (d'enregistrement).

Une semblable faveur avait été précédemment accordée aux pauvres et aux hôpitaux, par la loi du 28 janvier 1804 (7 pluviôse an 12). Elle règle ces actes au droit fixe d'un franc pour l'enregistrement, et à celui d'un franc pour la transcription, sans préjudice des droits dévolus au conservateur.

Il n'y a pas, relativement au droit de transcription, de disposition expresse pour les établissements ecclésiastiques; mais il est évident que l'on a eu l'intention de les traiter aussi favorablement, sous tous les rapports, que les bureaux de charité.

Il est à remarquer, au surplus, qu'outre les droits dus au conservateur, il y a encore à payer le prix du papier timbré employé à la transcription.

Dès qu'un acte de libéralité est connu, le trésorier

doit se le procurer et aviser aux moyens de le soumettre, sans délai, à la délibération du conseil de fabrique. Cette célérité est nécessaire pour les donations entre-vifs, parce que l'acceptation devant être faite du vivant du donateur, et lui être notifiée, la donation serait nulle, si le donateur venait à mourir avant d'avoir reçu cette notification.

Un testament est *olographe* ou fait par *acte notarié*, ou dans la *forme mystique*; mais une donation est nulle, si elle n'est notariée, et s'il n'en reste minute. (Art. 931 du Code civil.)

L'un et l'autre de ces actes se font sans l'intervention du donataire ou du légataire; un administrateur de fabrique ne peut sister à la donation; elle doit toujours être acceptée par acte postérieur, notifié comme il est dit ci-dessus.

Les pièces à produire au ministre des affaires ecclésiastiques, pour mettre Son Exc. à portée de solliciter une ordonnance royale d'autorisation, sont :

Pour les legs,

1° Le testament : on peut se borner à en faire faire deux expéditions sur papier libre : le préfet les certifie conformes à l'original, les transmet au ministre et renvoie l'original à l'établissement légataire ; cette marche a l'avantage d'éviter les frais d'une nouvelle grosse exécutoire ;

2° L'acte de décès du testateur ;

3° Le procès-verbal de l'évaluation de l'objet légué, si elle n'est pas exprimée dans l'acte ;

4° La délibération du conseil de fabrique contenant acceptation provisoire;

5° L'avis du supérieur diocésain, s'il y a charge de services religieux;

6° Des renseignements sur la position des héritiers, et l'assurance qu'ils ne sont pas dans l'intention de réclamer.

Au cas contraire, il faudrait, s'il y avait lieu, joindre le mémoire en faisant connaître le nombre des réclamants, leur filiation et degré de parenté avec le testateur, le montant total de la succession, y compris les legs, et la part que chacun d'eux y aurait eue.

7° L'avis du sous-préfet de l'arrondissement;

8° Enfin, celui du préfet.

Pour les donations entre-vifs,

1° L'acte de donation passé devant notaire;

2° Un état estimatif de l'objet donné, si cette évaluation n'est pas faite dans l'acte;

3° Le certificat de vie du donateur, lequel peut être rédigé par le maire du lieu;

4° La délibération du conseil de la fabrique, portant acceptation provisoire, s'il y a lieu;

5° L'avis de l'évêque, s'il s'agit de services religieux;

6° L'avis du sous-préfet de l'arrondissement;

7° Celui du préfet dans lequel il a à faire connaître si la libéralité n'est le fruit d'aucune suggestion ou de quelque circonstance qui s'oppose à son acceptation.

Une ordonnance du 2 avril 1817, qui fait connaître par qui les libéralités doivent être acceptées, renferme diverses dispositions réglementaires qui sont ainsi conçues:

Art. 1er. Conformément à l'art. 910 du Code civil et à la loi du 2 janvier 1817, les dispositions entre-vifs, ou par testament des biens-meubles et immeubles, au profit des églises, des archevêchés et évêchés, des chapitres, des grands et petits séminaires, des cures et des succursales, des fabriques, des pauvres, des hospices, des colléges, des communes, et en général de tout établissement d'utilité publique et de toute association religieuse reconnus par la loi, le conseil-d'état entendu, et sur l'avis préalable de nos préfets et de nos évêques, suivant les divers cas.

L'acceptation des dons ou legs en argent ou objets mobiliers n'excédant pas trois cents francs, sera autorisée par les préfets.

2. L'autorisation ne sera accordée qu'après l'approbation provisoire de l'évêque diocésain, s'il y a charge de services religieux.

3. L'acceptation desdits legs ou dons, ainsi autorisée, sera faite, savoir :

Par les évêques, lorsque les dons ou legs auront pour objet leur évêché, leur cathédrale ou leurs séminaires;

Par les doyens des chapitres, si les dispositions sont faites au profit des chapitres ;

Par le curé ou desservant, lorsqu'il s'agira de legs ou dons faits à la cure ou succursale, ou pour la subsistance des ecclésiastiques employés à la desservir ;

Par les trésoriers des fabriques, lorsque les donateurs ou testateurs auront disposé en faveur des fabriques ou pour l'entretien des églises et le service divin (1);

---

(1) Les libéralités en faveur d'annexes et d'églises sans titre sont acceptées par le trésorier de la fabrique paroissiale, à charge de leur donner la destination indiquée par le donateur ou testateur.

Par le supérieur des associations religieuses, lorsqu'il s'agira de libéralités faites au profit de ces associations; par les consistoires, lorsqu'il s'agira de legs faits pour la dotation des pasteurs ou pour l'entretien des temples;

Par les administrateurs des hospices, bureaux de charité et de bienfaisance, lorsqu'il s'agira de libéralités en faveur des hôpitaux et autres établissements de bienfaisance;

Par les administrateurs des colléges, quand les dons ou legs auront pour objet les colléges, ou des fondations de bourses pour les étudiants, ou de chaires nouvelles;

Par les maires des communes, lorsque les dons ou legs seront faits au profit de la généralité des habitants, ou pour le soulagement et l'instruction des pauvres de la commune;

Et enfin, par tous les administrateurs de tous les autres établissements d'utilité publique, légalement constitués, pour tout ce qui sera donné ou légué à ces établissements;

4. Les ordonnances et arrêtés d'autorisation détermineront, pour le plus grand bien des établissements, l'emploi des sommes données, et prescriront la conservation ou la vente des effets mobiliers, lorsque le testateur ou le donateur auront omis d'y pourvoir.

5. Tout notaire dépositaire d'un testament contenant un legs au profit de l'un des établissements ou titulaires mentionnés ci-dessus, sera tenu de leur en donner avis lors de l'ouverture ou publication du testament.

En attendant l'acceptation, les chefs de l'établissement, ou le titulaire, feront tous les actes conservatoires qui seront jugés nécessaires.

6. Ne sont point assujétis à la nécessité de l'autorisation, les acquisitions et emplois en rentes constituées sur l'état ou les villes, que les établissements ci-dessus désignés pourront acquérir dans les formes de leurs actes ordinaires d'administration.

Les rentes, ainsi acquises, seront immobilisées et ne pourront être aliénées sans autorisation.

7. L'autorisation pour l'acceptation ne fera aucun obstacle à ce que les tiers intéressés se pourvoient, par les voies de droit, contre les dispositions dont l'acceptation aura été autorisée.

DOTATION *des Cures et Succursales.*

Il n'existe plus de biens du clergé proprement dits, le gouvernement n'a restitué que ceux provenant des fabriques, et ce qui était nécessaire pour l'exercice de la religion, tels que les presbytères et les églises. Tous les traitements ecclésiastiques ont été fixés en numéraire et sont à la charge du trésor royal; cependant, par exception à l'art. 74 de la loi du 8 avril 1802, plusieurs cures et succursales ont été dotées en biens-fonds, soit pour les traitements entiers des titulaires, soit pour une portion seulement, sauf, dans ce dernier cas, le paiement du complément sur les fonds du trésor royal.

Le décret du 6 novembre 1813 renferme, sur la conservation et l'administration de ces biens, les dispositions suivantes :

Art. 1er. Dans toutes les paroisses dont les curés ou desservants possèdent à ce titre des biens-fonds ou des rentes (1), la fabrique établie près chaque paroisse est chargée de veiller à la conservation desdits biens.

2. Seront déposés dans une caisse ou armoire à trois clefs de la fabrique, tous papiers, titres ou documents concernant ces biens.

3. Seront aussi déposés, dans cette caisse ou armoire, les comptes, les registres, les sommiers et les inventaires.

4. Nulle pièce ne pourra être retirée de ce dépôt que sur un avis motivé, signé par le titulaire.

5. Il sera procédé aux inventaires des titres, registres et papiers, à leurs récolements, et à la formation d'un registre-sommier, conformément aux art. 55 et 56 du réglement du 30 décembre 1809.

6. Les titulaires exercent les droits d'usufruit : ils en supportent les charges, le tout ainsi qu'il est établi au Code civil, et conformément aux explications et modifications ci-après.

7. Le procès-verbal de leur prise de possession, dressé par le juge de paix, portera la promesse, par eux souscrite, de jouir des biens en bons pères de famille, de les entretenir avec soin, et de s'opposer à toute usurpation ou détérioration.

8. Sont défendus aux titulaires, et déclarés nuls, toutes aliénations, échanges, stipulations d'hypothèques, concessions de servitudes, et en général toutes

(1) Du nombre de ces biens ou rentes sont ceux provenant des dons et legs faits par les fidèles, soit au moment de l'érection des cures ou succursales, et dont le produit sert, en tout ou en partie, à former le traitement des curés ou desservants, soit depuis ledit établissement.

dispositions opérant un changement dans la nature desdits biens, ou une diminution dans leurs produits, à moins que ces actes ne soient par nous autorisés dans la forme accoutumée.

9. Les titulaires ne pourront faire des baux excédant neuf ans, que par forme d'adjudication aux enchères, après que l'utilité en aura été déclarée par deux experts, qui visiteront les lieux et feront leur rapport: ces experts seront nommés par le sous-préfet.... Ces baux ne continueront, à l'égard des successeurs des titulaires, que de la manière prescrite par l'art. 1429 du Code civil.

10. Il est défendu de stipuler des pots-de-vin pour les baux des biens ecclésiastiques. Le successeur d'un titulaire qui aura pris un pot-de-vin, aura la faculté de demander l'annulation du bail, à compter de son entrée en jouissance, ou d'exercer son recours en indemnité, soit contre les héritiers ou représentants du titulaire, soit contre le fermier.

11. Les remboursements des capitaux faisant partie des dotations du clergé seront faits conformément à notre décret du 16 juillet 1810, et à l'avis du conseil-d'état du 21 décembre 1808.... Les capitaux.... seront versés dans la caisse de la fabrique par le débiteur, qui ne sera libéré qu'au moyen de la décharge signée par les trois dépositaires des clefs.

12. Les titulaires ayant des bois-taillis dans leur dotation, en jouiront conformément à l'art. 590 du Code civil, si ce sont des bois-taillis. Quant aux arbres-futaies réunis en bois ou épars, ils devront se conformer à ce qui est ordonné pour les bois des communes.

13. Les titulaires seront tenus de toutes les répara-

tions de tous les biens dont ils jouissent, sauf, à l'égard des presbytères, la disposition ci-après, art. 21. S'il s'agit de grosses réparations, et qu'il y ait dans la caisse à trois clefs des fonds provenant de la cure, ils y seront employés. S'il n'y a point de fonds dans cette caisse, le titulaire sera tenu de les fournir jusqu'à concurrence du tiers du revenu foncier de la cure, indépendamment des autres réparations dont il est chargé. Quant à l'excédant du tiers du revenu, le titulaire pourra être par nous autorisé, en la forme accoutumée, soit à un emprunt avec hypothèque, soit même à l'aliénation d'une partie des biens. Le décret d'autorisation d'emprunt fixera les époques de remboursement à faire sur les revenus, de manière qu'il en reste toujours les deux tiers aux curés. En tout cas, il sera suppléé par le trésor.... (royal) à ce qui manquerait, pour que le revenu restant au curé égale le taux ordinaire des congrues.

14. Les poursuites à fin de recouvrement des revenus seront faites par les titulaires, à leurs frais et risques. Ils ne pourront néanmoins, soit plaider en demandant ou en défendant, soit même se désister, lorsqu'il s'agira des droits fonciers de la cure, sans l'autorisation du conseil de préfecture auquel sera envoyé l'avis du conseil de la fabrique.

15. Les frais des procès seront à la charge des curés, de la même manière que les dépenses pour réparations.

16. En cas de décès du titulaire d'une cure, le juge de paix sera tenu d'apposer le scellé d'office, sans rétribution pour lui et son greffier, ni autre frais, si ce n'est le seul remboursement du papier timbré.

17. Les scellés seront levés, soit à la requête des

héritiers, en présence du trésorier de la fabrique, soit à la requête du trésorier de la fabrique, en y appelant les héritiers.

18. Il sera procédé, par le juge de paix, en présence des héritiers et du trésorier au récolement du précédent inventaire, contenant l'état de la partie du mobilier et des ustensiles dépendant de la cure, ainsi que des titres et papiers la concernant.

19. Expédition de l'acte de récolement sera délivrée au trésorier par le juge de paix, avec la remise des titres et papiers dépendant de la cure.

20. Il sera aussi fait, à chaque mutation de titulaire, par le trésorier de la fabrique, un récolement de l'inventaire des titres, et de tous les instruments aratoires, de tous les ustensiles ou meubles d'attache, soit pour l'habitation, soit pour l'exploitation des biens.

21. Le trésorier de la fabrique poursuivra les héritiers, pour qu'ils mettent les biens de la cure dans l'état de réparations où ils doivent les rendre. Les curés ne sont tenus, à l'égard du presbytère, qu'aux réparations locatives, les autres étant à la charge de la commune (1).

22. Dans le cas où le trésorier aurait négligé d'exercer ses poursuites à l'époque où le nouveau titulaire entrera en possession, celui-ci sera tenu d'agir lui-même contre les héritiers, ou de faire une sommation au tré-

---

(1) Le recours à la commune n'a lieu qu'en cas d'insuffisance des ressources de la fabrique. Du moins on ne pense pas que cette disposition ait pour but de rapporter l'article 43 du décret du 30 décembre 1809. L'on doit remarquer aussi que le curé ou ses héritiers ne sont pas affranchis des dégradations mentionnées en l'art. 44 du même décret.

sorier de la fabrique de remplir à cet égard ses obligations. Cette sommation devra être dénoncée par le titulaire au procureur.... (du Roi), afin que celui-ci contraigne le trésorier de la fabrique d'agir, ou que lui-même il fasse d'office les poursuites, aux risques et périls du trésorier, et subsidiairement aux risques des paroissiens.

23. Les archevêques et évêques s'informeront, dans le cours de leurs visites, non-seulement de l'état de l'église et du presbytère, mais encore de celui des biens de la cure, afin de rendre au besoin des ordonnances à l'effet de poursuivre, soit le précédent titulaire, soit le nouveau. Une expédition de l'ordonnance restera aux mains du trésorier pour l'exécuter, et une autre expédition sera adressée au procureur.... (du Roi), à l'effet de contraindre, en cas de besoin, le trésorier par les moyens ci-dessus.

24. Dans tous les cas de vacance d'une cure, les revenus de l'année courante appartiendront à l'ancien titulaire ou à ses héritiers, jusqu'au jour de l'ouverture de la vacance, et au nouveau titulaire depuis le jour de sa nomination. Les revenus qui auront eu cours du jour de l'ouverture de la vacance, jusqu'au jour de la nomination, seront mis en réserve dans la caisse à trois clefs, pour subvenir aux grosses réparations qui surviendront dans les bâtiments appartenant à la dotation, conformément à l'art. 13.

25. Le produit des revenus pendant l'année de la vacance sera constaté par les comptes que rendront le trésorier pour le temps de la vacance, et le nouveau titulaire pour le reste de l'année : ces comptes porteront ce qui aurait été reçu par le précédent titulaire pour la

même année, sauf reprise contre la succession, s'il y a lieu.

26. Les contestations sur les comptes ou répartition de revenus dans les cas indiqués aux articles précédents seront décidées par le conseil de préfecture.

27. Dans le cas où il y aurait lieu à remplacer provisoirement un curé ou desservant qui se trouverait éloigné du service ou par suspension, pour peine canonique, ou par maladie, ou par voie de police, il sera pourvu à l'indemnité du remplaçant provisoire, conformément au décret du 17 novembre 1811 (1). Cette disposition s'appliquera aux cures ou succursales dont le traitement est en tout ou en partie payé par le trésor.... (royal).

28. Pendant le temps que, pour les causes ci-dessus, le curé ou desservant sera éloigné de la paroisse, le trésorier de la fabrique remplira, à l'égard des biens, les fonctions qui sont attribuées au titulaire par les articles 6 et 13 ci-dessus.

Dotation des Évêchés.

Le même décret du 6 novembre 1813 règle comment la *Mense* épiscopale est administrée; voici les dispositions qui concernent cette administration :

Art. 29. Les archevêques et évêques auront l'administration des biens de leur mense, ainsi qu'il est expliqué aux articles 6 et suivant de notre présent décret (2).

---

(1) *Voyez* Absence.

(2) *Voyez* ci-devant, page 204.

30. Les papiers, titres, documents concernant les biens de ces menses, les comptes, les registres, les sommiers, seront déposés aux archives du secrétariat de l'archevêché ou évêché.

31. Il sera dressé, si fait n'a été, un inventaire des titres et papiers, et il sera formé un registre-sommier, conformément à l'art. 56 du règlement des fabriques.

32. Les archives de la mense seront renfermées dans des caisses ou armoires, dont aucune pièce ne pourra être retirée qu'en vertu d'un ordre souscrit par l'archevêque ou évêque, sur le registre-sommier, et au pied duquel sera le récépissé du secrétaire. Lorsque la pièce sera rétablie dans le dépôt, l'archevêque ou l'évêque mettra la décharge en marge du récépissé.

33. Le droit de régal continuera d'être exercé dans l'empire, ainsi qu'il l'a été de tout temps par les souverains nos prédécesseurs.

34. Au décès de chaque archevêque ou évêque, il sera nommé, par notre ministre des cultes, un commissaire pour l'administration des biens de la mense épiscopale pendant la vacance.

35. Ce commissaire prêtera, devant le tribunal de première instance, le serment de remplir cette commission avec zèle et fidélité.

36. Il tiendra deux registres, dont l'un sera le livre-journal de sa recette et de sa dépense; dans l'autre il inscrira de suite, et à leur date, une copie des actes de sa gestion, passés par lui ou à sa requête. Ces registres seront cotés et paraphés par le président du même tribunal.

37. Le juge de paix de la résidence d'un archevêque

ou évêque fera d'office, aussitôt qu'il aura connaissance de son décès, l'apposition des scellés dans le palais ou autres maisons qu'il occupait.

38. Dans ce cas, et dans celui où le scellé aurait été apposé à la requête des héritiers, des exécuteurs testamentaires, ou des créanciers, le commissaire à la vacance y mettra son opposition, afin de conservation des droits de la mense, et notamment pour sûreté des réparations à la charge de la succession.

39. Les scellés seront levés, et les inventaires faits à la requête du commissaire, les héritiers présents ou appelés, ou à la requête des héritiers en présence du commissaire.

40. Incontinent après sa nomination, le commissaire sera tenu de le dénoncer aux receveurs, fermiers ou débiteurs, qui seront tenus de verser dans ses mains tous deniers, denrées, ou autres choses provenant de la mense, à la charge d'en tenir compte à qui il appartiendra.

41. Le commissaire sera tenu, pendant sa gestion, d'acquitter toutes les charges ordinaires de la mense : il ne pourra renouveller les baux, ni couper aucun arbre-futaie en masse de bois ou épars, ni entreprendre au-delà des coupes ordinaires des bois-taillis, et de ce qui en est la suite. Il ne pourra déplacer les titres, papiers et documents que sous son récépissé.

42. Il fera incontinent après la levée des scellés, visiter, en présence des héritiers ou eux appelés, les palais, maisons, fermes et bâtiments dépendant de la mense, par deux experts que nommera d'office le président du tribunal.

Ces experts feront mention, dans leur rapport, du temps auquel ils estimeront que doivent se rapporter les reconstructions à faire ou les dégradations qui y auront donné lieu ; ils feront les devis et estimations des réparations et reconstructions.

43. Les héritiers seront tenus de remettre, dans les six mois après la visite, les biens en bonne et suffisante réparation ; sinon, les réparations seront adjugées au rabais, au compte des héritiers, à la diligence du commissaire.

44. Les réparations dont l'urgence se ferait sentir pendant sa gestion, seront faites par lui, sur les revenus de la mense, par voie d'adjudication au rabais, si elles excèdent 300 francs.

45. Le commissaire régira depuis le jour du décès jusqu'au temps où le successeur.... se sera mis en possession. Les revenus de la mense sont au profit du successeur, à compter du jour de sa nomination.

46. Il sera dressé procès-verbal de la prise de possession par le juge de paix : ce procès-verbal constatera la remise de tous les effets mobiliers, ainsi que de tous titres, papiers et documents concernant la mense, et que les registres du commissaire ont été arrêtés par ledit juge de paix ; ces registres seront déposés avec les titres de la mense.

47. Les poursuites contre les comptables, soit pour rendre les comptes, soit pour faire statuer sur les objets de contestation, seront faites devant les tribunaux compétents, par la personne que le ministre aura commise pour recevoir les comptes.

48. La rétribution du commissaire sera réglée par le ministre des cultes ; elle ne pourra excéder cinq

centimes pour franc des revenus, et trois centimes pour franc du prix du mobilier dépendant de la succession en cas de vacance, sans pouvoir rien exiger pour les frais de voyage auxquels il sera tenu tant que cette gestion le comportera.

DOTATION DES FABRIQUES.

On entend par dotation les revenus fixes d'un établissement. Les conseils de fabriques doivent employer tous leurs soins pour accroître celle qu'ils ont à administrer. Elle ne doit être réduite que dans des cas extrêmement rares, et jamais sans que les conseils municipaux aient été entendus, par la raison que les communes sont obligées de venir au secours des fabriques en cas d'insuffisance de leurs ressources, et que dès-lors elles sont intéressées à la conservation de ces mêmes ressources. L'emploi de capitaux de rentes, par exemple, à des réparations, à des travaux, ou à des achats d'objets mobiliers, ne peut jamais être autorisé.

DROITS *des Curés et des Fabriques.* (Voyez *Inhumations, Services religieux.*)

EAUX ET FORÊTS.

L'administration des eaux et forêts a, dans ses attributions, la garde, la surveillance et l'administration des bois des communes et des établissements publics. Au nombre des bois se trouvent les arbres épars, par la raison que le décret du 19 ventôse an 10 n'établit aucune distinction entre ces arbres et les bois en massif.

Il en résulte que les communes et les établissements publics ne peuvent abattre un seul arbre, sans que les agents forestiers en aient fait la visite, la description et l'estimation ; que le conservateur ait donné son avis, et que l'autorisation n'ait été donnée par le ministre des finances, sur la demande du préfet et la proposition de l'administration des forêts. (*Voyez* Arbres, Bois.)

ECHANGES.

Ils sont soumis aux mêmes règles que les acquisitions et les ventes. (*Voyez* ces deux titres.) Une loi du 21 mai 1795 (2 prairial an 3), a ordonné qu'ils ne pourraient avoir lieu qu'en vertu d'une autorisation du gouvernement, ainsi que le portait l'édit d'août 1749, qui continue d'être en vigueur.

Il ne faudrait pas que l'on crût pouvoir échanger un immeuble contre une rente ; ce serait une véritable aliénation à rente : il vaudrait mieux alors louer par bail emphytéotique, ce serait agir en administration sage et prévoyante, parce qu'il est constant qu'on loue pour 99 ans une propriété pour une rente aussi forte que si on l'achetait, et l'établissement court la chance favorable d'une augmention dans le prix de l'immeuble, dont il profiterait lorsqu'il rentrerait en jouissance.

ÉCOLES.

Leur établissement et leur administration ne

regardent en rien les fabriques; mais le conseil-d'état a décidé, le 28 août 1810 (1), que les biens ayant appartenu aux anciennes confréries, et dont l'objet était l'instruction publique, ont été rendus aux fabriques, qui les possèdent, sauf aux marguilliers à faire l'emploi prescrit par les fondateurs. Le maire doit alors se pourvoir devant le préfet pour obtenir l'autorisation d'établir une école.

ÉCURIES. (*Voyez* Bâtiments ruraux.)

Si aucunes des dépendances des presbytères ne peuvent être distraites du logement du curé, sans que les formalités indiquées au titre *Bâtimens ruraux* n'aient été remplies, ces mesures sont encore bien plus rigoureuses à l'égard des écuries, notamment dans les paroisses étendues et populeuses, dont la desserte exige de la part du curé l'entretien d'un cheval. Il y avait avant la révolution des obligations très-positives à cet égard. (Lettre de M. Dormesson, intendant des finances, à MM. les commissaires départis, en date du 17 juillet 1749.)

ÉGLISES.

Il est expressément défendu de rien percevoir, pour l'entrée de l'église, ni de percevoir, dans l'église, plus que le prix des chaises, sous quelque prétexte que ce soit.

Il sera même (porte l'art. 65 du décret du 30 dé-

(1) *Voyez* cet avis au titre Confrérie.

cembre 1809) réservé dans toutes les églises une place où les fidèles, qui ne louent pas de chaises ni de bancs, puissent commodément assister au service divin, et entendre les instructions.

L'art. 73 du même décret est ainsi conçu :

Nul cénotaphe, nulles inscriptions, nuls monuments funèbres ou autres, de quelque genre que ce soit, ne pourront être placés dans les églises que sur la proposition de l'évêque diocésain et la permission du ministre des cultes.

Une circulaire ministérielle du 17 octobre 1810 a interdit l'entrée des églises aux enfants atteints de maladies contagieuses.

L'art. 1er du décret du 12 juin 1804 défend que des inhumations aient lieu dans les églises.

(*Voyez* Biens des fabriques, Domaines, et les autres Titres propres ; *voyez* aussi Police, Places.)

ÉGLISES SUPPRIMÉES.

La loi organique du 8 avril 1802 (18 germinal an 10) n'avait indiqué qu'une église par paroisse, et la législation postérieure a réuni aux biens des églises conservées par l'organisation ecclésiastique, les églises supprimées, situées dans l'étendue de la cure ou succursale, notamment les décrets des 30 mai 1806 et 17 mars 1809. Suivant l'art. 1er du décret du 30 mai, les églises supprimées peuvent être louées, échangées et aliénées au profit des églises conservées ; c'est-à-dire au profit des fabriques.

Lorsque ces temples sont encore existant et sont susceptibles de réparations, ils continuent d'être immeubles et ne peuvent être aliénés, échangés ou loués pour un terme plus long que neuf ans, qu'avec l'autorisation du Roi; mais s'ils sont dans un état de détérioration, tel qu'ils ne puissent plus être envisagés que comme un amas de ruines, alors ils sont considérés comme étant mobilisés, et l'autorisation du préfet suffit. Ce magistrat doit se tenir en garde, au surplus, contre les erreurs qu'on pourrait tenter de lui faire commettre à cette occasion, et employer les moyens nécessaires pour connaître le véritable état de l'édifice. Les ventes d'anciennes églises doivent être sollicitées et autorisées avec beaucoup de discrétion, notamment dans les communes de quelqu'importance; car il faut espérer que Sa Majesté continuera de créer de nouvelles succursales ou chapelles vicariales, et que beaucoup d'églises, qui sont aujourd'hui supprimées, recevront l'un de ces titres.

L'entretien des églises supprimées est, au surplus, une charge de la fabrique possesseur, et les communes où elles sont situées ne sont tenues à y pourvoir que dans le cas d'insuffisance des ressources de la fabrique, et ce dans la proportion de leurs contributions comparées avec celles que paie la paroisse entière. Enfin, le législateur, en accordant les églises supprimées aux fabriques des paroisses n'a pas dû penser qu'on abuserait de ce droit, en les laissant dépérir ou en les aliénant. Toutefois l'aliénation des églises, dans de petites communes, est souvent un moyen de parvenir à la réunion civile; mais il est bon avant tout de s'assurer que ces églises ne sont pas susceptibles de recevoir un titre légal.

ÉLECTIONS.

(*Voyez* Conseil de Fabrique, Marguilliers, Destitutions, Remplacement.)

ÉLOIGNEMENT. (*Voyez* Absence des Curés et Desservants.)

EMBELLISSEMENT DES ÉGLISES. (*Voyez* Décoration.)

EMPHYTÉOSE.

L'on désigne ainsi les baux au-dessus de neuf ans. Les biens des fabriques, comme tous ceux des communes, et des établissements publics, ne peuvent être donnés à bail à rente et à longues années, qu'avec l'autorisation du Roi. Les formalités à remplir sont indiquées au titre *Aliénations*. (*Voyez* Baux emphythéotiques.)

EMPLOI DE CAPITAUX. (*Voyez* Remboursement de capitaux, Remploi de capitaux.)

EMPLOYÉS DE L'ÉGLISE.

Ils sont nommés et révoqués par le bureau des marguilliers, sur la proposition du curé ou desservant (art. 33 du décret du 30 décembre 1809.)

Néanmoins, dans les communes rurales, les chantres, sonneurs et sacristains sont à la nomination du curé, desservant ou vicaire, qui a également le droit exclusif de les renvoyer. (Art. 7 de l'ordonnance du 12 janvier 1825.)

C'est le curé ou desservant qui agrée les prêtres habitués et leur assigne leurs fonctions, et qui désigne le sacristain-prêtre, le chantre-prêtre et les enfants de chœur, sans la participation du bureau (art. 30.)

EMPRUNTS.

Les fabriques n'ayant pas le droit d'acquérir, de vendre ou d'échanger, sans l'autorisation du gouvernement, elles ne peuvent non plus contracter aucun engagement, tel que celui qui résulterait d'un emprunt, sans la même autorisation, laquelle ne s'obtient qu'après que les formalités ordinaires ont été remplies, comme s'il s'agissait d'une aliénation. La fabrique devrait de plus justifier de la nécessité de l'emprunt et des moyens de le rembourser.

ENCENS. (*Voyez* Fournitures.)

ENFANTS DE CHŒUR.

Ils sont désignés par le curé ou desservant, d'après l'article 30 du décret du 30 décembre 1809.

Enquête administrative.

Elle a lieu dans le cas d'acquisition, de vente, d'échange ou de bail emphytéotique. C'est ordinairement un juge de paix, un suppléant, ou un notaire, que le sous-préfet charge de cette mission.

Le jour, l'heure et le lieu de l'enquête sont indiqués par des affiches que le maire de la commune du lieu où la fabrique est située a soin de faire apposer, sur l'invitation du sous-préfet. Toutes les personnes qui se présentent doivent être entendues pour, sur, ou contre le projet. Leurs déclarations doivent être recueillies et signées individuellement. Lorsqu'un juge de paix est chargé de l'information, l'assistance du greffier n'est pas nécessaire. Le procès-verbal doit être rédigé sans frais, sur papier libre, et n'est pas sujet à l'enregistrement.

Enregistrement.

Les actes assujétis à l'enregistrement sont spécifiés au titre 7 de la loi du 15 mai 1818, qui fait règle; les dispositions que renferme cette loi sont ci-après transcrites :

Art. 78. Demeurent assujétis au timbre et à l'enregistrement, sur la minute, dans le délai de vingt jours, conformément aux lois existantes : 1° les actes des autorités administratives et des établissements publics, portant transmission de propriété, d'usufruit et de jouissance; les adjudications ou marchés de toute nature, aux enchères, au rabais ou sur soumission; 2° les cautionnemens relatifs à ces actes.

79. La disposition de l'art. 37 de la loi du 22 frimaire an 7 (12 décembre 1798), qui autorise, pour les adjudications, en séance publique seulement, la remise d'un extrait au receveur de l'enregistrement pour la décharge du secrétaire, lorsque les parties n'ont pas consigné les droits en ses mains, est étendue aux autres actes ci-dessus énoncés.

80. Tous les actes, arrêtés et décisions des autorités administratives, non dénommés dans l'article 78, sont exempts du timbre sur la minute, et de l'engistrement, tant sur la minute que sur l'expédition. Toutefois, aucune expédition ne pourra être délivrée aux parties que sur papier timbré, si ce n'est à des individus indigents, et à charge d'en faire mention dans l'expédition.

82. Les seuls actes dont il devra être tenu répertoire sur papier timbré, dans les préfectures, sous-préfectures et mairies, et dont les préposés pourront demander communication, sont ceux dénommés dans l'art. 78 de la présente loi.

L'art. 81 du décret du 30 décembre 1809 contient une disposition de faveur pour les fabriques; il est ainsi conçu :

Les registres des fabriques seront sur papier non timbré. Les dons et legs qui leur seraient faits ne supporteront que le droit fixe d'un franc (1).

---

(1) Le décret du 18 février 1809 renfermait une disposition semblable en faveur des congrégations religieuses de femmes (art. 11).

On voit, par cette disposition, que les registres ordinaires des fabriques sont sur papier non-timbré; mais s'il s'agissait de l'un des actes indiqués en l'art. 78 de la loi du 15 mai 1818, tel qu'un marché ou une adjudication, on conçoit bien qu'il ne pourrait être inscrit sur le registre en papier libre; alors il faudrait porter cet acte sur une feuille de papier timbré séparée, ou ouvrir un registre particulier qui serait composé de papier timbré.

Il est à remarquer que le délai de vingt jours ne court que du jour de la réception à la mairie de l'approbation donnée par le préfet. A cet effet, et pour éviter toute contestation et lever toute incertitude, le maire doit inscrire en marge de l'acte le jour de la réception, ainsi que le ministre des finances l'a prescrit, tant à l'égard des actes des communes que de ceux concernant les établissements publics.

La loi du 16 juin 1824 a étendu aux acquisitions d'immeubles l'exception portée par l'art. 81 du décret du 30 décembre 1809, pour les dons et legs. Elle porte :

Art. 7. Les départements, arrondissements, communes, hospices, séminaires, fabriques, congrégations religieuses, consistoires et généralement tous établissements publics légalement autorisés, paieront *dix francs* pour droits fixe d'enregistrement et de transcription hypothécaire sur les actes d'acquisition qu'ils feront, et sur les donations et legs qu'ils recueilleront, lorsque les immeubles acquis ou donnés devront recevoir une destination d'utilité publique et ne pas produire de revenus, sans préjudice des exceptions déjà existantes (1) en faveur de quelques-uns de ces établissements.

Le droit de 10 francs, fixé par le présent article, sera réduit à un franc toutes les fois que la valeur des immeubles acquis ou donnés n'excédera pas 500 fr. en principal.

ENREGISTREMENTS (*Receveurs d'*).

Les receveurs ont été invités, par leur administration, à donner connaissance au préfet, par l'intermédiaire de leur directeur, des actes qu'ils enregistrent, et qui renferment des dispositions en faveur des fabriques. Le préfet en donne ensuite avis au maire du lieu, afin de provoquer les mesures préparatoires pour obtenir du gouvernement l'autorisation nécessaire pour l'acceptation des dons et legs.

ENTERREMENTS. (*Voyez* Inhumations.)

ENTRÉE DANS LES ÉGLISES. (*Voyez* Églises.)

ENTREPRENEURS. (*Voy.* Travaux, Constructions, Réparations, Entretien.)

---

(1) L'art. 81 du décret du 30 décembre, page 221, continue d'être en vigueur.

Entretien.

Une obligation des fabriques est de veiller à l'entretien des églises, presbytères et cimetières (article 37, n° 4, du décret du 30 décembre 1809.)

L'article 41 porte :

Les marguilliers, et spécialement le trésorier, seront tenus de veiller à ce que toutes les réparations soient bien et promptement faites. Ils auront soin de faire visiter les bâtiments avec des gens de l'art, au commencement du printemps et de l'automne.

Ils pourvoiront sur-le-champ, et par économie, aux réparations locatives ou autres (qui n'excéderont pas 50 fr. dans les paroisses au-dessous de mille âmes, et 100 fr. dans celles d'une plus grande population), et sans préjudice toutefois des dépenses réglées pour le culte.

42. Lorsque les réparations excéderont la somme ci-dessus indiquée, le bureau sera tenu d'en faire rapport au conseil, qui pourra ordonner toutes les réparations qui ne s'éleveraient pas à plus de 100 fr. dans les communes au-dessous de mille âmes, et de 200 fr. dans celles d'une plus grande population.

Néanmoins ledit conseil ne pourra, même sur le revenu libre de la fabrique, ordonner les réparations qui excéderaient la quotité ci-dessus énoncée, qu'en chargeant le bureau de faire dresser un devis estimatif, et de procéder à l'adjudication au rabais ou par soumission, après trois affiches renouvelées de huitaine en huitaine.

Les fabriques étant assimilées aux communes, pour l'administration de leurs biens, les travaux qui excèdent la proportion indiquée en l'art. 41, doivent être mis en adjudication. Le devis est soumis à l'approbation du préfet : il en est de même du cahier de charges et de l'adjudication.

Le curé n'est tenu que des simples réparations locatives à faire au presbytère, telles qu'elles sont définies par l'art. 1754 du Code civil ; et, d'après l'art. 1755, celles qui proviennent de vétusté ou de force majeure, ne sont pas à sa charge.

ÉPIDÉMIES. (*Voyez* Maladies contagieuses.)

ÉTAT DES LIEUX.

L'art. 44 du décret du 30 décembre 1809 porte :

Lors de la prise de possession de chaque curé ou desservant, il sera dressé, aux frais de la commune, et à la diligence du maire, un état de situation du presbytère et de ses dépendances. Le curé ou desservant ne sera tenu que des simples réparations locatives, et des dégradations survenues par sa faute. Le curé ou desservant sortant, ou ses héritiers, ou ayant-cause, seront tenus desdites réparations locatives et dégradations.

ÉVÊQUES. (*Voyez* Archevêques.)

EXERCICE DU CULTE. (*Voyez* Police des Eglises.)

Exhumations.

Le décret du 12 juin 1804 (23 prairial an 12), contient des défenses formelles contre les exhumations non-autorisées; elles sont ci-après transcrites.

Art. 16. Les lieux de sépulture, soit qu'ils appartiennent aux communes, soit qu'ils appartiennent aux particuliers, seront soumis à l'autorité, police et surveillance des administrations municipales.

17. Les autorités locales sont spécialement chargées de maintenir l'exécution des lois et réglements qui prohibent les exhumations non-autorisées, et d'empêcher qu'il ne se commette dans les lieux de sépulture aucun désordre, ou qu'on ne s'y permette aucun acte contraire au respect dû à la mémoire des morts.

Fabriques (1).

On désigne, sous le nom de *Fabrique*, les biens, revenus, l'ensemble de tout ce qui dépend d'une église en objets temporels. C'est sous cette acception qu'on dit : les biens de la fabrique; la fabrique de telle paroisse est riche ou pauvre, bien ou mal administrée, etc.

La réunion des membres composant le conseil de l'administration du temporel d'une église porte également le nom de fabrique; c'est sous cette seconde acception, et dans le langage des

---

(1) *Voyez* l'étymologie, page XIV.

lois, qu'on dit : la fabrique s'est réunie, la fabrique est bien ou mal composée.

Pour tout ce qui concerne la fabrique, sous la première acception, on peut voir les titres *Biens*, *Rentes*, *Revenu*, etc. Pour ce qui est de la fabrique, comme administration, *voyez Conseil*, *Marguilliers*, etc.

Les fabriques, sous cette dernière signification, ont été créées par suite de l'art. 76 de la loi du 8 avril 1802 (18 germinal an 10). Une première organisation eut lieu, en exécution de l'art. 3 de l'arrêté du 26 juillet 1803 (7 thermidor an 11); mais elle était insuffisante et ce n'est que le décret réglementaire du 30 décembre 1809, qui a donné aux fabriques une organisation régulière.

Cette administration se compose d'un conseil de cinq ou neuf membres, suivant que la population de la paroisse est au-dessous ou au-dessus de cinq mille habitants. Le curé et le maire en sont membres de droit. De ce conseil, se forme un bureau de marguilliers, composé de trois conseillers et du curé qui en est membre de droit.

Il peut aussi être adjoint au conseil et au bureau un ou deux marguilliers d'honneur ; mais seulement dans les paroisses, où il y en avait autrefois.

FÊTES ET DIMANCHES. (*Voyez* Célébration des dimanches et fêtes.)

FONCTIONNAIRES. (Voy. *Cérémonies publiques, Marguilliers d'honneur, Préséances.*)

FONDATIONS.

Les biens et rentes destinés à l'acquit de fondations religieuses ne furent pas à l'abri des effets des lois des 2 novembre 1789 et 12 juil- 1790, qui dépouillèrent les églises et tout le clergé de leurs biens.

L'art. 25 de cette dernière loi accordait cependant un sursis à la vente des biens affectés à des services pieux; mais il fut définitivement levé par une autre loi du 10 février 1791, dont l'art. 1er est ainsi conçu:

Les immeubles réels affectés à l'acquit de fondations de messes, et autres services établis dans les églises paroissiales et succursales, seront vendus dès-à-présent dans la même forme, et aux mêmes conditions que les biens nationaux.

L'art. 2 accordait provisoirement aux prêtres non pourvus de leurs places à titres perpétuels, et qui administraient les biens, un intérêt de quatre pour cent sur le produit de la vente, afin de les mettre à même d'acquitter lesdits services. L'art. 3 contenait une semblable disposition en faveur des fabriques qui administraient les biens des églises, et l'art. 4 valida les ventes irrégulières faites jusqu'alors.

Cette espérance de voir respecter les intentions

des fondateurs s'évanouit promptement ; une loi du 3 novembre 1793 (13 brumaire an 2), acheva de dépouiller les églises ; elle portent :

Art. 1er. Tout l'actif affecté, à quelque titre que ce soit, aux fabriques des églises cathédrales, paroissiales et succursales, ainsi qu'à l'acquit des fondations, fait partie des propriétés nationales.

2. Les meubles ou immeubles provenant de cet actif seront régis, administrés et vendus comme les autres domaines ou meubles nationaux.

Les églises dépourvues de tout leur mobilier furent fermées, et en partie vendues et démolies.

Pendant ces temps de désolation pour les fidèles, la régie de l'enregistrement poursuivit la rentrée des sommes dues aux fabriques. Le paiement des redevances, pour fondations, éprouva des difficultés que les tribunaux ordinaires semblèrent juger en faveur des débiteurs ; mais la Cour de cassation annula les jugements rendus contre la régie.

Les rentes non-aliénées, ainsi que les autres biens, furent rendus aux fabriques, à titre nouveau, par l'arrêté du 26 juillet 1803, par les décrets des 17 juillet 1805, 30 mai 1806, 31 juillet suivant, 17 mars 1809 et 8 novembre 1810, et par l'ordonnance du 28 mars 1820. (Voyez *Biens*, *Domaines*.)

Ces restitutions ont été faites à charge, par les fabriques, de payer au clergé les sommes fixées par les statuts et réglements de chaque diocèse, pour l'acquit des fondations (1). Le décret du 9 septembre 1805 contient à cet égard des dispositions positives.

Parmi les biens et rentes dont le gouvernement disposa, soit en les aliénant, soit en les cédant à des particuliers, aux hospices et bureaux de charité, il s'en trouvait qui étaient chargés de services religieux. Il n'a pas été possible de rien changer aux dispositions faites en ce qui concernait les aliénations et les transferts en faveur des particuliers; mais il a été rendu un décret le 19 juin 1806, qui assure l'exécution des fondations

---

(1) Le Concile de Trente a prévu le cas où il deviendrait nécessaire de réduire le nombre des services religieux fondés. *Session 25. Canon 4.*

« Il aduient souuent, en quelques églises, qu'il y a vn si grand nombre de messes à célébrer, en charge, et de diuers legs des trépassez, qu'on n'y saurait satisfaire à tous les iours, qui ont esté préfix et déterminez par les testateurs, ou que l'aumosne, qui a été baillée pour les célébrer, est si petite, qu'on ne trouue pas aisément, qui se veuille rendre suiet à ceste charge; et de là uient que les déuotes volontés des testateurs se perdent, et occasion est donnée de charger la conscience de ceux à qui ces choses touchent. Le saint Concile, désirant que ces choses, qui ont esté laissées à bons et pitoyables usages, s'accomplissent le plus entièrement et profitablement qu'on pourra faire, donne pouvoir aux évesques, qu'au synode de leur diocese... la chose estant diligemment examinée, ils puissent, selon leur conscience, ordonner aux églises dessusdites, qu'ils connaistront avoir besoing de ceste provision; quant à ceci, tout ce qu'ils verront estre plus expédient à l'honneur et service de Dieu et au salut des églises; mais toutefois, en telle sorte qu'on fasse touiours commémoration des trépassez, qui auront laissé ces legs aux vsages pitoyables pour le salut de leurs ames. » *Extrait de la Tradcution de Gentian Hervet* D'ORLÉANS, *Edition de* 1577.

affectées sur les biens et rentes possédés par les établissements de charité, en vertu de la loi du 23 février 1801 ; il porte :

Art. 1er. Les administrateurs des hospices et des bureaux de charité, qui.... auront été mis en possession de quelques biens et rentes chargées précédemment de fondations pour quelques services religieux, paieront régulièrement la rétribution de ces services religieux, conformément au décret du 22 fructidor an 13, aux fabriques des églises auxquelles ces fondations doivent retourner.

2. Le paiement des arrérages de cette rétribution s'effectuera à compter du 1er vendémiaire an 12, et dans les trois mois qui suivront la publication du présent décret.

3. Les fabriques veilleront à l'exécution des fondations, et en compteront le prix aux prêtres qui les auront acquittées, aux termes du décret du 22 fructidor an 13.

4. Dans les trois mois, à compter d'aujourd'hui, les préfets donneront connaissance aux fabriques respectives des fondations qui leur compètent, en conséquence de l'article 1er ci-dessus, et ils en enverront un état à notre ministre des cultes.

Ces dispositions s'appliquent, bien entendu, à tous les biens chargés de fondations, soit qu'ils aient appartenu à des églises conservées ou supprimées et réunies, soit qu'elles proviennent d'anciennes confréries. On peut lire à cet égard les dispositions législatives, transcrites sous les titres

Biens, *Domaines*; on verra que les biens de ces anciens établissements appartiennent aujourd'hui aux églises titrées, et que ce sont les fabriques de ces dernières qui sont chargées de faire acquitter les fondations anciennes.

Il pourrait s'élever des difficultés sur la rétribution à payer aux fabriques par les établissements de charité; mais il n'est pas douteux que dans le cas d'incertitude, à raison du silence du titre, on ne doive se conformer aux réglements que les supérieurs diocésains ont été autorisés à faire, en vertu des articles 5 et 69 de la loi organique du 8 avril 1802. (Voyez, pour les nouvelles fondations, *Dons* et *Legs*.)

On observe seulement ici que les intentions des fondateurs doivent être religieusement observées. Si une donation avait pour but deux objets, tels que la fondation de services pieux et l'établissement d'une école, le trésorier devrait accepter la part revenant à la fabrique, et le maire, celle afférente à l'école. Dans le cas où le fondateur n'aurait pas fait la part de chaque établissement, c'est à l'autorité supérieure à y suppléer, après avoir entendu le conseil de fabrique et le conseil municipal; c'est ce que prescrit un décret du 29 octobre 1809, approbatif d'un arrêt du conseil-d'état, rendu dans l'espèce.

Le décret réglementaire du 30 décembre 1809 renferme, relativement aux fondations, les dispositions suivantes :

Art. 26. Les marguilliers sont chargés de veiller à ce que toutes les fondations soient fidèlement acquittées et exécutées suivant l'intention des fondateurs, sans que les sommes puissent être employées à d'autres charges.

Un extrait du sommier des titres contenant les fondations qui doivent être desservies pendant le cours d'un trimestre, sera affiché dans la sacristie, au commencement de chaque trimestre, avec les noms du fondateur et de l'ecclésiastique qui acquittera chaque fondation.

Il sera aussi rendu compte à la fin de chaque trimestre, par le curé ou desservant, au bureau des marguilliers, des fondations acquittées pendant le cours du trimestre.

29. Le curé ou desservant se conformera aux réglements de l'évêque, pour tout ce qui concerne le service divin, les prières et les instructions, et l'acquittement des charges pieuses imposées par les bienfaiteurs, sauf les réductions qui seraient faites par l'évêque, conformément aux règles canoniques, lorsque le défaut de proportion des libéralités, et des charges qui en sont la condition l'exigera (1).

31. Les annuels auxquels les fondateurs ont attaché des honoraires, et généralement tous les annuels emportant une rétribution quelconque, seront donnés de préférence aux vicaires, et ne pourront être acquittés qu'à leur défaut par les prêtres habitués ou autres ecclésiastiques, à moins qu'il n'en ait été autrement ordonné par les fondateurs.

---

(1) Cette réduction est autorisée par le Concile de Trente. (*Voyez* le texte *suprà*, page 230.

Les supérieurs diocésains, dans leurs cours de visites, s'assurent si rien n'a été négligé pour ce qui concerne les fondations. Un édit de 1695 leur enjoint de tenir la main à ce qu'il n'y ait aucune négligence de la part des curés et marguilliers.

Fonds départementaux, Fonds du trésor royal.

(Voyez *Secours du département*, et *Secours du gouvernement.*)

Fournitures.

Toutes celles nécessaires aux cérémonies religieuses sont faites par la fabrique; voici les dispositions du décret du 30 décembre 1809 qui y sont relatives :

Art. 27. Les marguilliers fourniront l'huile, le pain, le vin, la cire, l'encens, et généralement tous les objets de consommation nécessaires à l'exercice du culte; ils pourvoiront également aux réparations et achats des ornements, meubles et ustensiles de l'église et de la sacristie.

35. Toutes les dépenses de l'église et les frais de sacristie seront faits par le trésorier; et en conséquence, il ne sera rien fourni par aucun marchand ou artisan sans un mandat du trésorier, au pied duquel le sacristain ou toute autre personne, apte à recevoir la livraison, certifiera que le contenu audit mandat a été rempli.

(Voyez *Dépenses, Budget, Mandats et Comptes.*)

Frais de procès.

Si une fabrique succombe dans une contestation qu'elle a été autorisée à élever ou soutenir devant les tribunaux, elle doit payer les frais taxés par le jugement, et elle ne peut s'y refuser. En cas d'insuffisance de ressources, la commune est appelée à lui subvenir dans cette circonstance, comme dans toute autre, et c'est précisément parce que l'issue des procès peut être onéreuse pour les communes, que les conseils municipaux sont ordinairement consultés sur la nécessité de les entreprendre ou de les soutenir.

Frais du culte paroissial.

Les frais de culte, en cas d'insuffisance des revenus de la fabrique, comme lorsqu'il s'agit de fournir un logement au curé ou desservant, sont à la charge de la paroisse entière; c'est-à-dire, de toutes les communes qui la composent (1). Elles y contribuent en proportion de leurs contributions foncière et mobilière.

Il était cependant juste que les communes qui

(1) Art. 102 du décret du 30 décembre 1809 : « Dans le cas où il y a » lieu à la convocation du conseil municipal, si le territoire de la paroisse » comprend plusieurs communes, le conseil de chaque commune sera » convoqué, et délibérera séparément. »

Voyez aussi la loi du 14 février 1810, au titre *Impositions extraordinaires.*

font des frais pour l'exercice du culte dans leurs églises fussent déchargées de ceux de la paroisse. Le conseil-d'état a pris à cet égard une décision le 7 décembre 1810 qui a été approuvée par le gouvernement le 14 du même mois ; elle porte :

Le conseil-d'état . . . .

Est d'avis,

1° Que les communes dans lesquelles une chapelle est établie, en exécution du décret du 30 septembre 1807, où il est pourvu au logement et au traitement du chapelain, et à tous les frais du culte, en vertu d'une délibération du conseil général de la commune, par les revenus communaux, ou par l'imposition de centimes additionnels, ne doivent contribuer en rien aux frais du culte paroissial ;

2° Que les communes qui n'ont qu'une annexe, où un prêtre va dire la messe, une fois la semaine seulement, pour la commodité de quelques habitants qui ont pourvu, par une souscription, à son paiement, doivent concourir, tant aux frais d'entretien de l'église et presbytère, qu'aux autres dépenses du culte, dans le chef-lieu de la cure ou succursale.

L'ordonnance du 25 août 1819 portant création de 500 nouvelles succursales et autorisant le placement de vicaires de paroisses dans des églises autres que celles erigées en cures ou succursales, a rendu les dispositions favorables de l'avis qui précède, applicables aux communes où ces vicairies ou chapelles vicariales seraient établies.

Cette dispense est conforme au principe sur lequel l'avis est fondé, puisque pour qu'une commune puisse obtenir que son église soit érigée en chapelles vicariale, elle est obligée d'assurer au vicaire un traitement de 300 à 500 fr. conformément à l'art. 40 du décret du 30 décembre 1809, de lui fournir un logement et d'entretenir l'église, le presbytère et tous les objets servant à l'exercice de la religion.

FRANCHISES ET CONTRE-SEING. (*Voyez* Correspondance.)

GESTION. (Voyez *Trésorier.*)

HONNEURS CIVILS ET MILITAIRES.

L'on peut voir au titre *Cérémonies publiques* où doivent être placés les fonctionnaires dans les églises, et ce que l'on doit faire lorsque le gouvernement prescrit des cérémonies publiques.

Les préséances et les honneurs civils et militaires sont réglés par le décret du 13 juillet 1804. On donnera ici quelques développements sur ceux de ces honneurs et préséances qui peuvent le plus intéresser les curés et les fabriques.

Préséances. Lorsque des cérémonies publiques sont ordonnées et qu'il doit y assister des princes, des grands dignitaires ou des fonctionnaires publics d'un ordre supérieur, ils se placent dans le chœur de l'église. S'il n'y assistent pas de ces personnages, le centre doit rester libre.

Si le chœur est trop petit pour contenir toutes les autorités invitées, on y place les chefs et les membres de chaque corps, autant que possible, et les autres se tiennent dans la nef.

Honneurs militaires. Lorsque le *St.-Sacrement* passe à la vue d'un corps-de-garde ou d'un poste, les sous-officiers et soldats prennent les armes, les présentent ayant un genou à terre et la tête inclinée; les tambours battent aux champs; les officiers en tête de la troupe saluent de l'épée; le drapeau salue. Il doit être fourni du premier poste devant lequel passe le Saint-Sacrement, au moins deux fusilliers pour son escorte : ils sont relevés de poste en poste, marchent près du Saint-Sacrement, l'arme au bras gauche. Les troupes de cavalerie montent à cheval, le sabre à la main, les trompettes sonnent la marche, et les officiers et étendards saluent. (Art. 1er, titre 2 du décret du 13 juillet 1804.)

Quand le Saint-Sacrement passe devant une troupe sous les armes, elle fait comme il vient d'être expliqué. (Art. 2.)

Une troupe en marche doit faire halte, se ranger en bataille et agir de la même manière. (Art. 3.)

Les jours de procession du Saint-Sacrement, les troupes en station dans la ville se rangent en bataille sur les places où la procession doit passer. Un poste d'honneur est à droite de la porte de l'église par où la procession doit sortir. L'escorte du dais est composée d'hommes d'élite. (Art. 4.)

Pendant que dure la procession, l'artillerie doit faire trois salves. (Art. 5.)

Les honneurs civils et militaires, en général, sont amplement détaillés dans le décret; on y renvoie, attendu que les bornes de cet ouvrage ne permettent pas de les rappeler ici.

Hospices et Bureaux de Charité.

(Voyez *Bureaux de Charité*, *Biens*, *Domaines*, *Trones*, *Quêtes.*)

Lorsque ces établissements ont une église érigée en cure ou succursale, tout ce qui est relatif à l'exercice du culte y est réglé comme dans les autres paroisses.

L'arrêté du gouvernement du 26 juillet 1803, n'a rendu aux fabriques que les biens et rentes non-aliénés définitivement, en sorte que les hospices qui ont reçu des transferts de biens d'anciennes fabriques, soit en remplacement de leurs biens aliénés, soit en paiement de dettes du gouvernement, doivent continuer d'en jouir paisiblement. Les fabriques ne peuvent prétendre aux biens dont les hospices et bureaux de charité ont été envoyés régulièrement en possession ; mais si cet envoi en possession ne pouvait être légalement justifié, il y aurait lieu à invoquer l'avis du conseil-d'état ci-après, du 30 avril 1807, intervenu sur l'arrêté du 26 juillet 1803 :

Le conseil-d'état qui, sur le renvoi ordonné par Sa Majesté, a pris connaissance, 1°.... par lesquels les ministres proposent ou discutent les quatre questions suivantes :

1° Les biens des fabriques que les hospices ont découverts depuis la loi du 13 brumaire an 2, qui les déclare nationaux, jusqu'à l'arrêté du 7 thermidor an 11, qui les rend aux fabriques, appartiennent-ils aux hospices par le fait seul de la découverte, et sans qu'ils en aient été envoyés en possession ?

2° . . . .

3° L'arrêté du 7 thermidor an 11, lequel met en réserve *les rentes destinées aux hospices, qui, à cette époque, ne leur auront pas encore été transportées par un transfert légal*, est-il applicable à toute espèce de rentes attribuées aux hospices, soit en paiement de leurs créances sur le gouvernement, en vertu de l'arrêté du 15 brumaire an 9, soit à titre de découverte, en vertu de la loi du 4 ventôse an 9 ?

4° . . . .

Estime,

Que la première question est clairement résolue par l'art. 1er de l'arrêté du 7 thermidor an 11, où on lit que *les biens de fabriques non-aliénés, ainsi que les rentes dont elles jouissaient, et dont le transfert n'a pas été fait, seront rendus à leur destination*; d'où il suit que tout immeuble ou rente provenant de fabriques, de confréries ou de fabriques d'anciens chapitres, dont l'aliénation ou le transfert n'avait pas été consommé antérieurement à la promulgation des arrêtés des 7 thermidor an 11, 25 frimaire an 12, 15 ventôse et 28 messidor an 13 (suivant la nature des biens), retourne aux fabriques et doit leur être restitué, quelles qu'aient été les démarches préliminaires des hospices, pour en obtenir la jouissance, et que ces démarches leur donnent seulement le droit de répéter contre les fabriques le remboursement des frais faits pour parvenir à la découverte et à l'envoi en possession desdits biens.

. . . .

Sur la troisième, que l'arrêté du 7 thermidor an 11, lorsqu'il a suspendu le transfert des rentes au profit des hospices, n'a frappé que sur les capitaux de rentes servies à la régie et bien connues, qui avaient été affectées au paiement de leur dette arriérée, par l'arrêté du 15 brumaire an 9, suspension motivée par la circonstance où ces rentes avaient été précédemment, et par arrêté du 27 prairial an 8, affectées au rachat des rescriptions émises par la trésorerie, et qu'on avait de justes raisons de craindre que les rentes ne suffisent pas à l'une et à l'autre destination; mais qu'on ne doit pas confondre ces rentes servies à la régie des domaines et qui avaient une affectation précédente avec des rentes inconnues et souvent douteuses auxquelles il était bien impossible de donner une affectation, et qui appartiennent aux hospices, à moins qu'elles ne proviennent des fabriques.

. . . .

Cet avis est corroboré par une autre décision du conseil-d'état, en date du 20 septembre 1809, intervenue sur une discussion qui s'était élevée entre une fabrique et un bureau de charité, relativement à des biens réclamés par la fabrique, et dont l'envoi en possession ne pouvait être régulièrement justifié par le bureau.

D'après cette jurisprudence constante du conseil-d'état, d'accord avec l'esprit de la loi et avec la justice, les fabriques peuvent demander que les hospices et les bureaux de charité possesseurs de leurs anciens biens, soient obligés à justifier de leurs titres d'envoi en possession; et si ces titres ne portent pas un caractère légal, il y a lieu à réclamation.

Il en résulte encore que, si le transfert des biens ou rentes n'a été fait que postérieurement à l'arrêté du 7 thermidor an 11, l'établissement ou le particulier en faveur de qui le transfert a été fait, ne peut être admis à en profiter. Le conseil-d'état l'a ainsi décidé le 28 novembre 1809, à l'occasion du pourvoi d'un particulier, contre une décision du ministre des finances, qui avait rejetté sa réclamation contre l'arrêté d'un préfet, portant refus de viser le transfert d'une rente constituée à son profit, par un préposé des domaines.

Parmi les biens et rentes concédés aux hospices et bureaux de charité, en vertu de la loi du 25 février 1801, et des arrêtés pris en conséquence, il s'en trouve qui sont chargés de services pieux. (*Voyez*, au titre *Fondations*, un décret rendu à ce sujet, le 19 juin 1806.)

HUILE. (Voyez *Fournitures*.)

HYPOTHÈQUES. (Voyez *Inscriptions hypothécaires*, *Transcriptions*, *Radiations d'inscriptions*.)

IMMEUBLES.

L'article 62 du décret du 30 décembre 1809 porte :

Ne pourront, les biens immeubles de l'église, être vendus, aliénés, échangés, ni même loués pour un terme plus long que neuf ans, sans une délibération du conseil, l'avis de l'évêque diocésain, etc.... (l'autorisation du gouvernement.)

Cette règle résulte de l'ancienne législation, et notamment de l'édit d'août 1749, par lequel il est interdit à tous les gens de main-morte d'acquérir des immeubles, soit à titre onéreux, soit à titre gratuit, sans l'autorisation du Roi,

Les formalités à remplir sont indiquées au titre *Acquisitions*. (Voyez *Biens*, *Donations*.)

IMPOSITIONS EXTRAORDINAIRES.

Elles ne peuvent être levées qu'après l'accomplissement des formalités prescrites par la loi. (Art. 103 du décret du 30 décembre 1809.)

Lorsqu'à défaut de ressources suffisantes, les communes sont obligées de subvenir les fabriques, et que le budget communal ne laisse pas de fonds suffisants, et qu'enfin le conseil municipal juge nécessaire de voter une imposition locale, il doit être adjoint à ce conseil les dix, vingt ou trente propriétaires les plus forts imposés, suivant qu'il est ordonné par l'art. 39 de la loi du 15 mai 1818, ainsi conçu :

Dans le cas où les cinq centimes additionnels imposés pour les dépenses des communes, étant épuisés, une commune aurait à pourvoir à une dépense véritablement urgente, le maire, sur l'autorisation du préfet, convoquera le conseil municipal, et les plus forts contribuables au rôle de la commune en nombre égal à celui des membres de ce conseil, pour reconnaître l'urgence de la dépense, l'insuffisance des revenus municipaux, et des cinq centimes ordinaires pour y pourvoir.

40. Lorsque les plus forts contribuables seront absents, ils seront remplacés en nombre égal par les plus forts contribuables portés après eux sur le rôle.

41. Le conseil municipal auquel, aux termes de l'art. 39, auront été adjoints les plus forts contribuables, votera sur les centimes extraordinaires proposés.

Dans le cas où ils seraient consentis, la délibération sera adressée au préfet, qui, après l'avoir revêtue de son autorisation, la transmettra au ministre-secrétaire-d'état de l'intérieur, pour y être définitivement statué par une ordonnance du Roi.

42. Il sera pourvu, dans les formes prescrites par les articles précédents, aux dépenses extraordinaires, communes à plusieurs municipalités du département, et dans leur intérêt. La répartition en sera faite d'après la délibération des conseils municipaux, formés comme ci-dessus, par l'adjonction des plus forts contribuables, dûment approuvée par le préfet, et sur le rapport du ministre-secrétaire-d'état de l'intérieur, par une ordonnance du Roi.

Les villes dont les revenus excèdent cent mille francs, sont dispensées des adjonctions prescrites par l'article 39. (Art. 43.)

La loi du 14 février 1810 a établi des distinctions relativement aux contributions extraordinaires à lever pour le culte. Elle a déterminé celles qui doivent être supportées par les domiciliés et par les propriétaires forains, et celles qui ne regardent que les domiciliés; elle porte :

Art. 1er. Lorsque, dans une paroisse, les revenus de la fabrique, ni à leur défaut, les revenus communaux, ne seront pas suffisants pour les dépenses annuelles de la célébratiou du culte, la répartition entre les habitants, au marc le franc, de la contribution personnelle et mobiliaire, pourra être faite et rendue exécutoire....

2. Lorsque, pour les réparations ou reconstructions des édifices du culte, il sera nécessaire, à défaut des revenus de la fabrique ou communaux, de faire sur la paroisse une levée extraordinaire, il y sera pourvu, par voie d'emprunt, à la charge du remboursement dans un temps déterminé, ou par répartition, au marc le franc, sur les contributions foncière et mobilière.

4. Lorsqu'une paroisse sera composée de plusieurs communes, la répartition entre elles sera au marc le franc de leurs contributions respectives : savoir, de la contribution mobilière et personnelle, s'il s'agit de la dépense pour la célébration du culte, ou de réparation d'entretien ; et au marc le franc des contributions foncière et mobilière, s'il s'agit de grosses réparations ou reconstructions.

Les dispositions de cette loi, relatives aux impositions extraordinaires, ont été modifiées par plusieurs lois nouvelles, rendues depuis la restauration de la monarchie légitime ; toutes les impositions extraordinaires doivent être autorisées par ordonnances du Roi (1).

Il resterait encore en vigueur celles des disposi-

(1) Art. 41 de la loi du 15 mai 1818, et lois de finances de 1819 à 1825.

tions de la loi du 14 février 1810, relatives à la distinction des contributions qui doivent servir de base à l'imposition ; mais il paraît qu'elles ont été également modifiées par les lois de finances de 1816 à 1825, car elles ne sont plus suivies dans les ordonnances du Roi, rendues sur cette matière.

En se reportant au titre *Délibération des Conseils municipaux*, on y verra quel est le nombre de membres et de propriétaires dont la présence est exigée pour délibérer, et comment les délibérations sont prises. On y trouvera aussi un modèle du procès-verbal à rédiger.

Les pièces à fournir au ministre de l'intérieur, pour mettre S. Exc. à portée de solliciter une ordonnance royale, qui autorise une imposition *locale*, sont :

1° La délibération du conseil de la fabrique, expliquant l'objet de la dépense à acquitter ;

2° Le budget de cet établissement, où la dépense à couvrir est allouée par le supérieur diocésain ;

3° La délibération du conseil et des plus forts imposés, signée en minute par tous les délibérants ;

4° Le budget de la commune, réglé par le préfet ;

5° Un état nominatif des plus hauts cotisés, dans l'ordre du montant de leurs impositions, en nombre double de celui dont l'adjonction est exigée. Cet état est certifié par le maire et par le percepteur, et on y annote les propriétaires qui ont délibéré, et les motifs d'empêchement de ceux qu'il a fallu remplacer;

6 Un certificat du percepteur, constatant les autres impositions locales autorisées, ou attestant qu'il n'en existe pas;

7° L'avis du sous-préfet;

8° L'avis du préfet en forme d'arrêté.

Il est à remarquer que les délibérations doivent être envoyées doubles à la préfecture, dont l'une signée par tous les membres qui y ont pris part, et l'autre certifiée conforme par le président du conseil.

S'il s'agit de travaux, les devis, plans et projets doivent être joints.

IMPRIMEURS (Voyez *Livres d'église.*)

INDEMNITÉ DE LOGEMENT.

Elle est accordée au curé ou desservant, dans le cas prescrit par l'art. 92 du décret du 30 décembre 1809, ainsi conçu :

Les charges des communes, relativement au culte, sont...... de fournir au curé ou desservant un presbytère; ou, à défaut de presbytère, un logement; ou, à défaut de presbytère et de logement, une indemnité pécuniaire.

Il n'y a rien de fixe pour le taux de cette indemnité. Elle doit être telle qu'elle puisse suffire au curé, pour se procurer un logement décent et commode (1); c'est, au surplus, le préfet qui la

(1) Circulaire ministérielle du 18 mai 1818.

règle, soit dans le budget, soit sur une proposition spéciale du conseil municipal. Si la commune n'a pas de ressources suffisantes, elle doit aviser à des moyens extraordinaires, tels que de demander une imposition locale.

INDIGENTS. Ils sont enterrés gratuitement. (Voyez *Inhumations*.)

INFIRMITÉS DES CURÉS.

Les curés ou desservants peuvent, ainsi qu'on le voit au titre *Absence*, obtenir l'autorisation de quitter momentanément leurs paroisses pour cause de maladie. S'ils sont âgés ou infirmes, il peut et doit même leur être adjoint un vicaire, aux frais de la fabrique ou de la commune, ainsi que l'autorise l'art. 15 du décret du 17 novembre 1811, ci-après :

Lorsqu'un curé ou desservant sera devenu, par son âge et ses infirmités, dans l'impossibilité de remplir seul ses fonctions, il pourra demander un vicaire qui sera à la charge de la fabrique, et, en cas d'insuffisance du revenu de la fabrique, à la charge des habitants, avec le traitement tel qu'il est réglé par l'article 40 du décret du 30 décembre 1809, sur les fabriques.

INFORMATION de *commodo* vel *incommodo*. (Voyez *Enquêtes*.)

INFRACTIONS AUX RÉGLEMENTS.

Aux termes de l'art. 3 de l'arrêté du 26 juillet 1803 (7 germinal an 11), et de l'article 60 du décret du 30 décembre 1809, les biens des fabriques sont gérés et administrés en la forme particulière aux biens communaux. Cette assimilation donne à l'autorité, qui réprime les infractions dans l'administration des biens des communes, le droit de réprimer celles relatives aux biens et revenus des fabriques.

Cette opinion est conforme à deux décisions, l'une de l'ancien directeur général de la comptabilité des communes, du 27 juin 1812, et l'autre de l'ancien ministre des cultes, du 7 août suivant.

On pense toutefois que les mesures de rigueur que les préfets seraient dans le cas de prendre contre des administrateurs de fabriques, doivent toujours être concertées avec le supérieur diocésain.

INHUMATIONS.

Avant la publication des lettres-patentes du 15 mai 1776, on était dans l'usage de faire les inhumations dans les églises et dans les cimetières placés près de ces édifices ou dans l'intérieur des agglomérations de maisons ; mais depuis cette époque les évêques, curés, patrons, etc., purent seuls être enterrés dans les églises, ensorte que les personnes qui avaient obtenu des concessions pour leur sépulture n'eurent plus que la faculté de choisir une place dans les cimetières.

Aujourd'hui les corps des évêques et des curés peuvent encore être déposés dans les caveaux qui auraient été établis pour cette destination dans les églises cathédrales et paroissiales, mais avec l'autorisation préalable du Roi; de sorte que la demande doit être faite du vivant du prélat ou du pasteur au ministre des affaires ecclésiastiques, afin que la décision de Sa Majesté parvienne à temps. Cette demande peut être faite, soit par les personnes même qui doivent profiter de cette faveur, soit pour les évêques, par les chapitres, et pour les curés, par les fabriques.

Les réglements qui ordonnaient le placement des cimetières hors de l'enceinte des villes, bourgs et villages étaient peu observés, et l'on sentait de plus en plus la nécessité de remédier aux graves inconvénients qui pouvaient en résulter pour la santé publique. L'exécution des lois et réglements ci-après ne doit plus rien laisser à désirer à cet égard.

Aucune inhumation ne sera faite (porte l'article 77 du Code civil), sans une autorisation sur papier libre, et sans frais, de l'officier de l'état-civil, qui ne pourra la délivrer qu'après s'être transporté auprès de la personne décédée, pour s'assurer du décès, et que vingt-quatre heures après le décès, hors les cas prévus par les réglements de police.

Cette disposition, qui continue d'être dans toute sa force, a motivé le décret du 23 juillet 1805 (4 thermidor an 13), ci-après :

Art. 1er. Il est défendu à tous maires, adjoints et membres d'administrations municipales, de souffrir le transport, présentation, dépôt, inhumation des corps, ni l'ouverture des lieux de sépulture; à toutes fabriques d'églises et consistoires, ou autres ayant droit, de faire les fournitures requises pour les funérailles, de livrer lesdites fournitures; à tous curés, desservants et pasteurs, d'aller lever aucuns corps, ou de les accompagner hors des églises et temples, qu'il ne leur apparaisse de l'autorisation donnée par l'officier de l'état-civil pour l'inhumation, à peine d'être poursuivis comme contrevenant aux lois.

Plusieurs autres décrets et réglements ont été rendus concernant les inhumations. Les disposition s'en trouvent ci-après transcrites :

12 *Juin* 1804. (23 *Prairial an* 12).

Art. 1er. Aucune inhumation n'aura lieu dans les églises, temples, synagogues, hôpitaux, chapelles publiques, et généralement dans aucun des édifices clos et fermés, où les citoyens se réunissent pour la célébration de leurs cultes, ni dans l'enceinte des villes et bourgs. (*Voyez* l'observation, page 250.)

2. Il y aura hors de l'enceinte de ces villes ou bourgs, à la distance de trente-cinq à quarante mètres au moins de leur enceinte, des terreins spécialement consacrés à l'inhumation des morts.

3. Les terreins les plus élevés et exposés au nord seront choisis de préférence ; ils seront clos de murs de deux mètres au moins d'élévation. On y fera des plantations, en prenant les précautions convenables pour ne point gêner la circulation de l'air.

4. Chaque inhumation aura lieu dans une fosse séparée : chaque fosse qui sera ouverte aura un mètre cinq décimètres à deux mètres de profondeur, sur huit décimètres de largeur, et sera ensuite remplie de terre bien foulée.

5. Les fosses seront distantes les unes des autres de trois à quatre décimètres sur les côtés, et de trois à cinq décimètres à la tête et aux pieds.

6. Pour éviter le danger qu'entraîne le renouvellement trop rapproché des fosses, l'ouverture des fosses, pour de nouvelles sépultures, n'aura lieu que de cinq années en cinq années ; en conséquence les terreins destinés à former les lieux de sépulture seront cinq fois plus étendus que l'espace nécessaire pour y déposer le nombre présumé des morts qui peuvent y être enterrés chaque année.

7. Les communes qui seront obligées, en vertu des articles 1 et 2, d'abandonner les cimetières actuels, et de s'en procurer de nouveaux hors de l'enceinte de leurs habitations, pourront sans autre autorisation que celle qui leur est accordée par la déclaration du 10 mars 1776, acquérir les terreins qui leur seront nécessaises, en remplissant les formes voulues par l'arrêté du 7 germinal an 9 (1).

(1) Cette déclaration modifiait, relativement à l'acquisition de nouveaux cimetières, un Edit du mois d'août 1749, portant défense aux

8. Aussitôt que les nouveaux emplacements seront disposés à recevoir les inhumations, les cimetières existants seront fermés, et resteront dans l'état où ils se trouveront, sans que l'on en puisse faire usage pendant cinq ans.

9. A partir de cette époque, les terreins servant maintenant de cimetières, pourront être affermés par les communes *auxquelles ils appartiennent*; mais à condition qu'ils ne seront qu'ensemencés ou plantés, sans qu'il puisse y être fait aucune fouille ou fondation pour des constructions de bâtiment, jusqu'à ce qu'il en soit autrement ordonné.

10. Lorsque l'étendue des lieux consacrés aux inhumations le permettra, il pourra y être fait des concessions de terreins aux personnes qui désireront y posséder une place distincte et séparée pour y fonder leurs sépultures et celles de leurs parents ou successeurs, et y construire des caveaux, monuments ou tombeaux.

11. Les concessions ne seront néanmoins accordées qu'à ceux qui offriront de faire des fondations ou donations en faveur des pauvres et des hôpitaux, indé-

---

gens de main-morte d'acquérir et d'aliéner des immeubles sans avoir obtenu des lettres-patentes du Roi, et dès-lors il semblerait, *en s'attachant à la lettre* du décret, que les préfets pourraient autoriser des acquisitions de cimetières : mais nous ne pensons pas que cette disposition puisse prévaloir contre les lois et la jurisprudence établie, d'après lesquelles les communes et les établissements publics ne peuvent acquérir *aucun immeuble* sans l'autorisation du Roi. Nous ajouterons que nous n'avons pas connaissance que le ministre de l'intérieur ait jamais renvoyé une demande de ce genre pour être octroyée par le préfet, et qu'au contraire nous savons que les projets adressés à Son Excellence ont été soumis à l'approbation de Sa Majesté.

pendamment d'une somme qui sera donnée à la commune, et lorsque ces fondations ou donations auront été autorisées par le gouvernement dans les formes accoutumées (1).

12. Il n'est point dérogé, par les deux articles précédents, aux droits qu'a chaque particulier, sans besoin d'autorisation, de faire placer sur la fosse de son parent ou de son ami, une pierre sépulcrale ou autre signe indicatif de sépulture, ainsi qu'il a été pratiqué jusqu'à présent.

13. Les maires pourront également, sur l'avis des administrations des hôpitaux, permettre que l'on construise, dans l'enceinte de ces hôpitaux, des monuments pour les fondateurs et bienfaiteurs de ces établissements, lorsqu'ils en auront déposé le désir dans leurs actes de donation, de fondation, ou de dernière volonté.

14. Toute personne pourra être enterrée sur sa propriété, pourvu que ladite propriété soit hors et à la distance prescrite de l'enceinte des villes et bourgs.

15. Dans les communes où l'on professe plusieurs cultes, chaque culte doit avoir un lieu d'inhumation particulier; et, dans le cas où il n'y aurait qu'un seul cimetière, on le partagera par des murs, haies ou fossés, en autant de parties qu'il y a de cultes

---

(1) Les conseils municipaux des communes de quelqu'importance ont dû délibérer des réglements pour l'exécution de ces dispositions. Ces réglements ne peuvent toutefois être exécutés qu'après qu'ils ont été approuvés par le ministre de l'intérieur. Quoiqu'il en soit, l'autorisation du Roi est toujours indispensable, sous le rapport de l'acceptation des sommes offertes par les familles, comme sous celui de la concession des terreins.

différents, avec une entrée particulière pour chacune, et en proportionnant cet espace au nombre d'habitants de chaque culte.

19. Les lieux de sépulture, soit qu'ils appartiennent aux communes, soit qu'ils appartiennent aux particuliers, seront soumis à l'autoriré, police et surveillance des administrations municipales.

17. Les autorités locales sont spécialement chargées de maintenir l'exécution des lois et réglements qui prohibent les exhumations non-autorisées, et d'empêcher qu'il ne se commette dans les lieux de sépulture aucun désordre, ou qu'on s'y permette aucun acte contraire au respect dû à la mémoire des morts.

18. Les cérémonies précédemment usitées pour les convois..... seront rétablies, et il sera libre aux familles d'en régler la dépense selon leurs moyens et facultés.

19. Lorsque le ministre d'un culte.... se permettra de refuser son ministère pour l'inhumation d'un corps, l'autorité civile, soit d'office, soit sur la réquisition de la famille, commettra un autre ministre du même culte pour remplir ces fonctions (1); dans tous les cas, l'autorité civile est chargée de faire porter, présenter, déposer et inhumer les corps.

20. Les frais et rétributions à payer aux ministres des cultes et autres individus attachés aux églises et temples, tant pour leur assistance aux convois que pour les services requis par les familles, seront réglés par le gouvernement, sur l'avis des évêques, des consistoires

(1) *Voyez* page 208, une observation à ce sujet.

et des préfets.... Il ne sera rien alloué pour leur assistance à l'inhumation des individus inscrits aux rôles des indigents.

21. Le mode le plus convenable, pour le transport des corps sera réglé, suivant les localités, par les maires, sauf l'approbation des préfets (1).

22. Les fabriques des églises et les consistoires jouiront seuls du droit de fournir les voitures, tentures, ornements, et de faire généralement toutes les fournitures quelconques, nécessaires pour les enterrements, et pour la décence ou la pompe des funérailles.

Les fabriques et consistoires pourront faire exercer ou affermer ce droit, d'après l'approbation des autorités civiles, sous la surveillance desquelles ils sont placés.

23. L'emploi des sommes provenant de l'exercice ou de l'affermage de ce droit sera consacré à l'entretien des églises, des lieux d'inhumation..... Cet emploi sera réglé et réparti sur la proposition du ministre des cultes, et d'après l'avis des évêques et des préfets.

24. Il est expressément défendu à toutes autres personnes, quelles que soient leurs fonctions, d'exercer le droit susmentionné, sous telle peine qu'il appartiendra, sans préjudice des droits résultant des marchés existant, et qui ont été passés entre quelques entrepreneurs et les préfets, ou autres autorités civiles, relativement aux convois et pompes funèbres.

25. Les frais à payer par les successions des per-

---

(1) *Voyez* les art. 9 et 11 du décret du 18 mai 1806.

sonnes décédées, pour les billets d'enterrement, le prix des tentures, des bierres et le transport des corps, seront fixés par un tarif proposé par les administrations municipales, et arrêté par les préfets.

26. Dans les villages et autres lieux où le droit précité ne pourra être exercé par les fabriques, les autorités locales y pourvoiront, sauf l'approbation des préfets.

Exception à l'égard des Juifs.

Le décret du 10 février 1806 prononce cette exception.

Art. 1er. Les articles 22 et 24.... de notre décret sur les sépultures, rendu le 23 prairial an 12, articles qui concernent les fabriques et les consistoires, ne sont pas applicables aux personnes qui professent en France la religion juive.

18 *Mai* 1806.

Art. 4. Dans toutes les églises, les curés, desservants et vicaires feront gratuitement le service exigé pour les morts indigents; l'indigence sera constatée par un certificat de la municipalité.

5. Si l'église est tendue pour recevoir un convoi funèbre, et qu'on présente ensuite le corps d'un indigent, il est défendu de détendre jusqu'à ce que le service de ce mort soit fini (1).

6. Les réglements déjà dressés et ceux qui le seront

(1) *Voyez* les art. 9 et 11 de ce décret.

à l'avenir par les évêques, sur cette matière, seront soumis.... à notre approbation.

7. Les fabriques feront, par elles-mêmes, ou feront faire, par entreprise aux enchères, toutes les fournitures nécessaires au service des morts dans l'intérieur des églises, et toutes celles qui sont relatives à la pompe des convois, sans préjudice aux droits des entrepreneurs qui ont des marchés existants.

Elles dresseront, à cet effet, des tarifs et des tableaux gradués par classe; ils seront communiqués aux conseils municipaux et aux préfets, pour y donner leur avis, et seront soumis par notre ministre des cultes, pour chaque ville, à notre approbation. Notre ministre de l'intérieur nous transmettra également, à cet égard, les avis des conseils municipaux et des préfets.

8. Dans les grandes villes, toutes les fabriques se réuniront pour ne former qu'une seule entreprise.

9. Dans les communes où il n'existe pas d'entreprise et de marché pour les sépultures, le mode du transport des corps sera réglé par les préfets et les conseils municipaux. Le transport des indigents sera fait gratuitement.

10. Dans les communes populeuses où l'éloignement des cimetières rend le transport coûteux, et où il est fait avec des voitures, les autorités municipales de concert avec les fabriques, feront adjuger aux enchères l'entreprise de ce transport, des travaux nécessaires à l'inhumation et de l'entretien des cimetières.

11. Le transport des morts indigents sera fait décemment et gratuitement; tout autre transport sera assujéti à une taxe fixe. Les familles qui voudront quelques

pompes traiteront avec l'entrepreneur, suivant un tarif qui sera dressé à cet effet.

Les réglements et marchés qui fixeront cette taxe et le tarif seront délibérés par les conseils municipaux, et soumis ensuite, avec l'avis du préfet, par notre ministre de l'intérieur, à notre approbation.

12. Il est interdit, dans ces réglements et marchés, d'exiger aucune surtaxe pour les présentations et stations à l'église, toute personne ayant également le droit d'y être présentée.

13. Il est défendu d'établir aucun dépositoire dans l'enceinte des villes.

14. Les fournitures précitées dans l'art. 11, dans les villes où les fabriques ne fournissent pas elles-mêmes, seront données ou en régie intéressée, ou en entreprise, à un seul régisseur ou entrepreneur. Le cahier des charges sera proposé par le conseil municipal, d'après l'avis de l'évêque, et arrêté définitivement par le préfet.

15. Les adjudications seront faites selon le mode établi par les lois et réglements sur les travaux publics.

En cas de contestation entre les autorités civiles, les entrepreneurs et les fabriques, sur les marchés existant, il y sera statué sur les rapports de nos ministres de l'intérieur et des cultes.

Les citations qui précèdent renferment toute la législation sur les inhumations. Il restait à régler l'exécution des dispositions de l'art. 76 du décret du 30 décembre 1809, qui obligent le trésorier à porter en recette les cierges délivrés pour les annuels, et ceux qui, dans les enterrements et services funèbres, appartiennent à la fabrique; c'est ce qui fait l'objet d'un décret particulier, du 26 décembre 1813, ainsi conçu :

Art. 1er. Dans toutes les paroisses.... les cierges qui, aux enterrements et services funèbres, seront portés par les membres du clergé, leur appartiendront : les autres cierges placés autour du corps et à l'autel, aux chapelles ou autres parties de l'église, appartiendront; savoir, une moitié à la fabrique, et l'autre moitié à ceux du clergé qui y ont droit; ce partage sera fait en raison du poids de la totalité des cierges.

2. Il n'est rien innové à l'égard des curés qui, à raison de leur dotation, sont chargés des frais du culte.

C'est donc la moitié des cierges dont il est parlé au 1er article du décret de 1813, que le trésorier doit porter au nombre des recettes en nature. (Voyez *Pompes funèbres et Cimetières.*)

Les droits à payer au clergé pour les inhumations sont déterminés dans chaque diocèse par des réglements faits par les évêques, en vertu de l'art. 20 du décret du 12 juin 1804 et de l'art. 29 de celui du 30 décembre 1809.

On donne ici, pour exemple, les rétributions fixées pour le diocèse de Rouen.

Les inhumations des pauvres se font gratuitement.

Celles payées sont de 6 classes, dont le droit se divise comme ci après :

La 6ᵉ, de 6 francs.

	F.	C.
Droit pastoral	2	»
3 Prêtres	2	25
Porte-Croix	»	75
Bedeau	»	50
Fabrique	»	50

La 5ᵉ, de 12 francs.

	F.	C.
Droit pastoral	4	»
4 Prêtres	4	»
Sacristain-laïc	»	75
Porte-Croix	1	»
Bedeau	»	75
2 Enfants de Chœur	»	50
Fabrique	1	»

La 4ᵉ, de 24 francs.

	F.	C.
Droit pastoral	6	»
5 Prêtres	8	75
Sacristain-laïc	1	25
Porte-Croix	1	75
Bedeau	1	»
Suisse	1	»
2 Enfants de Chœur	1	25
Fabrique	3	»

La 3ᵉ, de 40 francs.

	F.	C.
Droit pastoral	10	»
8 Prêtres	16	»
Sacristain-laïc	1	50
Porte-Croix	2	»
2 Chantres	2	»
2 Bedeaux	2	»
1 Suisse	1	»
2 Enfants de Chœur	1	50
Fabrique	4	»

La 2ᵉ, de 60 francs.

	F.	C.
Droit pastoral	13	»
10 Prêtres	25	»
Sacristain-laïc	2	»
Porte-Croix	2	50
2 Chantres	3	»
2 Bedeaux	3	»
1 Suisse	1	50
4 Enfants de Chœur	4	»
Fabrique	6	»

La 1ʳᵉ, de 100 francs

	F.	C.
Droit pastoral	18	»
11 Prêtres	42	»
Sacristain-laïc	2	50
Porte-Croix	3	50
4 Chantres	10	»
2 Bedeaux	4	»
2 Suisses	4	»
6 Enfants de Chœur	6	»
Fabrique	10	»

L'honoraire de la messe *prœsente corpore*, que les familles peuvent exiger, n'est point compris dans le tarif qui précède.

La messe est toujours basse pour les inhumations de 24 fr. et au-dessous. Elle se paye; savoir: pour la classe de 6 fr., 1 fr. 50 c.; pour celle de 12 fr., 2 fr. et pour celle de 24 fr., 3 fr.

La messe chantée, pour les autres classes, est de 10, 15 ou 25 fr. qui se divisent, ainsi qu'il suit:

Classe de 40 francs.

	F.	C.
Le Célébrant	4	»
Diacre et Sous-Diacre.	1	»
3 Chapiers	1	50
3 Prêtres	1	20
2 Chantres	»	50
Sacristain-laïc	»	25
3 Enfants de Chœur.	»	30
Fabrique	1	25

Classe de 60 francs.

	F.	C.
Le Célébrant	5	»
Diacre et Sous-Diacre.	1	50
5 Chapiers	3	75
3 Prêtres	1	50
2 Chantres	»	50
Sacristain-laïc	»	25
3 Enfants de Chœur.	»	50
Fabrique	2	»

Classe de 100 francs.

	F.	C.
Le Célébrant	6	»
Diacre et Sous-Diacre.	2	»
5 Chapiers	5	»
5 Prêtres	5	»
4 Chantres	2	»
Sacristain-laïc	»	75
3 Enfants de Chœur.	1	25
Fabrique	3	»

L'on n'entre ici dans aucun détail sur le luminaire; le nombre et le poids des cierges est déterminé arbitrairement et à la volonté des familles; cependant il est d'usage que l'autel soit garni et que le nombre de cierges près du corps soit égal au nombre de francs à payer pour l'inhumation.

Si l'enterrement a lieu le matin et que la famille fasse célébrer plusieurs messes, *præsente corpore*, le luminaire reste allumé pendant toute la cérémonie, même les cierges portés par les prêtres auxquels ils appartiennent. Les autres assistants non-ecclésiastiques ne peuvent conserver les leurs; ils les mettent à la masse à partager entre le curé et la fabrique.

La sonnerie est payée suivant le tarif arrêté par la fabrique.

C'est ici le lieu de dire un mot sur l'art. 19 du décret du 12 juin 1804. Le législateur prévoyant le cas où un curé refuserait son ministère pour l'inhumation religieuse d'un corps, pensait qu'on pourrait le faire remplacer par un autre prêtre; mais les décisions intervenues depuis ont établi une jurisprudence contraire, de sorte qu'aujourd'hui l'officier de l'état-civil doit se borner à délivrer le permis d'inhumer et renvoyer la famille auprès du curé pour fixer l'heure de l'enterrement, à moins qu'il n'y ait urgence. C'est dans ce sens qu'est rédigé l'art. 14 du réglement relatif aux pompes funèbres de la ville de Rouen, approuvé par ordonnance royale du 24 novembre 1818.

Si le curé refusait ou négligeait de faire des dispositions pour l'inhumation, l'autorité civile ferait faire l'enterrement sans aucun appareil religieux, sauf à la famille à se pourvoir, comme elle l'entendrait, devant qui de droit.

En effet, la Charte, en proclamant la liberté des cultes pour les citoyens, tolère nécessairement cette liberté pour l'église. Si l'on ne consulte que les mœurs et les convenances publiques, il est évident que leur respect exige avant tout le respect pour la religion de l'état. Comment entendre la liberté des cultes, si cette liberté n'est pas mutuelle? Si l'on est libre de choisir entre telle ou telle communion, chaque communion, et *à fortiori* celle qui domine dans l'état, n'est-elle pas libre aussi de n'admettre à ses rites que ceux qu'elle a jugés s'y conformer plus religieusement? A quel titre réclamerait-on de l'église les honneurs qu'elle accorde aux fidèles, sans avoir rempli les devoirs qu'elle impose? Si l'on se croit autorisé à demander quelque chose à la religion, n'a-t-elle rien, avant tout, à exiger de nous? Oui, sans doute, la liberté est égale, et les obligations ne le sont pas moins. L'église laisse à chacun la liberté d'agir, et il y aurait de l'injustice à lui contester la sienne. Elle ne peut dépendre de ceux qui l'ont abandonnée. Si l'on voulait forcer la conscience d'un citoyen, il protesterait contre la violence, il crierait à l'oppression en invoquant la liberté des cultes; or, l'on ne peut non plus violer les temples de la religion pour y faire la présentation d'un corps contre le refus du curé; et c'est ce pasteur qui décide, sans appel, si l'on accordera ou non les honneurs de la sépulture chrétienne.

Le même décret (du 12 juin 1804) se tait sur le mode de transport d'un corps d'une commune dans une autre; mais il n'a pas ôté aux citoyens le droit naturel qu'ils ont de choisir le lieu de leur sépulture, l'art. 14 l'autorise même. Or, s'il s'agit de faire l'inhumation hors la commune où le décès est arrivé, la famille doit d'abord employer, s'il y a lieu, des moyens propres à empêcher la putréfaction, et déclarer ses intentions à l'officier public, qui en fait mention dans l'acte de décès, qui fait constater l'état du corps et qui donne un permis d'enlèvement. Il envoie, aux frais de la famille une expédition de l'acte de décès et du procès-verbal, au maire de la commune où l'inhumation doit avoir lieu, afin que ce fonctionnaire veille à l'exécution du décret. Cette marche a été indiquée par une circulaire du ministre de l'intérieur, du 14 août 1804 (26 thermidor an 12), et c'est celle qui est généralement suivie.

Pour ne rien omettre sur cette matière, voici les dispositions de l'art. 14 du Code pénal :

Les corps des suppliciés seront délivrés à leurs familles, si elles les réclament, à la charge par elles de les faire inhumer sans appareil.

Il leur est défendu aussi de faire élever aucun monument sur leur tombe. (Voyez *Pierres sépulcrales.*)

INJURES. (Voyez *Police des Églises.*)

INSCRIPTIONS DANS LES ÉGLISES.

L'art. 12 du décret du 12 juin 1804, transcrit ci-dessus, permet à chaque particulier, sans qu'il ait besoin d'autorisation, de faire placer sur la fosse de son parent ou de son ami, une pierre sépulcrale ou tout autre signe de sépulture ; mais l'art. 73 du décret du 30 décembre 1809 porte :

Nul cénotaphe, nulles inscriptions, nuls monumens funèbres ou autres, de quelque genre que ce soit, ne pourront être placés dans les églises, que sur la proposition de l'évêque diocésain et la permission du ministre des cultes.

Inscriptions hypothécaires.

L'état, les communes et les établissements publics ont une hypothèque légale sur les biens de leurs comptables (art. 2121 du Code civil), et il ne faudrait pas qu'on crût que par *hypothèque légale* on doive entendre qu'il n'est pas nécessaire de requérir une inscription; cette inscription est obligatoire, seulement elle peût se faire sans titre, en présentant un double bordereau au conservateur (art. 2153).

Les fabriques doivent avoir grand soin de requérir des inscriptions pour la conservation de tous ceux de leurs biens et revenus qui en sont susceptibles. Les inscriptions ont lieu au nom du conseil et à la diligence du trésorier, et malgré que ce comptable exerce gratuitement ses fonctions, il n'y a pas de doute qu'il ne soit responsable des pertes qu'il aurait pu occasionner à l'établissement, en négligeant de requérir ou de faire renouveler les inscriptions.

Les frais d'inscription sont à la charge du débiteur, à moins de stipulation contraire; ainsi le débiteur sur lequel on requiert une inscription doit les droits perçus par le conservateur; plus, le prix du papier timbré employé à la rédaction des bordereaux. Ces bordereaux sont faits dans l'intérêt de la fabrique, et les frais qui en résultent sont à la charge de l'établissement créancier.

L'usage contraire est cependant suivi dans plusieurs endroits; mais, sur une consultation qui fut faite au ministre de l'intérieur, à l'occasion de la demande d'une indemnité formée par un receveur d'hospices pour le renouvellement de l'inscription des actes de plus de deux cents rentes, Son Exc. déclara que, dans aucun cas, les frais de rédaction de bordereaux ne pouvaient être supportés par les débiteurs, et qu'ils ne pouvaient l'être non plus par le receveur, à moins que ce ne fût une condition expresse de sa nomination et de la fixation de son traitement.

Les inscriptions ne peuvent être annulées ou modifiées qu'en vertu d'un arrêté spécial du conseil de préfecture, pris sur l'avis des membres du comité consultatif de l'arrondissement, suivant le décret du 11 thermidor an 12 et une décision du ministre des finances, du 26 septembre 1809.

L'arrêté du conseil de préfecture serait surabondant pour la radiation des inscriptions, lorsqu'elle a été ordonnée par les tribunaux, ou lorsque le capital des rentes qui avait motivé l'inscription a été remboursé : l'arrêté du préfet qui autorise à recevoir les capitaux colloqués ou offerts volontairement, doit conférer le droit de consentir la radiation de l'inscription. Cette manière de voir est conforme aux dispositions du Code de procédure civile ci-après.

Art. 772. Le créancier colloqué, en donnant quittance du montant de sa collocation, consentira la radiation de son inscription.

773. Au fur et à mesure du paiement des collocations, le conservateur des hypothèques, sur la représentation du bordereau et de la quittance du créancier, déchargera d'office l'inscription, jusqu'à concurrence de la somme acquittée.

Ces dispositions ne concernent que les capitaux colloqués; mais l'on pense que pour ceux offerts, l'arrêté du préfet suffit, l'établissement n'ayant plus d'ailleurs aucun intérêt à conserver l'inscription relative à un capital qu'il a reçu.

Installation des curés.

Elle est faite par l'ecclésiastique commis par le supérieur diocésain (art. 28 de la loi du 8 avril 1802), et le maire fait dresser, aux frais de la commune, un état de situation du presbytère et de ses dépendances (art. 44 du décret du 30 décembre).

Inventaires.

Les inventaires du mobilier et des titres et papiers doivent être dressés suivant que l'art. 55 du décret du 30 décembre, transcrit aux mots : *Titres et Papiers*, le prescrit.

Cette disposition ne porte pas que le récolement sera renouvelé lors de l'installation d'un nouveau curé ou desservant, cela semble pourtant d'une nécessité indispensable, notamment pour ce qui concerne le mobilier et les ornements. Le curé ou desservant a ces objets à sa disposition;

il est tenu, à l'instar d'un évêque, d'un préfet, de représenter les choses qui lui sont remises; or ce prélat, ce fonctionnaire ne reçoivent le mobilier que sur inventaire, et après que le récolement en a été fait. Il y a par conséquent beaucoup d'analogie, sous ce rapport, entre la prise de possession d'un curé et celle d'un évêque, et l'on pense que, dans tous les cas de mutation, il doit être fait un récolement des inventaires.

JARDINS DES PRESBYTÈRES.

Lors de l'aliénation des biens du clergé et de ceux des églises, on reconnut la nécessité de conserver un presbytère avec un jardin, pour le logement du curé, dans les paroisses maintenues. L'assemblée nationale rendit à cet effet un décret le 20 décembre 1790, qui fut sanctionné le 25 par le Roi martyr. Il porte :

Art. 1er. Les corps administratifs, avant de procéder à la vente ou location des ci-devant monastères, maisons de chapitres et de communautés, auxquels était unie la cure du lieu, et dans l'intérieur desquels était le logement du curé, seront tenus, si la cure doit être conservée, de distraire des bâtiments un corps-de-logis convenable, qui sera laissé aux paroisses pour former le presbytère...

En cas de distraction, il sera détaché des jardins, une portion de l'étendue d'un demi-arpent, pour servir de jardin presbytéral.

On voit par ce décret qui est conforme à celui du 10 octobre précédent, relatif aux jardins accordés aux curés qui n'avaient point accepté de places que, dès 1790, on reconnaissait la nécessité de joindre un jardin au logement du curé ou desservant. Ce principe a été consacré de nouveau par la loi organique du 8 avril 1802, portant :

Art. 77. Les presbytères et les jardins attenant, non-aliénés, seront rendus aux curés et aux desservants des succursales. A défaut de ces presbytères, les conseils généraux des communes sont autorisés à leur procurer un logement et un jardin.

L'art. 92 du décret du 30 décembre 1809, qui oblige les communes à fournir un presbytère au curé ou desservant, ne fait pas mention du jardin; mais il est de droit, c'est une dépendance nécessaire, dont la contenance est fixée à un demi-arpent d'ordonnance, qui équivaut à 25 ares 54 cent.

Dans certaines localités, on a eu soin, lors de l'aliénation des biens des églises, au profit du domaine, de réserver le demi-arpent prescrit, et même de le compléter, quand le jardin presbytéral était d'une étendue inférieure à ce demi-arpent. Cette clause a fait naître des difficultés: quelques acquéreurs ont prétendu que dans cette étendue étaient comprises les clôtures; d'autres ont même voulu pousser la prétention jusqu'à soutenir que les cours du presbytère devaient entrer dans la mesure. La question ayant été soumise au ministre de l'intérieur, par M. le préfet de la Manche, Son Exc. a décidé que dans l'étendue d'un demi-arpent n'étaient compris ni les bâtiments, ni les cours, ni même les murs, haies et fossés, et que le jardin devait avoir la contenance précitée, *intrà muros*.

JOURNAL DE RECETTE.

L'art. 74 du décret du 30 décembre 1809 prescrit la tenue d'un journal, et en trace la forme ainsi qu'il suit :

Le montant des fonds perçus pour le compte de la fabrique, à quelque titre que ce soit, sera, à fur et mesure de la rentrée, inscrit avec la date du jour et du mois, sur un registre coté et paraphé, qui demeurera entre les mains du trésorier.

Le trésorier d'une fabrique exerce ses fonctions gratuitement; mais il n'en est pas moins comptable de deniers publics, dont il doit régulièrement et rigoureusement rendre compte, sous peine d'être poursuivi comme comptable infidèle. Or, il fallait qu'il eût un moyen de constater exactement ses opérations par un registre qui fût en état d'être inspecté, soit par le supérieur diocésain, soit par ses délégués, suivant qu'il en a le droit, en vertu de l'art. 87 ci-après:

Les archevêques et évêques, en cours de visite, ou leurs vicaires généraux, pourront se faire représenter tous comptes, registres et inventaires, et vérifier l'état de la caisse.

Le journal que le trésorier doit tenir n'est pas seulement un registre à lui, pour son compte personnel, c'est un journal authentique et public, qui doit être coté et paraphé. Le décret n'indique pas par qui cette formalité doit être remplie; mais il n'est pas douteux que ce soit par le président du conseil.

La loi prescrit la tenue d'un journal pour les recettes, et se tait sur l'article des dépenses. C'est bien certainement une omission; car tenir un registre pour les recettes, n'en pas tenir pour les dépenses, et cependant être susceptible de subir une inspection; être tenu de présenter tous les trois mois, par un bordereau de forme régulière, la situation active et passive de la fabrique, cela implique contradiction.

Il est donc raisonnable de penser que le trésorier est dans une égale obligation pour les dépenses comme pour les recettes.

Il y a une manière bien simple de tenir le journal sous le double rapport, et de lui faire faire en même-temps office de livre de caisse; c'est de suivre la règle adoptée en partie semi-double, en portant les recettes à gauche et les dépenses à droite; à ce moyen, on peut à tout moment, et par deux additions et une soustraction, connaître l'encaisse.

On donnera ci-après un modèle de ce journal; on y ajoutera même des exemples d'enregistrement, en s'abstenant de se servir de termes maintenant très-usités en comptabilité régulière, mais qui pourraient cependant embarrasser les personnes pour lesquelles ces expressions ne sont pas encore très-familières.

RECETTES.

Nos d'ordre.	Date des Recettes.	Nature des recettes.	Montant des Recettes.
			F. C.
1	3 avril 1823.	Reçu du sieur N. , trésorier sortant, le reliquat de son compte de l'année précédente.	272 35
2	4 id.	Reçu du sieur N. , l'arrérage échu le jour de Noël 1822, de sa rente foncière de fondations de trente liv., non exempte de retenue pour impositions.	23 70
3	8 id.	Reçu de Mme N. le loyer de son banc, pour l'année 1822, suivant l'adjudication du 28 novembre 1821.	15 40
		A reporter.	311 45

DEPENSES.

Nos d'ordre.	Date des Dépses.	Nature des dépenses.	Montant des Dépses.
			F. C.
1	5 avril 1823.	Payé au sieur N. , suivant son mémoire en forme, diverses fournitures d'objets d'entretien pour le service divin, faites par économie, en 1821.	37 75
2	7 id.	Payé au sieur N. , pour une pièce de vin rouge, fournie le 3 janvier dernier, par suite du marché arrêté par le bureau le 8 novembre 1821....	125 »
3	10 id.	Payé au sieur N. , maçon, pour premier à-compte sur les réparations qu'il exécute à la sacristie et au portail de l'église, en vertu de son adjudication du 7 janvier dernier, approuvée le 13, par M. le Préfet.	100 »
		A reporter.	262 75

Un comptable exercé en tenue d'écritures, trouvera ce modèle trop simple ; il destinera la deuxième colonne à recevoir l'indication des folios du grand-livre, datera ses opérations dans la troisième, et ajoutera une colonne qu'il intitulera : *Montant des recettes ou des dépenses partielles*, et portera pour texte à la dernière, *Total par jour.*

On vient de parler de GRAND-LIVRE. On appelle grand-livre des comptes un registre que l'on divise en autant de parties qu'il y a d'espèces de recettes et de dépenses ; on inscrit, chacun à son titre, les articles passés au journal, de manière qu'au moyen de simples additions, on puisse connaître ce qu'il a été reçu sur les fermages, sur les rentes, et sur tous les autres articles formant les ressources annuelles et extraordinaires de l'établissement, ainsi que ce qui a été payé pour chaque nature de dépense. C'est là ce qu'on appelle un *Répertoire* et *une Situation financière* ; en supposant, toutefois, que l'on ait soin de présenter le tableau comme ci-après.

SITUATION DES RECETTES AU 18

	NATURE DES RECETTES.	Sommes à recouvrer.	Sommes recouvrées.	Reste à recouvrer.
	TOTAUX.......			

SITUATION DES DÉPENSES AU 18

	NATURE DES DÉPENSES.	Sommes à payer.	Sommes payées.	Reste à payer.
	TOTAUX.......			

Si l'on voulait donner un peu plus de perfection à cette comptabilité mixte, il faudrait considérer que les recettes étant portées à gauche au journal, et les dépenses à droite, il serait nécessaire de faire les inscriptions en sens inverse *au grand-livre.*

En suivant cette marche, on parvient tout d'un coup à avoir les résultats d'une comptabilité en parties doubles ; il ne serait nécessaire, pour y arriver, que de former le *tableau récapitulatif* du journal et du *grand-livre*, comme ci-après :

TABLEAU RÉCAPITULATIF.

	DOIT.	AVOIR.
Journal.	311 45	262 75
Comptes des Recettes.	» »	311 45
Comptes des Dépenses.	262 75	» »
BALANCE.	574 20	574 20

SITUATION DE LA CAISSE.

Les recettes étant de	311 45
Les dépenses étant de.	262 75
L'excédant en caisse est de.	48 70

On n'étendra pas davantage ces indications ; elles seront inutiles pour les comptables qui tiennent leurs écritures en parties doubles, et elles suffiront pour ceux qui voudront mettre un degré d'exactitude suffisant dans la tenue de leur comptabilité.

JUIFS (*Inhumations des*).

L'inhumation des personnes qui suivent en France la religion juive, doit avoir lieu comme celle des autres individus; mais les dispositions des lois et réglements sur les pompes des funérailles, ne sont pas applicables à ces individus. Cette exception a été prononcée par le décret du 10 février 1806. (Voyez *Inhumations.*)

JURÉS ET JURYS.

Un arrêté du gouvernement du 23 fructidor an 10 portait que les ecclésiastiques n'étaient point compris au nombre des citoyens appelés à former le jury, et l'article 382 du Code d'instruction criminelle ne les désigne point nominativement; mais s'ils se trouvent faire partie des trois cents plus imposés du département, ou s'ils sont docteurs ou licenciés de l'une des quatre facultés, ou membres et correspondants de l'institut et des autres sociétés savantes reconnues par le gouvernement, rien ne s'oppose à ce qu'ils soient désignés par le préfet.

LEGS. (Voyez *Dons et Legs*, *Fondations.*)

LETTRES ET PAQUETS. (Voyez *Correspondance.*)

Libraires. (Voyez *Livres d'Église.*)

Licitation. (Voyez *Aliénations.*)

Linge d'église. (Voyez *Charges de la Fabrique.*)

Livraison d'objets. (Voyez *Mandats.*)

L'article 35 du décret du 30 décembre 1809 prescrit de faire constater la livraison de tous les objets fournis, par un certificat du sacristain ou de toute autre personne apte à en faire la réception.

Livres d'église, des heures et des prières.

L'impression ou la réimpression doit en être préalablement autorisée par l'évêque dans chaque diocèse. Le décret rendu à cet égard le 28 mars 1805, porte :

Art. 1er. Les livres d'église, les heures et prières, ne pourront être imprimés ou réimprimés, que d'après la permission donnée par les évêques diocésains, laquelle permission sera textuellement rapportée et imprimée en tête de chaque exemplaire.

2. Les imprimeurs, libraires, qui feraient imprimer, réimprimer des livres d'église, des heures ou prières, sans avoir obtenu cette permission, seront poursuivis conformément à la loi du 19 juillet 1793.

Une difficulté à laquelle l'exécution de ce décret avait donné lieu, ayant été portée au conseil-d'état, il a été rendu, le 1er juillet 1809, une décision de laquelle il résulte que, par le décret ci-dessus transcrit, on n'a pas entendu donner aux supérieurs diocésains le droit d'accorder un privilége exclusif à l'effet d'imprimer ou de réimprimer des livres de cette nature, et que, dans tous les cas, les infractions à ce décret devant être poursuivies conformément à la loi du 19 juillet 1793, toutes les contestations auxquelles son exécution donne lieu sont du ressort de l'autorité judiciaire.

Dès-lors, un maire excède ses pouvoirs s'il prend un arrêté par lequel, dans le but d'assurer l'exécution d'un privilége semblable, accordé par un évêque, il ordonne à des libraires ou imprimeurs d'apporter à la mairie tous les livres d'église, d'heures et de prières, à l'usage du diocèse, qu'ils ont en leur possession, à l'effet d'y être, en présence du privilégié, inventoriés et estampillés : cette mesure ayant pour résultat de porter atteinte à la propriété privée, elle ne peut jamais résulter que d'un réglement d'administration publique, sur lequel il n'appartient pas à un maire de prendre l'initiative.

Les officiers judiciaires doivent constater, et les tribunaux punir les infractions aux dispositions du décret du 7 germinal an 13 (1).

LOGEMENT. (Voyez *Presbytères.*)

LUMINAIRE. (Voyez *Charges de la Fabrique.*)

---

(1) Avis du Conseil-d'état, du 1er juillet 1809.

Maires.

Les maires sont membres de droit du conseil de la fabrique, c'est ce qui résulte de l'art. 4 ci après, du décret du 30 décembre 1809 :

..., Seront de droit membres du conseil... 2° Le maire de la commune du *chef-lieu* de la cure ou succursale; il pourra s'y faire remplacer par l'un de ses adjoints : si le maire n'est pas catholique, il devra substituer un adjoint qui le soit ; ou, à défaut, un membre du conseil municipal, catholique. Le maire sera placé à la gauche, et le curé ou desservant à la droite du président.

L'art. 5 a prévu le cas où il y aurait plusieurs paroisses dans une commune. Il porte :

Dans les villes où il y aura plusieurs paroisses ou succursales, le maire sera de droit membre du conseil de chaque fabrique ; il pourra s'y faire remplacer comme il est dit dans l'article précédent.

Le curé ou desservant est de plus membre perpétuel du bureau des marguilliers ; mais il n'en est pas de même du maire, la loi ne lui donne pas ce droit.

Mairies.

L'une des expéditions du compte annuel est déposée à la mairie ; l'article 89 du décret du 30 décembre 1809, qui prescrit cette remise, porte :

Le compte annuel sera en double copie, dont l'une

sera déposée dans la caisse ou armoire à trois clefs: l'autre à la mairie.

Le conseil de la fabrique et le bureau ne peuvent se réunir à la mairie (art. 10).

Maisons presbytérales.

Celles qui n'avaient pas été aliénées ont été remises aux fabriques par la loi du 8 avril 1802; celles des paroisses supprimées ont été rendues, par le décret du 30 mai 1806, aux fabriques des églises conservées. Dans les paroisses où les anciens presbytères avaient été aliénés, les communes ont été obligées, par la loi du 8 avril 1802, et par l'article 92 du réglement du 30 décembre 1809 d'en fournir un autre, et, à défaut de maison presbytérale, de payer une indemnité pécuniaire. (Voyez *Presbytères.*)

Maisons vicariales.

Le décret du 8 novembre 1810, transcrit page 79, a rendu ces maisons aux fabriques.

C'est toujours à elles que les biens des églises ont été rendus, et jamais aux communes. Les remises autorisées par les lois et décrets successifs embrassent tous les biens non-aliénés, ou définitivement concédés lors de la promulgation desdites lois et décrets. Ce serait donc à tort qu'une commune prétendrait avoir la propriété d'une maison vicariale, par la raison qu'il y aurait été placé une école, ou tout autre établissement antérieurement à ces lois et décrets. Il faudrait, pour que la fabrique pût être évincée, qu'il eût été fait à la commune une concession régulière.

Maladie.

Les curés et desservants peuvent obtenir la permission de s'absenter pour cause de maladie. Le supérieur diocésain pourvoit à leur remplacement par des ecclésiastiques qui sont indemnisés suivant qu'il est réglé par le décret du 17 novembre 1811, qui se trouve transcrit au titre *Absence*.

Maladies contagieuses.

Les individus qui en sont atteints ne peuvent pénétrer dans les églises. L'entrée leur en a été interdite par un ordre du gouvernement adressé aux évêques, le 17 octobre 1810.

L'on a aussi considéré que le son des cloches, les chants funèbres, et tout appareil lugubre, frappaient les sens; qu'ils ne pouvaient qu'inspirer des frayeurs dangereuses, troubler la marche des maladies et les rendre mortelles. En conséquence, il a été recommandé, le 4 mars 1806, de ne pas laisser sonner les cloches pour les services d'enterrement, dans les temps d'épidémies.

Mandats de la fabrique.

En comptabilité, une dépense ne peut être acquittée qu'en vertu d'un mandat appuyé de pièces justificatives. La délivrance d'un mandat suppose l'existence d'un ordonnateur et d'un comptable-payeur. Le réglement du 30 décembre 1809 contient sur l'expédition des mandats la disposition suivante :

Art. 28. Tous les marchés seront arrêtés par le bureau des marguilliers, et signés par le président, ainsi que les mandats.

L'art. 35 porte aussi :

Toutes les dépenses de l'église et des frais de sacristie seront faites par le trésorier; et en conséquence, il ne sera rien fourni par aucun marchand ou artisan, sans un mandat du trésorier, au pied duquel le sacristain, ou toute autre personne apte à recevoir la livraison, certifiera que le contenu audit mandat a été rempli.

De ces deux dispositions il faut conclure, en se rattachant à la règle générale adoptée et suivie en bonne administration financière, que s'il s'agit de grosses fournitures, les marchés doivent être passés par le bureau, et que, pour les dépenses de peu d'importance, elles peuvent être faites par le trésorier, au moyen d'un ordre ou mandat au pied duquel la personne préposée à cet effet constate la livraison.

Le paiement ne doit être effectué que sur un mandat délivré par le président du bureau, appuyé de mémoires, factures, traités, adjudications, marchés, etc., et d'un certificat de réception ou de l'exécution de l'objet dont il s'agit de solder le montant. Il faut encore considérer qu'un mandat ne peut être régulièrement acquitté, qu'autant que la dépense qu'il a pour objet de solder a été autorisée par une délibération, et qu'un crédit spécial a été alloué dans un budget, ou d'après une décision particulière.

Mandats des maires.

Les sommes qui sont accordées aux fabriques, sur les budgets communaux, sont versées entre les mains du trésorier, par le receveur municipal, au moyen d'un mandat délivré par le maire, au nom dudit trésorier.

Les suppléments de traitement que les communes consentent à accorder aux curés et desservants sont ordonnancés de la même manière; mais les mandats sont délivrés au nom de ces ecclésiastiques.

S'il s'agit du traitement d'un chapelain, les mandats de paiement sont également expédiés par le maire, soit que ce traitement puisse être imputé sur les ressources communales ordinaires, soit qu'il ait été nécessaire de recourir à une imposition extraordinaire.

Mandats du clergé.

Le traitement des curés et desservants, et les secours accordés aux vicaires sont payés sur les fonds du trésor royal, à la caisse du payeur du département, d'après les mandats que le préfet délivre par trimestre, en proportion des fonds que le ministre de l'intérieur met à sa disposition.

Pour rendre les paiements plus faciles aux ecclésiastiques, les préfets font viser les mandats par le payeur, pour être acquittés par les percepteurs, qui les donnent en compte au receveur d'arrondissement.

Les mandats doivent être présentés à la caisse dans les trois mois de leur date; passé ce délai, ils sont annulés de droit. Lorsqu'un mandat a été annulé, le porteur doit le renvoyer au préfet et en solliciter un nouveau.

Si l'ecclésiastique est décédé, le mandat est expédié au nom des héritiers, à charge par eux de fournir au payeur,

1° L'acte de décès;

2° L'intitulé de l'inventaire, et, à défaut un acte de notoriété délivré par le juge de paix, constatant les droits d'hérédité.

Mandats perdus.

Lorsqu'un mandat s'est trouvé égaré, le titulaire doit passer, sur papier timbré, une déclaration portant la date et le montant dudit mandat, l'indication de la date, du n° et du montant de l'ordonnance sur laquelle il avait été imputé, et du ministère d'où émanait ladite ordonnance. Ces renseignements ne peuvent s'obtenir qu'à la préfecture. Le titulaire prend en outre l'obligation de rembourser le mandat, s'il vient à être acquitté de quelque manière que ce soit.

Cette déclaration est présentée successivement au percepteur, au receveur d'arrondissement et au payeur. Ces comptables donnent séparément un certificat, constatant que le mandat n'a pas été acquitté par eux. Le tout est adressé au préfet, qui délivre un mandat *par duplicata*.

MARCHÉS.

Ils sont passés par le bureau des marguilliers, et signés par le président (art. 28 du décret du 30 décembre 1809). C'est une faculté particulière accordée aux fabriques de faire faire la fourniture des objets nécessaires à l'exercice du culte, au moyen de marchés; mais il n'est point défendu aux marguilliers de provoquer des adjudications quand il le jugent convenable.

MARGUILLIERS (*Bureau des*).

Les marguilliers sont des membres du conseil général de la fabrique, qui sont spécialement chargés des détails de l'administration. Le décret du 30 décembre 1809 contient diverses dispositions relatives à la formation et aux fonctions du bureau des marguilliers. Elles se trouvent ci-après transcrites :

Art. 11. Aussitôt que le conseil aura été formé, il choisira au scrutin, parmi ses membres, ceux qui, comme marguilliers, entreront dans la composition du bureau; et, à l'avenir, dans celle de ses sessions qui répondra à l'expiration du temps fixé par le présent réglement, pour l'exercice des fonctions de marguilliers, il fera, également au scrutin, élection de celui de ses membres qui remplacera le marguillier sortant.

13. Le bureau des marguilliers se composera,

1° Du curé ou desservant de la paroisse ou succursale, qui en sera membre perpétuel et de droit;

2° De trois membres du conseil de la fabrique.

Le curé ou desservant aura la première place, et pourra se faire remplacer par un de ses vicaires.

14. Ne pourront être en même-temps membres du bureau les parents ou alliés, jusques et compris le degré d'oncle et de neveu.

15. Au premier dimanche d'avril de chaque année (1), l'un des marguilliers cessera d'être membre du bureau, et sera remplacé.

16. Des trois marguilliers qui seront pour la première fois nommés par le conseil, deux sortiront successivement par la voie du sort, à la fin de la première et de la seconde année, et le troisième sortira de droit, la troisième année révolue.

17. Dans la suite, ce seront toujours les marguilliers les plus anciens en exercice, qui devront sortir.

18. Lorsque l'élection ne sera pas faite à l'époque fixée, il y sera pourvu par l'évêque (2).

(1) C'est maintenant le Dimanche de Quasimodo que ce remplacement a lieu (art. 2 de l'ordonnance du 12 janvier 1825).

(2) L'ordonnance du 12 janvier 1825, n'ayant apporté aucun changement à cette disposition, l'évêque conserve le droit de pourvoir au remplacement aussitôt qu'il est informé que le conseil de fabrique a omis de faire ce remplacement.

19. Ils nommeront entre eux un président, un secrétaire, un trésorier.

20. Les membres du bureau ne pourront délibérer, s'ils ne sont au moins au nombre de trois. En cas de partage, le président aura voix prépondérante. Toutes les délibérations seront signées par les membres présents.

22. Le bureau s'assemblera tous les mois, à l'issue de la messe paroissiale, au lieu indiqué pour la tenue des séances du conseil.

23. Dans les cas extraordinaires, le bureau sera convoqué, soit d'office par le président, soit sur la demande du curé ou desservant.

24. Le bureau des marguilliers dressera le budget de la fabrique, et préparera les affaires qui doivent être portées au conseil; il sera chargé de l'exécution des délibérations du conseil, et de l'administration journalière du temporel de la paroisse.

26. Les marguilliers sont chargés de veiller à ce que toutes les fondations soient fidèlement acquittées et exécutées suivant l'intention des fondateurs, sans que les sommes puissent être employées à d'autres charges.

. . . .

Il sera.... rendu compte, à la fin de chaque trimestre, par le curé ou desservant, au bureau des marguilliers, des fondations acquittées pendant le cours du trimestre.

27. Les marguilliers fourniront l'huile, le pain, le vin, l'encens, la cire, et généralement tous les objets de consommation nécessaires à l'exercice du culte; ils pourvoiront également aux réparations et achats des

ornements, meubles et ustensiles de l'église et de la sacristie.

28. Tous les marchés seront arrêtés par le bureau des marguilliers, et signés par le président, ainsi que les mandats.

32. Les prédicateurs seront nommés par les marguilliers, à la pluralité des suffrages, sur la présentation faite par le curé ou desservant, et à la charge par lesdits prédicateurs d'obtenir l'autorisation de l'ordinaire.

33. La nomination et la révocation de l'organiste, des sonneurs, des bedeaux, suisses ou autres serviteurs de l'église, appartiennent aux marguilliers, sur la proposition du curé ou desservant. (*Voyez* page 303.)

34. Sera tenu le trésorier de présenter, tous les trois mois, au bureau des marguilliers, un bordereau signé de lui, et certifié véritable, de la situation active et passive de la fabrique, pendant les trois mois précédents; ces bordereaux seront signés de ceux qui auront assisté à l'assemblée, et déposés dans la caisse ou armoire de la fabrique, pour être présentés lors de la reddition du compte annuel.

Le bureau déterminera, dans la même séance, la somme nécessaire pour les dépenses du trimestre suivant.

38. Le nombre de prêtres et de vicaires, habitués à chaque église, sera fixé par l'évêque, après que les marguilliers en auront délibéré, et que le conseil municipal aura donné son avis.

41. Les marguilliers, et spécialement le trésorier,

seront tenus de veiller à ce que toutes les réparations soient bien et promptement faites. Ils auront soin de visiter les bâtiments avec des gens de l'art, au commencement du printemps et de l'automne.

Ils pourvoiront sur-le-champ, et par économie, aux réparations locatives ou autres qui n'excéderont pas.... (50 fr. dans les paroisses au-dessous de mille âmes, et 100 fr. dans les paroisses d'une plus grande population), et sans préjudice, toutefois, des dépenses réglées pour le culte. (Voyez *Réparations.*)

45. Il sera présenté chaque année au bureau, par le curé ou desservant, un état par aperçu des dépenses nécessaires à l'exercice du culte, soit pour les objets de consommation, soit pour réparation et entretien d'ornements, meubles et ustensiles de l'église.

Cet état, après avoir été, article par article, approuvé par le bureau, sera porté en bloc, sous la désignation de *dépenses intérieures*, dans le budget général. Le détail de ces dépenses sera annexé audit projet. (Voyez *Budget.*)

50. Chaque fabrique aura une caisse ou armoire. (Voyez *Caisse.*)

56. Le secrétaire du bureau transcrira, par suite de n^{os}, et par ordre de dates, sur un registre sommier.... (Voyez *Secrétaire*, *Sommier.*)

59. Tout acte contenant des dons ou legs à une fabrique.... (Voyez *Dons et Legs.*)

60. Les maisons et biens ruraux appartenant à la fabrique, seront affermés, régis et administrés par le bureau des marguilliers, dans la forme déterminée pour les biens communaux.

61. Aucun des membres du bureau ne peut se porter, soit pour adjudicataire, soit même pour associé de l'adjudicataire, des ventes, marchés de réparations, constructions, reconstructions ou baux des biens de la fabrique.

64. Le prix des chaises sera réglé. (Voyez *Bancs et Chaises.*)

77. Ne pourront les marguilliers entreprendre aucun procès, ni y défendre, sans une autorisation du conseil de préfecture, auquel sera adressée la délibération qui devra être prise à ce sujet par le conseil et le bureau réunis. (Voyez *Plaidoierie.*)

85. Le trésorier sera tenu de présenter son compte annuel au bureau des marguilliers, dans la séance du premier dimanche du mois de mars. (Voyez *Compte.*)

Les personnes appelées aux fonctions de membres du conseil peuvent bien refuser de les accepter, parce que leur refus peut être dans leur conscience, et qu'on doit en respecter les motifs; mais une fois entrées dans le conseil, elles ont contracté l'obligation de passer dans le bureau, et conséquemment de devenir comptables.

On désigne les marguilliers dans certaines localités, sous le titre de *Trésoriers;* cette dénomination, toute irrégulière qu'elle est, a pourtant une signification exacte, en ce sens que tous les membres du bureau sont comptables et responsables, et que les trois membres du conseil, qui en font partie, sont destinés à devenir trésoriers successivement, pendant leurs trois ans d'exercice.

Le trésorier est responsable du fait de sa gestion, et il peut être contraint par corps, suivant qu'il est expliqué au titre *Trésorier*. Quant aux autres marguilliers, l'ancienne jurisprudence les rendait solidairement responsables, sur l'hypothèque de leurs biens, des pertes et préjudices qu'ils auraient pu causer à la fabrique, par faute, par négligence, ou par insouciance, sauf leur recours, le cas échéant, contre celui d'entr'eux qui était en charge. La responsabilité est encore la même aujourd'hui, parce que c'est un principe consacré par l'article 1382 du Code civil, que celui qui a causé un dommage à autrui est obligé à le réparer, et, d'après l'art. 1202, il y aurait fort peu de cas où l'on ne serait pas admis à diriger une action solidaire contre tous les membres du bureau.

Marguilliers d'honneur.

Le décret réglementaire du 30 décembre 1809 autorise les conseils de fabrique, là où il en existait autrefois, à rétablir un ou deux *Marguilliers d'honneur*. L'art. 21 porte à cet égard :

Dans les paroisses où il y avait ordinairement des marguilliers d'honneur, il pourra en être choisi deux par le conseil, parmi les principaux fonctionnaires publics domiciliés dans la paroisse. Ces marguilliers, et tous les membres du conseil, auront une place distinguée dans l'église ; ce sera *le banc de l'œuvre* : il sera placé devant la chaire autant que faire se pourra.

Les marguilliers d'honneur, que la nouvelle législation autorise à appeler au conseil, ne peuvent être pris que parmi les *principaux fonctionnaires*, et sans prérogatives, sans droits particuliers de préséance. Autrefois c'étaient des magistrats, des officiers militaires et même des avocats qui exerçaient publiquement leur état. Quant aux individus des autres classes, ils ne pouvaient être que marguilliers-comptables, suivant qu'il avait été jugé par le parlement de Paris, le 30 juillet 1710.

Le décret du 30 décembre 1809, en autorisant le rétablissement des marguilliers d'honneur, en fixe le nombre à deux. Il ne dit pas s'ils auront voix délibérative ou seulement consultative dans le conseil et dans le bureau où ils sont également appelés, mais on pense que leur voix doit être comptée dans le conseil, parce qu'il ne s'agit que d'un avis; et qu'il ne peut en être de même dans le bureau, parce qu'il repose sur les membres une responsabilité qui ne peut peser sur ces marguilliers, lesquels ne sont point susceptibles de devenir trésoriers. Ils ne peuvent dès-lors y avoir que voix consultative.

Le décret n'indique pas non plus combien de temps les marguilliers d'honneur resteront en fonctions. Seront-ils membres perpétuels ou devront-ils sortir à des époques périodiques? Il semble que dans ce cas on doit suivre l'ancien usage, d'après lequel les marguilliers d'honneur n'étaient en fonctions que pendant trois ans. Cela s'accorde d'ailleurs assez avec les règles suivies pour le renouvellement des conseillers et des marguilliers.

Par le choix des marguilliers d'honneur, les fonctionnaires désignés reçoivent un témoignage d'estime qu'ils peuvent refuser, sans inconvénient pour le service de la fabrique, parce que leur concours n'est pas indispensable.

Mariage.

Les dispositions de l'art. 54 de la loi organique du 8 avril 1802, défend aux ministres de la religion de donner la bénédiction nuptiale avant d'avoir acquis la preuve que le mariage a été contracté devant l'officier de l'état-civil, et le Code pénal renferme des dispositions extrêmement rigoureuses contre ceux qui enfreindraient cette obligation, les voici :

Art. 199. Tout ministre d'un culte qui procédera aux cérémonies religieuses d'un mariage, sans qu'il lui ait été justifié d'un acte de mariage, préalablement reçu par les officiers de l'état-civil, sera, pour la première fois, puni d'une amende de 16 fr. à 100 fr.

200. En cas de nouvelles contraventions de l'espèce exprimée en l'article précédent, le ministre du culte qui les aura commises, sera puni, savoir :

Pour la première récidive, d'un emprisonnement de deux à cinq ans ;

Et pour la seconde, de la déportation.

Une décision du gouvernement du 24 novembre 1802 (3 frimaire an 11), a consacré pour la publication des bans de mariage, la formule suivante :

Vous êtes avertis que *tel* et *telle* nous demandent la bénédiction nuptiale. Si vous étiez instruits de quelques empêchements canoniques, vous êtes invités à nous en donner connaissance. Vous êtes également avertis que les parties se sont pourvues pardevant l'officier civil, pour remplir les formes voulues par la loi, et nécessaires à la validité de leur union, et que nous ne leur conférerons le sacrement qu'après qu'ils auront satisfait à l'art. 54 de la loi du 18 germinal an 10 (8 avril 1802).

Il est donc essentiel et même d'une obligation étroite pour les curés et desservants d'exiger des fidèles qui réclament la bénédiction nuptiale, qu'ils justifient, par un certificat en bonne forme, délivré par l'officier de l'état-civil, qu'ils ont rempli les conditions exigées par le Code civil (art. 165 et suivants).

Pendant plusieurs années, on a pu délivrer ces certificats sur papier libre ; mais il n'a pu en être de même depuis la publication du décret du 9 décembre 1810, portant :

Art. 1er. Les certificats que les officiers de l'état-civil délivrent aux parties, pour justifier aux ministres des cultes, de l'accomplissement préalable des formalités civiles, avant d'être admises à la célébration religieuse de leur mariage, seront assujétis au timbre de 25 centimes.

Le mariage des militaires exige des formalités particulières qui ont été prescrites par un décret du 16 juin 1808.

Il existe également des dispositions spéciales pour les officiers en non-activité ; mais les détails qui précèdent sortant déjà du cadre dans lequel cet ouvrage doit être renfermé, on se bornera à faire remarquer que les militaires en congé limité, en permission, sont astreints aux justifications prescrites par le décret du 16 juin 1808, et qu'il n'y a enfin que ceux qui sont porteurs de congés absolus ou définitifs, qui en soient dispensés.

Les bénédictions nuptiales sont du nombre des cérémonies religieuses pour lesquelles les fidèles peuvent offrir un honoraire aux ministres de la religion, et une rétribution aux fabriques. Les réglements de chaque diocèse variant à ce sujet, on se borne à indiquer ici les cinq classes tarifées pour le diocèse de Rouen.

5e *Classe*, 3 *fr. sans Messe.*

Cette offrande appartient au Curé, qui en donne 50 cent. à l'Officier de l'église qui l'a assisté, s'il n'a rien reçu en particulier.

4e *Classe*, 6 *francs.*

Messe. Dans les villes, 2 fr., et dans les campagnes, 1 fr. 50 cent.

Officier de l'église, 75 centimes, sauf déduction de ce qu'il a reçu en particulier. Le surplus appartient au Curé.

3e *Classe*, 15 *francs.*

	F.	C.
Messe............	3	»
Droit pastoral......	6	»
Clerc des sacrements..	1	50
1 Bedeau..........	1	»
1 Enfant de Chœur..	»	50
Fabrique...........	3	»
2 Cierges à l'Autel.		

2e *Classe, 30 francs.*

	F.	C.
Messe	4	50
Droit pastoral	12	»
Clerc des sacrements	2	»
1 Prêtre assistant	2	»
1 Bedeau	1	»
1 Suisse	1	»
2 Enfants de Chœur	1	50
Fabrique	6	»
4 Cierges à l'Autel.		

1ère *Classe, 60 francs.*

	F.	C.
Messe	6	»
Droit pastoral	24	»
Clerc des sacrements	4	»
Prêtre assistant	4	»
2 Bedeaux	3	»
2 Suisses	3	»
4 Enfants de Chœur	4	»
Sacristain-laïc	2	»
Fabrique	10	»
4 Cierges à l'Autel et 2 d'acolytes.		

Dans le cas d'absence d'un officier de l'église, il est remplacé par un autre.

Les honoraires ci-dessus indiqués n'empêchent par de donner des cierges, ni de faire l'offrande au moment de l'offertoire de la messe, casualités qui sont à la volonté des époux et des conviés, et qui font partie du droit pastoral.

Au surplus, il est loisible à tout fidèle de demander la bénédiction nuptiale gratuitement, et au nom de la charité.

Matériaux.

Les fabriques ne peuvent aliéner leurs immeubles qu'en vertu d'une autorisation du Roi; mais lorsqu'un bâtiment est tombé en ruines, tel qu'une ancienne église supprimée, un presbytère, un bâtiment, un mur, et que l'on ne juge pas à propos de le faire réédifier, l'autorisation du préfet, sur l'avis de l'évêque, suffit pour que la vente soit régulière. Il ne faudrait pas que l'emplacement y fut compris, car alors ce serait une véritable aliénation d'immeuble. C'est ce qui résulte de dépêches de Son Excellence le ministre de l'intérieur des 12 juillet 1819 et 25 octobre 1826, adressées à M. le préfet de la Seine-Inférieure.

Ces décisions sont conformes aux dipositions de l'art. 532 du Code civil, qui déclare *meubles* les matériaux provenant de la démolition d'un édifice, et ceux assemblés pour en construire un nouveau jusqu'à ce qu'ils soient employés par l'ouvrier dans une construction.

MAUVAISE CONDUITE. (Voyez *Absence.*)

MÉDECINE.

Le conseil-d'état a décidé le 8 vendémiaire an 14, que les curés et desservants peuvent donner gratuitement des soins et des conseils à leurs *paroissiens malades*, sans craindre d'être poursuivis comme exerçant la médecine sans droit ni qualité.

MEMBRES DU BUREAU, MEMBRES DU CONSEIL.

(Voyez *Marguilliers et Conseil de Fabrique.*)

MEMBRES DU CONSEIL MUNICIPAL.

Aux termes de l'article 4, nº 2, du décret du

30 décembre 1809, ils peuvent se trouver dans le cas de siéger au conseil de la fabrique en remplacement du maire et des adjoints, si ces fonctionnaires ne sont pas catholiques.

MENACES. (Voyez *Police des Églises.*)

MENSE ÉPISCOPALE. (Voyez *Dotation des Evêchés.*)

MERCURIALES.

Elles servent à déterminer la valeur des rentes et des baux stipulés payables en nature, soit pour l'évaluation annuelle, soit pour fixer le droit proportionnel de l'enregistrement. (Voy. *Rentes.*)

MEUBLES.

Il y a des *meubles corporels* qui consistent dans quelque chose de matériel, et des *meubes incorporels* qui n'ont par eux-mêmes aucun corps, ne consistant que dans un droit, tel qu'une rente, le droit de quêter, etc.

Parmi les meubles corporels, il y en a qui sont d'une nécessité si absolue, qu'une église ne peut en être dépourvue; tels sont les ornements des curés et autres ecclésiastiques employés au saint ministère; les vases sacrés, calices, ciboires, ostensoires; le linge, les livres, chandeliers d'autels et portatifs, crucifix, croix de procession, bénitiers, encensoirs, dais, chaises de célébrants, garnitures de fonts baptismaux, confessionnaux, et généralement tous les meubles et ustensiles indispensables pour la célébration du service divin. Tous ces objets doivent être de matière et de forme convenables.

Il y a d'autres meubles corporels, qui ne sont pas d'une nécessité aussi notable, tels que les orgues, cloches, bancs, chaises, tapis, armoires et autres objets.

On compte encore au nombre des meubles corporels des fabriques ceux dont les conseils municipaux ont été invités à faire garnir le logement des curés et desservants, par l'arrêté du gouvernement, du 8 avril 1803.

Enfin, les sommes d'argent disponibles sont également meubles corporels.

Sous la désignation de meubles, suivant qu'elle est définie par l'article 532 du Code civil, entrent les matériaux provenant des démolitions, ou rassemblés pour être employés à une construction. La fabrique peut les vendre avec l'autorisation du préfet. (Voyez *Matériaux.*)

Le mobilier des fabriques étant *hors le commerce*, et servant à l'exercice du culte, est insaisissable.

Militaires. (Voyez *Honneurs militaires au Saint-Sacrement*, *Mariages.*)

Mobilier. (Voyez *Meubles.*)

Monuments.

Il ne peut en être placé dans les églises sans la

permission du ministre de l'intérieur, sur la proposition du supérieur diocésain (art. 73 du décret du 30 décembre 1809); mais un précédent décret du 12 juin 1804 (23 prairial an 12), sur les inhumations, permet d'en ériger dans les cimetières et dans les hôpitaux. (*Voyez* ce décret au titre *Inhumation.*)

Les monuments dont l'érection a été légalement autorisée ne peuvent être détruits ou dégradés par qui que ce soit, sans qu'il n'y ait lieu à infliger aux délinquants la peine prononcée par l'art. 257 du Code pénal, ainsi conçu :

Quiconque aura détruit, abattu, mutilé ou dégradé des monuments, statues et autres objets destinés à l'utilité ou à la décoration publique, et élevés par l'autorité publique, ou avec son autorisation, sera puni d'un emprisonnement d'un mois à deux ans, et d'une amende de cent francs à cinq cents francs.

Notaires.

Ils sont tenus, d'après l'art. 58 du décret du 30 décembre 1809, de donner avis au curé ou desservant des actes qui pourraient être passés devant eux, et qui contiendraient des libéralités envers les fabriques. Cette obligation leur est de nouveau imposée par l'art. 5 de l'ordonnance du 2 avril 1817. (Voyez *Dons.*)

C'est devant notaires que se passent les baux. (Voyez *Baux.*)

Oblations.

Il existe deux sortes d'oblations : il y en a qui sont tarifées dans les réglements des supérieurs diocésains, et d'autres qui ne sont que des offrandes volontaires que font les fidèles.

Les oblations sont faites à la fabrique ou au curé. Celles qui sont fixées par le tarif ne laissent aucun doute sur leur destination : la part de la fabrique et celle des ecclésiastiques sont faites, mais il n'en est pas de même des offrandes volontaires. Il ne paraît pas qu'aucune disposition législative ait prévu d'autres cas que celui où il est offert des cierges sur les pains bénits : ils ont été attribués à la fabrique par l'article 76 du décret du 30 décembre 1809.

Cela semblerait sortir de la règle générale, d'après laquelle les oblations faites au chœur appartiennent au curé, et celles faites dans les autres parties de l'église, à la fabrique; mais en considérant que le pain bénit n'est plus obligatoire pour les paroissiens, et que c'est une charge de la fabrique, on reconnaîtra que le pain bénit, ainsi que les cierges offerts, sont donnés à la fabrique. En cas d'incertitude, il faut examiner quelle a pu être l'intention des fidèles, et cette incertitude existe, quand on ne peut reconnaître si l'offrande a été faite au chœur ou hors du chœur. On ne citera ici qu'un seul exemple, afin de ne pas sortir des bornes de cet ouvrage.

Les cierges que les enfants portent le jour de leur première communion, sont laissés à l'église, soit au chœur, soit hors du chœur; mais il ne peut y avoir de doute que c'est au curé que les enfants en ont fait l'offrande, comme un témoignage de leur reconnaissance, pour les soins et les peines qu'il s'est donnés pour leur préparation. Il faut, d'ailleurs, considérer que la première communion est l'objet principal de la cérémonie, et qu'elle se fait au chœur.

Les oblations qui regardent la fabrique font partie des revenus de cet établissement, et doivent être exactement portées en recette par le tresorier. Si ce sont des dons faits en nature, l'évaluation en est faite d'après les prix connus, et le trésorier s'en rend comptable.

OFFICIERS *de l'Eglise, Suisses, Bedeaux, et autres Employés.*

Leur nomination et révocation sont bien dans les attributions des marguilliers, mais elles ne doivent avoir lieu que sur la proposition du curé (art. 33 du décret du 30 décembre 1809).

Toutefois, dans les communes rurales, c'est le curé, desservant ou vicaire qui nomme et congédie les chantres, sonneurs et sacristains (art. 7 de l'ordonnance du 12 janvier 1825).

OFFRANDES. (Voyez *Oblations.*)

Oratoires particuliers.

L'article 44 de la loi organique du 8 avril 1802 (18 germinal an 10), porte :

Les chapelles domestiques, les oratoires ne pourront être établis sans une permission expresse du gouvernement, accordée sur la demande de l'évêque.

Il a été rendu un décret le 22 décembre 1812, qui règle l'application de cette disposition générale ; on le rapportera ici en entier.

Art. 1er. Les chapelles domestiques et les oratoires particuliers, dont est mention en l'article 44 de la loi du 18 germinal an 10, et qui n'ont pas encore été autorisés..... aux termes dudit article, ne seront autorisés que conformément aux dispositions suivantes.

2. Les demandes d'oratoires particuliers, pour les hospices, les prisons, les maisons de détention et de travail, les écoles secondaires ecclésiastiques, les congrégations religieuses, les lycées et les colléges, et des chapelles et oratoires domestiques, à la ville ou à la campagne, pour les individus ou les grands établissements de fabriques et de manufactures, seront accordés par... (le Roi), sur la demande des évêques. A ces demandes seront jointes les délibérations prises, à cet effet, par les administrateurs des établissements publics, et l'avis des maires et des préfets.

4. Les pensionnats, pour les jeunes filles et pour les jeunes garçons, pourront également, dans les mêmes formes, obtenir un oratoire particulier, lorsqu'il s'y trouvera un nombre suffisant d'élèves, et qu'il y aura d'autres motifs déterminants.

4. Les évêques ne consacreront les chapelles ou oratoires que sur la représentation de.... (l'ordonnance du Roi).

5. Aucune chapelle ou oratoire ne pourra exister dans les villes que pour causes graves, et pour la durée de la vie de la personne qui aura obtenu la permission.

6. Les particuliers qui auront des chapelles à la campagne ne pourront y faire célébrer l'office que par des prêtres autorisés par l'évêque, qui n'accordera la permission qu'autant qu'il jugerait pouvoir le faire sans nuire au service curial de son diocèse.

7. Les chapelains des chapelles rurales ne pourront administrer les sacrements qu'autant qu'ils auront les pouvoirs spéciaux de l'évêque, et sous l'autorité et la surveillance des curés.

L'art. 8 ordonne que les chapelles et oratoires, pour lesquels il n'existe pas d'autorisation, soient fermés à la diligence des procureurs du Roi, des préfets, maires et autres officiers de police.

Ordonnateur des dépenses. (Voyez *Mandats*.)

Organisation des fabriques.

L'art. 76 de la loi organique du 8 avril 1802, porte :

Il sera établi des fabriques pour veiller à l'entretien et à la conservation des temples, à l'administration des aumônes.

Un décret du 26 juillet 1803 prescrivit la formation d'une administration composée de trois marguilliers seulement, auxquels le curé ou desservant pouvait se réunir avec voix consultative.

Ce n'est enfin que par le décret du 30 décembre 1809, dont la publication n'a eu lieu que six mois après, que l'organisation des fabriques a été réglée comme elle l'est aujourd'hui. Cette administration est composée d'un conseil délibérant, et d'un bureau d'exécution et de surveillance habituelle. (Voyez *Conseils*, *Marguilliers*.)

Organiste.

Sa nomination et sa révocation appartiennent aux marguilliers, sur la proposition du curé ou desservant (art. 33 du décret du 30 décembre).

Ornements. (Voyez *Meubles*.)

Outrages. (Voyez *Police*.)

Pain bénit.

C'était autrefois un usage généralement suivi de présenter à l'église du pain pour être bénit, et être distribué ensuite aux assistants. Tous les Français étaient réputés catholiques, et alors l'ancienne législation obligeait chaque habitant de présenter le pain bénit à tour de rôle à sa paroisse.

Aujourd'hui qu'on ne peut obliger les citoyens à aucun acte extérieur de religion, la présentation du pain bénit est facultative. Or, les marguilliers n'ont plus que des invitations à faire pour l'obtenir de la piété des fidèles ; et lorsque l'offrande est omise par les particuliers, la fabrique est dans la nécessité de faire faire la présentation à ses frais, ou de s'en passer.

La distribution du pain doit être faite à toutes les personnes qui assistent à la messe paroissiale. (Voyez *Oblation*, *Quêtes*.)

PAIN DES MESSES. (Voyez *Charges de la Fabrique*.)

PAROISSES.

On nomme indistinctement paroisses les cures et les succursales. Il y a des communes qui ont plusieurs paroisses; le maire est membre de droit de la fabrique de chacune (art. 5 du décret du 30 décembre 1809).

Il y a aussi des paroisses qui comprennent plusieurs communes ; alors, c'est le maire du chef-lieu qui est membre de droit du conseil, et, dans ce cas, toutes les communes qui entrent dans la circonscription de la paroisse sont obligées de concourir à la dépense qu'occasionne l'exercice de la religion, soit pour le logement du curé ou desservant (1), soit pour des constructions, reconstructions, ou grosses réparations aux édifices, soit enfin pour subvenir à l'insuffisance des revenus de la fabrique paroissiale. Sont seules exceptées les

(1) Les communes réunies ayant la faculté, d'après la loi, de payer une indemnité de logement, ne peuvent être obligées à concourir aux frais d'acquisition ou de construction d'un presbytère.

communes dont les églises ont été érigées en chapelles, suivant un avis du conseil-d'état, du 14 décembre 1810. (Voyez *Frais de culte.*)

La même exception a été accordée par l'ordonnance du 25 août 1819, en faveur des communes qui obtiennent une chapelle vicariale.

La circonscription des paroisses a été réglée par les décrets ou ordonnances de création des cures, succursales ou chapelles; mais il est quelquefois apporté des changements dans le périmètre des communes qui composent ces paroisses. Dans ce cas, et afin de faire concorder autant que possible les circonscriptions ecclésiastiques avec les circonscriptions civiles, le maire ou le curé doit s'empresser d'informer l'évêque des changements dont il s'agit. A ce moyen l'évêque est, s'il le juge à propos, à même d'ajouter en conséquence aux pouvoirs du curé de la paroisse qui reçoit un accroissement de territoire, et de modifier ceux du curé de la paroisse qui éprouve la perte.

Pauvres. (Voyez *Bureaux de Charité, Troncs.*)

Partage. (Voyez *Aliénations.*)

Partage de biens *provenant d'Eglises supprimées.* (Voyez le titre *Biens.*)

Pensions ecclésastiques.

Lorsque, dans les temps révolutionnaires, les

prêtres furent dépouillés de leurs revenus, le gouvernement fit liquider leur traitement. L'exercice public de la religion s'étant trouvé aboli, on transforma les traitements en pensions. Enfin, ces pensions furent réduites au *tiers consolidé*.

Une époque de rigueur fut fixée pour la justification des droits à la pension, mais le gouvernement se relâcha de sa sévérité, et ce délai fut prorogé indéfiniment, en sorte qu'aujourd'hui tout ecclésiastique, qui a des droits à une pension, en peut obtenir la liquidation.

Les pièces à fournir sont,

1° L'acte de naissance;

2° Un certificat d'identité et d'individualité délivré par un notaire, sur l'attestation de quatre témoins;

3° Une copie certifiée, et en forme, de la liquidation provisoire de la pension, et à défaut, la preuve que le réclamant avait primitivement des droits à la pension;

4° Un certificat de communion avec l'évêque du diocèse dans lequel le réclamant habite.

Pour justifier du droit primitif à la pension, il faut que l'ecclésiastique prouve qu'il a été salarié des deniers de l'état, au moyen, soit d'un mandat expédié alors, soit d'un certificat délivré sur des registres reconnus en bonne forme, constatant la délivrance du mandat, soit d'une attestation du dépositaire des registres sur lesquels les paiements ont été inscrits. Si la pension n'a pas été liquidée provisoirement, l'ecclésiastique doit justifier qu'il était fonctionnaire public, et que, comme tel, il avait droit à une pension. Tel serait le cas où un curé aurait quitté le territoire français avant l'époque de la liquidation provisoire des pensions, et qui, par ce motif, n'aurait formé alors aucune réclamation. Il faudrait produire le titre d'institution de curé, et faire établir, par acte de notoriété publique, le temps pendant lequel il a exercé ses fonctions.

Il n'existe pas encore de dispositions législatives en faveur des curés, desservants et vicaires obligés, par leur âge ou leurs infirmités, d'abandonner leurs fonctions. Ces ecclésiastiques reçoivent, sur la proposition de l'évêque, un secours qui varie annuellement, suivant la quotité du fonds accordé au diocèse, et le nombre de parties prenantes.

Il faut espérer que le Roi daignera, dans son inépuisable bonté, s'occuper d'assurer un sort certain aux ecclésiastiques qui ne sont plus en état de continuer leurs pénibles fonctions.

Pierres sépulcrales (1.)

Tout particulier a le droit de faire placer, sur la fosse de son parent ou de son ami, une pierre

(1) Elles ne peuvent rester sur la tombe que jusqu'au moment du renouvellement des fosses, et si alors on veut en éviter le déplacement, il faut obtenir la concession du terrain, suivant qu'il est dit, page 253.

sépulcrale ou tout autre signe indicatif de sépulture. (Art. 12 du décret du 12 juin 1804.) (Voyez *Monuments*, *Inhùmations.*)

PLACEMENT DE FONDS. (Voyez *Remploi de capitaux.*)

PLACES DANS LES ÉGLISES.

Le conseil-d'état a décidé, le 17 mai 1809, que la distribution des places dans les églises se faisant en vertu de réglements des fabriques, approuvés par les évêques, toutes les questions relatives à ces places sont du ressort de l'autorité administrative.

Le placement des bancs et des chaises, et la distribution des places dans les églises sont réglés par le curé, sauf l'appel au supérieur diocésain, si les marguilliers s'y croient fondés; c'est ce qui résulte de l'art. 30 du décret du 30 décembre 1809.

Il devait en être ainsi, parce que c'est le curé qui dirige spécialement le service divin et toutes les cérémonies religieuses, et qu'il lui importe que l'intérieur de l'église soit convenablement disposé; c'est en conséquence le curé qui désigne, et la fabrique qui détermine le lieu de la *place distinguée* qui doit être réservée aux fonctionnaires publics.

A l'article *Bancs*, on a fait connaître que les anciens possesseurs de bancs ne peuvent plus les occuper aujourd'hui aux mêmes conditions. Il en est de même des chapelles, des tribunes et autres places particulières. Le ministre de l'intérieur, engageant, par une circulaire du 12 avril 1819, les supérieurs diocésains à faire tous leurs efforts auprès des fabriques, pour qu'elles tirassent le plus d'avantages possibles de leurs ressources par des concessions de bancs, chapelles, cénotaphes, monuments, inscriptions funèbres et autres, leur disait :

Je suis informé que, dans plusieurs églises, et particulièrement dans celles des campagnes, des chapelles, des tribunes ou des bancs sont occupés gratuitement par des personnes qui croient y avoir un droit d'ancienne possession.

Cet usage, contraire à la législation actuelle, excite des réclamations, prive les fabriques d'une ressource indiquée par le décret du 30 décembre 1809, qui leur est nécessaire dans l'état de détresse où elles se trouvent.

Je ne saurais donc trop vous recommander, Monseigneur, de prendre les mesures nécessaires pour qu'il n'existe d'autres concessions dans les églises de votre diocèse, soit par bail, soit par prestation annuelle, soit à perpétuité, que dans les formes déterminées par le décret précité, articles 68 à 73 inclusivement.

Il y a si peu de zèle dans certaines localités, tant de mauvaise volonté de la part de quelques paroissiens, et une si grande faiblesse de celle des marguilliers, que le produit des places y est absolument nul. On met les bancs en adjudication, personne ne se présente ; on veut percevoir un simple liard à la messe et aux vêpres, les fidèles ne paient que partiellement, et se récrient sur la charge; on se réduit à ne demander le prix des places qu'à la messe, enfin on y renonce et on fait une quête; alors chacun est libre et se dispense de cette faible rétribution : cet abus est véritablement intolérable. En effet, l'entrée dans les églises est gratuite, et chacun adroit d'y être admis; mais on ne doit de siége à aucun assistant, hormis aux personnes investies de l'autorité et aux véritables indigents; en sorte que ceux qui occupent une place doivent payer la rétribution fixée.

Il y a donc deux moyens bien faciles à employer pour vaincre l'opiniâtreté de ceux qui ne veulent pas payer leurs siéges,

1° Si la mauvaise volonté est partielle, il faut *taxer les bancs et chaises*, en suivant très-ponctuellement les formes rappelées au titre *Bancs*. Lorsque l'on recueille le prix des siéges, s'il y a refus de paiement, il faut citer les récalcitrants devant le juge de paix, et un seul exemple suffira;

2° Si l'opiniâtreté s'est propagée, et que ce soit le résultat d'une cabale, il faut, sans plus tarder, enlever les bancs et chaises, et n'en plus procurer qu'à ceux qui en offriront un prix de location raisonnable.

Ces deux moyens sont rigoureux sans doute;

mais quand il s'agit de faire son devoir et de profiter des ressources qui sont offertes pour entretenir les édifices et faire face aux frais du service divin, il ne faut pas craindre de se mettre en opposition avec des individus mal intentionnés. On a essayé de ces deux mesures, et elles ont produit le meilleur effet. Dans une petite paroisse où les bancs ne rapportaient pas dix sous par dimanche, on les a taxés ; dix récalcitrants ont été traduits devant le juge de paix et condamnés à payer chacun deux liards, *avec frais et dépens* ; ces mêmes bancs produisent aujourd'hui, et depuis ce temps, plus de 400 francs par an ; en sorte que l'église, qui était dépourvue de tout, est maintenant dans un état de décence satisfaisant.

Plaidoieries.

L'article 77 du décret du 30 décembre 1809, dispose :

Ne pourront, les marguilliers, entreprendre aucun procès, ni y défendre, sans une autorisation du conseil de préfecture, auquel sera adressée la délibération qui devra être prise à ce sujet par le conseil (de la fabrique) et le bureau réunis.

79. Les procès seront soutenus au nom de la fabrique, et les diligences faites à la requête du trésorier, qui donnera connaissance de ces procédures au bureau.

Il convient de rapporter ici les dispositions

du Code de procédure civile, relatives aux diligences :

Art. 69. Seront assignés.... 3° Les administrations ou établissements publics, en leurs bureaux, dans le lieu où réside le siége de leur administration....

Dans les cas ci-dessus, l'original sera visé de celui à qui copie de l'exploit sera laissée; en cas d'absence ou de refus, le visa sera donné, soit par le juge de paix, soit par le procureur du Roi près le tribunal de première instance, auquel, en ce cas, la copie en sera laissée.

On ne doit pas perdre de vue, au surplus, qu'on ne peut pas refuser de viser l'original, sans s'exposer à être condamné à une amende de cinq francs au moins. (Art. 1039. Voyez *Actes conservatoires, Diligences, Significations.*)

Les plaidoieries ne peuvent être arrêtées ni suspendues par les membres de la fabrique. Le trésorier est obligé, sous sa responsabilité personnelle, de les faire continuer de manière à obtenir jugement dans les trois ans, à partir de l'exploit introductif, car s'il y avait extinction de l'instance, la fabrique serait obligée de payer les frais, et le trésorier tenu au remboursement, en sa qualité d'administrateur responsable; c'est ce qui résulte de l'art. 398 du Code de procédure civile :

La péremption courra contre l'état, les établissements publics et les personnes mêmes mineurs, sauf leur recours contre les administrateurs et tuteurs.

La fabrique ne peut, par conséquent, se désister quant au fond, puisque le désistement entraîne la péremption ; mais, s'il était reconnu que la fabrique courrait des risques de succomber, par quelque raison que ce fût, ce serait le cas de tenter la transaction.

PLANTATION.

Les cimetières peuvent être plantés d'arbres forestiers. Lorsque les communes ou les fabriques obtiennent du ministre des finances une délivrance d'arbres, elles doivent faire des plantations nouvelles, d'essence appropriée au sol, et les entretenir pendant le temps déterminé par la décision de Son Excellence, et sous la surveillance des agents de l'administration des eaux et forêts.

POLICE DES ÉGLISES.

Le placement des bancs et chaises et la distribution des places appartiennent au curé ou desservant, sauf l'appel à l'évêque si les marguilliers s'y croient fondés. Tout ce qui concerne le service divin et les cérémonies est également réglé par le curé ; c'est lui aussi qui fixe l'heure des offices. On doit en conclure que la police de l'église lui appartient spécialement (1), et que les suisses doivent être constamment à ses ordres pour empêcher qu'il

(1) C'est ce qui résulte d'une décision du 10 février 1805 (21 pluviôse an 13).

n'y ait aucun trouble, aucune indécence commise dans le lieu-saint.

S'il y avait lieu à poursuivre quelque délit résultant de paroles, de gestes ou d'outrages, le curé pourrait faire les démarches auprès du ministère public, après avoir consulté l'évêque; et si sa charité l'en empêchait, il est à croire que le maire qui aurait été témoin ou qui serait averti par la voie publique, ne manquerait pas de poursuivre ces délits.

On croit devoir transcrire ci-après les dispositions du *Code pénal* relatives aux entraves qui peuvent être apportées au libre exercice de la religion :

Art. 260. Tout particulier qui, par des voies de fait ou des menaces, aura contraint ou empêché une ou plusieurs personnes d'exercer l'un des cultes autorisés, d'assister à l'exercice de ce culte, de célébrer certaines fêtes, d'observer certains jours de repos, et, en conséquence, d'ouvrir ou de fermer leurs ateliers, boutiques ou magasins, et de faire ou quitter certains travaux, sera puni, pour ce seul fait, d'une amende de seize francs à deux cents francs, et d'un emprisonnement de six jours à deux mois.

261. Ceux qui auront empêché, retardé ou interrompu les exercices d'un culte, par des troubles ou désordres causés dans le temple ou autres lieux destinés ou servant actuellement à ses exercices, seront punis d'une amende de seize francs à trois

cents francs, et d'un emprisonnement de six jours à trois mois (1).

262. Toute personne qui aura, par paroles ou gestes, outragé les objets d'un culte, dans les lieux destinés ou servant actuellement à son exercice, ou les ministres de ce culte dans leurs fonctions, sera punie d'une amende de seize francs à cinq cents francs, et d'un emprisonnement de quinze jours à six mois.

263. Quiconque aura frappé le ministre d'un culte dans ses fonctions, sera puni du carcan.

264. Les dispositions du présent paragraphe ne s'appliquent qu'aux troubles, outrages ou voies de fait dont la nature ou les circonstances ne donneront pas lieu à de plus fortes peines, d'après les dispositions du présent Code.

La loi du 25 mars 1822, relative à la presse, contient des dispositions qu'il paraît utile de rapporter ici.

Art. 1er. Quiconque, par l'un des moyens énoncés en l'art. 1er de la loi du 17 mai 1819 (2) aura outragé

---

(1) *Voyez* l'article 13 de la loi du 20 avril 1825, page 324.

NOTA. Un individu qui n'arrêta pas sa voiture et n'ôta pas sa casquette devant le Saint-Sacrement que l'on portait en procession dans la paroisse d'Arsonville, le jeudi de l'octave de la Fête-Dieu (9 juin 1825), fut traduit devant la police correctionnelle, sur le procès-verbal dressé par l'autorité municipale; et, par arrêt du 14 février 1826, la cour royale le condamna à huit jours de prison, et à 50 francs d'amende.

(2) Discours, cris ou menaces proférés dans les lieux ou réunions publics; écrits, imprimés, dessins, gravures, peintures ou emblèmes vendus ou distribués, mis en vente ou exposés dans les lieux ou réunions publics; placards et affiches exposés aux regards du public.

ou tourné en dérision la religion de l'état, sera puni d'un emprisonnement de trois mois à cinq ans, et d'une amende de 300 fr. à 6000 fr.

Les mêmes peines seront prononcées contre quiconque aura outragé ou tourné en dérision toute autre religion dont l'établissement est *légalement reconnu en France.*

Art. 6. L'outrage fait publiquement, d'une manière quelconque, à raison de leurs fonctions ou de leur qualité.... soit à un fonctionnaire public, soit à un ministre de la religion de l'état ou de l'une des religions dont l'établissement est *légalement reconnu* en France, sera puni d'un emprisonnement de quinze jours à deux ans, et d'une amende de 100 fr. à 4000 fr.

L'outrage fait à un ministre de la religion de l'état, ou de l'une des religions légalement reconnues en France, dans l'exercice même de ses fonctions, sera puni des peines portées par l'article 1er de la présente loi.

Si l'outrage.... a été accompagné d'excès ou violence prévus par le 1er §. de l'art. 228 du Code pénal (1), il sera puni des peines portées audit paragraphe et à l'art. 229 (2); et, en outre, de l'amende portée au 1er §. du présent article.

---

(1) Tout individu qui, même sans armes, et sans qu'il en soit résulté de blessures, aura frappé un magistrat dans l'exercice de ses fonctions, ou à l'occasion de cet exercice, sera puni d'un emprisonnement de deux à cinq ans.

(2) Le coupable pourra de plus être condamné à s'éloigner pendant cinq à dix ans du lieu où siége le magistrat, et d'un rayon de deux myriamètres.

Si l'outrage est accompagné des excès prévus par le second §. de l'art. 228, et par les art. 231, 232 et 233 (1), le coupable sera puni conformément audit Code.

D'après l'art. 781 du Code de procédure civile, un débiteur contre lequel une contrainte par corps a été décernée, ne peut être *saisi* dans les édifices consacrés au culte, pendant les *exercices religieux*. La loi ne fait aucune distinction de l'espèce de services, d'où il suit qu'il n'y en a pas pendant lesquels il puisse être fait une arrestation, et l'huissier qui se permettrait un acte de cette nature serait susceptible d'être poursuivi conformément à l'art. 261 du Code pénal.

Cette même disposition peut être invoquée toutes les fois que des individus, fonctionnaires publics

---

Cette disposition aura son exécution à dater du jour où le condamné aura subi sa peine.

Si le condamné enfreint cet ordre avant l'expiration du temps fixé, il sera puni du bannissement.

(1) Si la voie de fait a eu lieu à l'audience d'une cour ou d'un tribunal, le coupable sera puni du carcan.

Art. 231. Si les violences.... ont été la cause d'effusion de sang, blessures ou maladie, la peine sera de la réclusion : si la mort s'en est suivie dans les quarante jours, le coupable sera puni de la peine de mort.

Art. 232. Dans le cas même où ces violences n'auraient pas causé d'effusion de sang, blessures ou maladie, les coups seront punis de la réclusion s'ils ont été portés avec préméditation ou guet-à-pens.

Art. 233. Si les coups sont du nombre de ceux qui portent le caractère de meurtre, le coupable sera puni de mort.

ou autres, interrompent ou retardent les exercices religieux, de quelque manière que ce soit, par exemple, par des publications ou annonces.

Nous croyons devoir placer ici le texte de la loi du 20 avril 1825, concernant les crimes et délits commis dans les édifices, et sur des objets consacrés à la religion catholique ou aux autres religions *légalement établies* en France.

CHARLES, etc.

Nous avons proposé, les Chambres ont adopté,

Nous avons ordonné et ordonnons ce qui suit :

Du Sacrilége.

Art. 1er. La profanation des vases sacrés et des hosties consacrées constitue le crime de sacrilége.

2. Est déclarée profanation toute voie de fait commise volontairement et par haine ou mépris de la religion, sur les vases sacrés ou sur les hosties consacrées.

3. Il y a preuve légale de la consécration des hosties, lorsqu'elles sont placées dans le tabernacle ou exposées dans l'ostensoir, et lorsque le prêtre donne la communion ou porte le viatique aux malades.

Il y a preuve légale de la consécration du ciboire, de l'ostensoir, de la patène et du calice, employés aux cérémonies de la religion, au moment du crime.

Il y a également preuve légale de la consécration du ciboire et de l'ostensoir, enfermés dans le tabernacle de l'église ou dans celui de la sacristie.

4. La profanation des vases sacrés sera punie de mort, si elle a été accompagnée des deux circonstances suivantes :

1° Si les vases sacrés renfermaient, au moment du crime, des hosties consacrées ;

2° Si la profanation a été commise publiquement.

La profanation est commise publiquement, lorsqu'elle est commise dans un lieu public, et en présence de plusieurs personnes.

5. La profanation des vases sacrés sera punie des travaux forcés à perpétuité, si elle a été accompagnée de l'une des deux circonstances énoncées dans l'article précédent.

6. La profanation des hosties consacrées, commise publiquement, sera punie de mort ; l'exécution sera précédée de l'amende-honorable faite par le condamné, devant la principale église du lieu où le crime aura été commis, ou du lieu où aura siégé la Cour d'assises.

Du Vol sacrilége.

7. Seront compris au nombre des édifices énoncés dans l'art. 381 du Code pénal (1), les édifices consa-

(1) Art. 381 du Code pénal. Seront punis de la peine de mort les individus coupables de vols commis avec la réunion des cinq circonstances suivantes : 1° si le vol a été commis la nuit ; 2° s'il a été commis par deux ou plusieurs personnes ; 3° si les coupables ou l'un d'eux étaient porteurs d'armes apparentes ou cachées ; 4° s'ils ont commis le crime, soit à l'aide d'effraction extérieure, ou d'escalade, ou de fausses clefs, dans une maison, appartement, chambre ou logement habités ou servant à l'habitation, ou leurs dépendances ; soit en prenant le titre d'un fonctionnaire public, ou d'un officier civil ou militaire, ou après s'être revêtus de l'uniforme ou du costume du fonctionnaire ou de l'officier, ou en alléguant un faux ordre de l'autorité civile ou militaire ; 5° s'ils ont commis le crime avec violence ou menace de faire usage de leurs armes.

crés à l'exercice de la religion catholique, apostolique et romaine.

En conséquence, sera puni de mort quiconque aura été déclaré coupable d'un vol commis dans un de ces édifices, lorsque le vol aura d'ailleurs été commis avec la réunion des autres circonstances déterminées par l'art. 381 du Code pénal.

8. Sera puni des travaux forcés à perpétuité, quiconque aura été déclaré coupable d'avoir, dans un édifice consacré à l'exercice de la religion de l'état, volé, avec ou même sans effraction du tabernacle, des vases sacrés qui y étaient renfermés.

9. Seront punis de la même peine,

1° Le vol des vases sacrés, commis dans un édifice consacré à l'exercice de la religion de l'état, sans les circonstances déterminées par l'article précédent, mais avec deux des cinq circonstances prévues par l'art. 381 du Code pénal (1);

2° Tout autre vol commis dans les mêmes lieux, à l'aide de violence et avec deux des quatre premières circonstances énoncées au susdit article.

10. Sera puni de la peine des travaux forcés à temps, tout individu coupable d'un vol de vases sacrés, si le vol a été commis dans un édifice consacré à la religion de l'état, quoiqu'il n'ait été accompagné d'aucune des circonstances comprises dans l'article 381 du Code pénal (2).

Dans le même cas, sera puni de la réclusion tout individu coupable d'un vol d'autres objets destinés à la célébration des cérémonies de la même religion.

---

(1) *Voyez* cet article, page 322.
(2) *Ibid.*

11. Sera puni de la réclusion tout individu coupable de vol, si ce vol a été commis la nuit, ou par deux ou plusieurs personnes, dans un édifice consacré à la religion de l'état.

Des délits commis dans les Églises ou sur les objets consacrés à la religion.

12. Sera punie d'un emprisonnement de trois à cinq ans, d'une amende de cinq cents francs à dix mille francs, toute personne qui sera reconnue coupable d'outrage à la pudeur, lorsque ce délit aura été commis dans un édifice consacré à la religion de l'état.

13. Seront punis d'une amende de seize à trois cents francs, et d'un emprisonnement de six jours à trois mois, ceux qui, par des troubles ou désordres commis, même à l'extérieur d'un édifice consacré à l'exercice de la religion de l'état, auront retardé, interrompu ou empêché les cérémonies de la religion.

14. Dans les cas prévus par l'art. 257 du Code pénal (1), si les monuments, statues ou autres objets détruits, abattus, mutilés ou dégradés, étaient consacrés à la religion de l'état, le coupable sera puni d'un emprisonnement de six mois à deux ans, et d'une amende de 200 à 2000 francs.

La peine sera d'un an à cinq ans d'emprisonnement, et de 1000 à 5000 francs d'amende, si ce délit a été commis dans l'intérieur d'un édifice consacré à la religion de l'état.

15. L'art. 463 du Code pénal (2) n'est pas applicable

(1) *Voyez* cet article, page 301.

(2) Il autorise à réduire les peines dans les cas qui y sont prévus.

aux délits prévus par les art. 12, 13 et 14 de la présente loi. Il ne sera pas applicable non plus aux délits prévus par l'art. 401 du même Code (1), lorsque ces délits auront été commis dans l'intérieur d'un édifice consacré à la religion de l'état.

Dispositions générales.

16. Les dispositions des art. 7 à 15 de la présente loi, sont applicables aux crimes et délits commis dans les édifices consacrés aux cultes *légalement* établis en France.

17. Les dispositions auxquelles il n'est pas dérogé par la présente loi, continueront d'être exécutées.

(Voyez *Célébration des Dimanches et Fêtes.*)

POMPES FUNÈBRES.

L'art. 22 du décret du 12 juin 1804 concède un privilége exclusif aux fabriques pour la fourniture des choses nécessaires aux enterrements et aux pompes funèbres. Cette faveur a été accordée de nouveau par le décret du 18 mai 1806.

Soit que les fabriques mettent les pompes funè-

---

(1) Art. 401. Les vols non-spécifiés dans la présente section, les larcins et filouteries, ainsi que les tentatives de ces mêmes délits, seront punis d'un emprisonnement d'un an au moins, et de cinq ans au plus, et pourront même l'être d'une amende de 16 à 500 francs.

Nota. Cet article autorise aussi à interdire des droits civiques, civils et de famille pendant cinq à dix ans, et à placer le coupable sous la surveillance de la haute police pendant le même temps.

bres en régie, soit qu'elles les afferment, il n'y a qu'une seule administration ou qu'une seule entreprise pour toutes les paroisses d'une même ville.

Les fabriques dressent un tarif gradué par classe, ainsi qu'un réglement, qui sont communiqués au conseil municipal, ensuite au préfet, lequel transmet le tout au ministre de l'intérieur, à l'effet d'obtenir l'approbation du Roi.

L'on peut stipuler dans le réglement que le produit des recettes de toute espèce sera mis en masse pour toutes les fabriques d'une même ville; qu'il en sera prélevé une portion, telle que le tiers, le quart, pour être divisée également entre les fabriques.

Quant aux frais d'inhumations à payer aux fabriques et aux membres du clergé, ils sont fixés par le réglement du supérieur diocésain. (Voyez *Inhumations.*)

Poste. (Voyez *Correspondance.*)

Poursuites.

(Voyez *Actes conservatoires, Plaidoiries.*)

Prédicateurs.

L'art. 32 du décret du 30 décembre 1809 contient, relativement à la présentation et à la nomination des prédicateurs de l'avent et du carême, les dispositions suivantes :

Les prédicateurs seront nommés par les marguilliers, à la pluralité des suffrages, sur la présentation faite par le curé ou desservant, et à la charge, par lesdits prédicateurs, d'obtenir l'autorisation de l'ordinaire.

L'art. 37, n° 2, met à la charge de la fabrique le paiement des honoraires des prédicateurs de l'avent, du carême, et autres solemnités; mais un usage assez généralement suivi est de faire faire une quête *per domos*, pour le paiement de la rétribution qu'il convient de donner aux prédicateurs du carême, et le décret de 1809 n'a pas défendu d'employer ce moyen qui économise les ressources de la fabrique. Il serait pourtant à désirer qu'on n'y recourût qu'en cas de besoins réels de la fabrique; car si les dons de la charité et de la religion, sur-tout le denier de la veuve, sont toujours honorables, les administrateurs feraient bien de tâcher d'éviter l'emploi d'un mode dont la fausse délicatesse du siècle se scandalise quelquefois.

PRÉDICATION.

Il ne doit y en avoir que du consentement du curé ou desservant, parce que lui seul a le droit exclusif d'annoncer la parole évangélique à ses paroissiens. Le curé ne doit donc être remplacé dans cette importante fonction, que quand il ne peut pas prêcher, ou quand il désire s'en abstenir.

PRESBYTÈRES.

Les presbytères et les jardins y attenant furent d'abord exceptés de l'envahissement général des biens du clergé et des églises ; la loi du 2 novembre 1789 les épargna, et, par un décret du 20 décembre 1790, on prévit le cas où il serait difficile de distraire le presbytère et un jardin des propriétés dépendant des anciens monastères, chapitres et communautés, quand le curé y avait son logement. (Voyez *Jardins.*)

L'ajournement ne fut pas de longue durée ; car, dès le 19 août 1792, une loi ordonna la vente des immeubles réels affectés aux fabriques des églises, et celle du 24 août 1793 mit le comble à cette mesure.

En rétablissant l'exercice de la religion, la loi organique du 8 avril 1802 devait assurer aux curés ou desservants un logement convenable ; aussi l'art. 72 de cette loi, dispose :

Les presbytères et les jardins attenant, non-aliénés, seront rendus aux curés et aux desservants des succursales. A défaut de ces presbytères, les conseils généraux des communes sont autorisés à leur procurer un logement et un jardin (1).

En désignant les curés et desservants, le législ-

(1) Cette disposition a été corroborée par le décret du 11 prairial an 12, portant, art. 4 : « Les curés et desservants n'auront rien à exiger des communes, si ce n'est le logement, aux termes de l'article 72 de la loi du 18 germinal an 10. »

lateur n'a pas entendu que c'était à eux que la remise était faite, mais bien aux fabriques instituées ensuite pour en faire jouir ces pasteurs. On peut voir, au surplus, par les citations ci-après, que c'est toujours aux fabriques nouvelles que le gouvernement a restitué les biens des anciennes fabriques, et que les communes n'y peuvent rien prétendre.

Il n'était question, dans la loi organique, que des presbytères des cures et succursales rétablies, et le domaine restait en possession des presbytères ayant appartenu aux paroisses supprimées et réunies pour le culte. Le gouvernement ayant considéré que les cures et succursales étaient également utiles aux communes qui en étaient le siége, et à celles qui se trouvaient comprises dans la circonscription des paroisses, restitua aux fabriques les presbytères de ces anciennes paroisses, par un décret du 30 mai 1806, transcrit page 75.

Pour compléter la remise faite aux fabriques, le gouvernement, par un décret du 17 mars 1809, rendit les dispositions des art. 72 et 75 de la loi organique, applicables aux églises et presbytères aliénés, mais rentrés au domaine par suite de déchéance. Ce décret est transcrit page 77.

Nonobstant ces dispositions, un grand nombre de paroisses se sont trouvées dépourvues de presbytères, et le gouvernement, qui n'a entendu rendre que ceux qui étaient invendus, a mis à la charge des communes d'y suppléer. Le décret du

30 décembre 1809, contient à cet égard une disposition formelle, qui est ainsi conçue :

Art. 92. Les charges des communes, relativement au culte, sont.... de fournir au curé ou desservant un presbytère; ou, à défaut de presbytère, un logement; ou, à défaut de presbytère et de logement, une indemnité pécuniaire.

Ainsi qu'on vient de le voir, l'art. 72 de la loi organique du 18 germinal an 10 a rendu à leur ancienne destination tous les presbytères non-aliénés, et, à défaut de ces presbytères, les conseils généraux des communes ont été autorisés à procurer aux curés ou desservants un logement et un jardin.

Cette loi fondamentale a créé des fabriques (art. 76), et n'a mis ni le logement, ni l'indemnité représentative à leur charge; elle a donc voulu que les ministres fussent logés ou dans les anciens presbytères, ou au compte et par les soins des communes.

Le décret du 30 décembre 1809 n'a point modifié cette loi; il porte, à l'art. 92, au nombre des charges des communes, qu'il sera fourni *par elles*, un presbytère, ou un logement dans une maison particulière, ou une indemnité pécuniaire.

L'art. 37 a fait la part des fabriques : les charges y sont portées dans le plus grand détail; la plus petite dépense n'a pas été omise, et rien, absolument rien, n'est obligatoire pour les fabriques, en ce qui concerne le logement des curés et desservants.

L'article 93 porte, il est vrai, que la fabrique représentera son budget; mais cet article contient une *disposition réglementaire*, dont l'exécution aurait pour but de détruire l'effet des dispositions 37 et 92, qui sont *positives*, et d'accord avec la loi organique.

Il est donc naturel de penser que l'art. 93 est de l'espèce de divers autres articles de ce réglement, qui contiennent des dispositions incohérentes, et qui impliquent contradiction. Si, en effet, l'intention du législateur avait été de n'appeler les communes à fournir un logement ou à payer une indemnité aux curés que dans le cas d'insuffisance des revenus de la fabrique, n'aurait-il pas été convenable de placer cette charge au rang de celles énumérées avec tant de soin et de précision en l'art. 37? L'on aurait évité le n° 2 de l'art. 92, et une partie de l'art. 93 serait également devenue inutile.

Il n'en a point été ainsi, la loi de germinal an 10 était là; il fallait la respecter, et c'est ce qu'on a fait en rédigeant, comme ils le sont, les articles qui déterminent les charges des fabriques et celles des communes.

C'est dans ce sens aussi que Son Exc. le ministre de l'intérieur a dit, dans sa circulaire du 18 mai 1818, en parlant des *dépenses communales* :

« Les indemnités de logement, dans les lieux où
» il n'y a point de presbytères, doivent être rédui-
» tes à ce que peut exiger la nécessité de mettre
» les curés en état de se procurer une habitation
» décente et convenable. »

L'on pense donc que les fabriques ne doivent point être *obligées* à payer tout ou partie de l'indemnité de logement due aux curés et desservants; cette manière de voir est conforme à une décision de Son Excellence le ministre de l'intérieur, en date du 19 janvier 1823, intervenue sur la prétention élevée par une commune de ne devoir une indemnité de logement à son curé, qu'en cas d'insuffisance du revenu de la fabrique. Cette décision qui doit mettre fin à toute incertitude, est ainsi conçue :

.... La jurisprudence administrative, est conforme au principe établi par l'art. 72 de la loi du 8 avril 1802, et mes prédécesseurs, toutes les fois que des contestations sont survenues au sujet du logement des curés ou desservants, ont toujours décidé que les communes étaient *tenues* (quels que fussent d'ailleurs les revenus de la fabrique), de procurer au curé ou desservant un presbytère, ou, à défaut de presbytère, une indemnité pécuniaire. Cette règle est établie et observée, et il n'y a aucuns motifs qui puisse porter à y déroger.

Malgré des dispositions aussi précises et aussi claires que celles ci-dessus transcrites, par lesquelles les presbytères, les jardins, et leurs autres dépendances non-définitivement aliénés, ont été rendus aux nouvelles fabriques, il s'est élevé diverses prétentions de la part des communes; les unes ont cru que l'on ne devait que le logement strictement nécessaire au curé, et ont voulu détacher les bâtiments ruraux; d'autres ont pensé qu'elles pouvaient s'emparer d'une partie des terreins en dépendant; quelques autres enfin ont cru que les presbytères étaient des propriétés communales. Plusieurs décisions sont intervenues sur ces difficultés; on en citera seulement deux.

L'une de ces décisions, en date du 7 février 1807, émane de l'ancien ministre des cultes, et porte :

.... Vous avancez dans votre lettre (il écrivait à M. le préfet de la Seine-Inférieure), que les bâtiments et terreins dépendant des presbytères, et évidemment inutiles aux curés et desservants, appartiennent aux communes, ce qui n'est point exact, puisque l'art. 72 de la loi du 18 germinal an 10, qui ordonne la restitution aux curés et desservants, des presbytères et jardins non-aliénés, ne contient aucune restriction. Ce n'est que postérieurement, et sur mon rapport...., que Sa Majesté a prescrit les mesures à prendre pour parvenir à faire un emploi des parties de presbytères inutiles au logement des curés (1).

---

(1) Le gouvernement avait décidé, dès le 4 nivôse an 11, qu'aucune partie de presbytère ne pourrait être distraite du logement des curés sans le consentement de l'évêque. (Voyez l'ordonnance royale du 3 mars 1825, page 339).

C'est sur ces mesures que va porter mon instruction. Elles étaient nécessaires pour régulariser et même pour arrêter quelquefois celles que prenaient des maires, et même des préfets qui, arbitrairement, jugeaient trop étendus des presbytères qui n'étaient que suffisants, et s'en emparaient pour y donner des destinations inconvenantes, pour réduire les curés à des logements incommodes, pour les soumettre à des dépendances gênantes, etc. En conséquence, je proposai, et S. M., par décision du 3 nivôse an 11, ordonna que partout où les presbytères seraient évidemment trop considérables pour le logement des curés, et où il serait possible d'employer les parties superflues des presbytères à des objets d'utilité publique, les conseils municipaux le constateraient par une délibération, laquelle, accompagnée d'un plan qui figurerait et le logement à laisser aux curés, et les distributions à faire pour isoler ce logement et le rendre indépendant, serait adressée aux préfets; qu'ensuite cette délibération, revêtue des avis des évêques et des préfets, et suivie des pièces, me serait adressée. Ces formalités conservent tous les droits et garantissent de tout inconvénient; mais, de leur nécessité et des détails dans lesquels je viens d'entrer, vous concluerez que les communes n'ont pas un droit acquis et réel à la propriété des bâtiments et terreins inutiles dépendant des presbytères.

Il faut considérer, dans cette décision, que le droit des fabriques sur les presbytères et sur leurs dépendances, quelles qu'elles soient, est reconnu, et que le gouvernement n'avait pas, en 1807, d'autres corps que les conseils municipaux qu'il pût appeler à délibérer sur l'objet en question, puisqu'il n'existait pas alors d'administration de fabrique; car il faut distinguer deux choses dans le mot *fabrique*. Par fabrique, on entend, d'une part, ce qui appartient à une église : immeubles, revenus, l'établissement en lui-même, la chose administrée, et, de l'autre, le corps, l'assemblée, l'administration elle-même des biens de l'église.

Par une suite nécessaire de la loi organique du 18 germinal an 10, les fabriques, sous la première acception, ont été rétablies de fait; mais ce n'est que par le décret du 30 décembre 1809 que les fabriques, comme administration, ont reçu une organisation et une existence réelles, qui leur ont donné le droit de gérer les biens desdites églises : il ne faut, en effet, pas perdre de vue qu'en créant un corps de trois marguilliers, l'arrêté du 7 thermidor an 11 n'a donné à ces administrateurs d'autres droits, d'autres fonctions que celles de veiller à l'entretien et à la conservation des temples, et à l'administration des aumônes. Une semblable commission, composée seulement de trois membres, pouvait-elle délibérer sur l'aliénation d'un immeuble, sur la distraction d'une partie des dépendances du presbytère? Non, sans doute, elle n'en avait pas reçu l'autorisation par l'acte qui l'avait instituée, et il est certain, au contraire, qu'une disposition du même arrêté ayant déclaré que les biens des fabriques seraient administrés comme ceux des communes, c'était aux conseils municipaux à délibérer toutes les fois qu'il s'agissait d'un objet sortant des bornes d'une simple surveillance.

Il ne pourrait en être de même maintenant; les fabriques, comme administration, ont été organisées en vertu d'un décret du 30 décembre 1809, et leurs fonctions, leurs pouvoirs, sont indépendants de ceux des conseils municipaux, dans tous les cas déterminés par ce même décret, et, dans l'espèce dont il s'agit, les conseils municipaux n'auraient qu'un avis secondaire à donner : on va citer, au surplus, une décision intervenue sous l'empire du décret d'organisation de 1809; elle est du 23 juillet 1811, et est émanée de l'ancien directeur général de la comptabilité des communes et des hospices, elle porte :

Les conseils municipaux ne peuvent avoir aucun droit à contester aux fabriques des églises la propriété des bâtiments ruraux qui font partie des presbytères des églises supprimées. Les décrets des 30 mai et 31 juillet 1806, en accordant ces édifices aux fabriques, leur ont abandonné également ce qui en fait partie; ils portent que les églises et presbytères qui, par suite de l'organisation ecclésiastique, seront supprimés, font partie des biens restitués aux fabriques, et sont réunis à celles des cures et succursales dans l'arrondissement desquelles ils seront situés, quand même ces biens seraient situés dans des communes étrangères.

Le domaine seul aurait pu élever quelques prétentions à cet égard. L'art. 72 de la loi du 18 germinal an 10, relative à l'organisation du culte, n'a rendu aux curés et desservants les presbytères, qu'en considération du rétablissement des églises et de l'exercice du culte dans les paroisses. Les églises étant supprimées, il n'y a donc plus de motifs de les conserver aux communes, ainsi que les presbytères, et celles-ci ne sont pas fondées à en revendiquer la propriété. Sa Majesté les a concédés aux fabriques des églises conservées, pour les mettre à portée de subvenir à leurs dépenses, et particulièrement à celles qu'exigeraient les églises et presbytères conservés.

Le décret du 17 mars 1809, est confimatif de la loi du 18 germinal an 10, et des décrets des 30 mai et 31 juillet 1806. Il porte, art. 1er : que les dispositions des art. 72 et 75 de ladite loi, et l'art. 1er du décret du 30 mai, sont applicables aux églises et aux presbytères qui, ayant été aliénés, sont rentrés dans la main du domaine pour cause de déchéance.

Enfin, le décret du 8 novembre 1810, applique les dispositions des décrets des 30 mai 1806 et 17 mars 1809, aux maisons vicariales non-aliénées, ni concédées pour un service public, et actuellement disponibles.

Il résulte de ces différentes décisions que c'est toujours aux fabriques que les abandons ont été faits, et que le gouvernement n'a jamais appliqué aux communes les dispositions qu'il a faites en faveur des fabriques.

Quant aux communes qui ont conservé leurs églises et presbytères, parce qu'elles ont obtenu des érections de chapelles de desserte, elles doivent jouir des dépendances des presbytères. L'art. 1er de l'avis du conseil-d'état du 14 décembre 1810, assimile ces chapelles aux cures et aux succursales, et les dispense de contribuer aux frais du culte paroissial.

Il n'en est pas de même pour les communes qui n'ont obtenu que des annexes, dont il est fait mention dans l'article 2 de cet avis : elles sont tenues de contribuer aux frais du culte paroissial.

Les dispositions ci-après du décret du 6 novembre 1813 corroborent celles qui précèdent :

Art. 21. Les curés ne sont tenus, à l'égard des presbytères, qu'aux réparations locatives, les autres étant à la charge de la commune.

22. Dans le cas où le trésorier aurait négligé d'exercer ses poursuites à l'époque où le nouveau titulaire entrera en possession, celui-ci sera tenu d'agir lui-même contre les héritiers, ou de faire une sommation au trésorier de la fabrique de remplir à cet égard ses obligations. Cette sommation devra être dénoncée par le titulaire au procureur... (du Roi), afin que celui-ci contraigne le trésorier de la fabrique d'agir, ou que lui-même il fasse d'office les poursuites, aux risques et périls du trésorier, et subsidiairement aux risques des paroissiens.

Il n'est pas question ici, comme on le voit, du receveur municipal; c'est *le trésorier de la fabrique* que la loi oblige à agir, parce qu'il s'agit d'un bien de fabrique, et que la commune n'a à s'en occuper que quand la fabrique n'a pas de ressources suffisantes pour faire face aux dépenses que nécessitent les réparations dudit presbytère.

De cette réunion d'autorités et des développements dans lesquels on est entré, il est facile de reconnaître le droit des fabriques, à l'exclusion de celui des communes, sur les églises, les presbytères et leurs dépendances. On peut en conclure aussi que, par concession pour un service public, on doit entendre un abandon réel et régulier fait par acte du gouvernement : l'envahissement fait par une commune, la destination qu'elle aurait donnée à un immeuble, sans autorisation légale, ne suffirait pas.

Une ordonnance royale du 5 mars 1825 lève tous les doutes. Nous la rapporterons textuellement :

CHARLES, etc.

Sur le rapport de notre ministre secrétaire-d'état au département des affaires ecclésiastiques et de l'instruction publique,

Vu la loi du 8 avril 1802 (18 germinal an 10), art. 72 et 75;

L'arrêté du gouvernement du 26 juillet 1803 (7 thermidor an 11);

L'avis du conseil-d'état du 26 janvier 1805 (6 pluviôse an 13);

Les décrets des 30 mai et 31 juillet 1806, 30 décembre 1809, et 6 novembre 1813;

Notre conseil-d'état entendu,

Nous avons ordonné et ordonnons ce qui suit :

Art, 1er. A l'avenir, aucune distraction de parties superflues d'un presbytère pour un autre service, ne pourra avoir lieu sans notre autorisation spéciale, notre conseil-d'état entendu.

Toute demande à cet effet sera revêtue de l'avis de l'évêque et du préfet, et accompagnée d'un plan qui figurera le logement à laisser au curé ou desservant, et la distribution à faire pour isoler ce logement. Toutefois, il n'est point dérogé aux emplois et dispositions *régulièrement* faits jusqu'à ce jour.

2. Les curés ou leurs vicaires, ainsi que les desservants autorisés par leur évêque à biner dans les succursales vacantes, ont droit à la jouissance des presbytères et dépendances de ces succursales, tant qu'ils exercent régulièrement ce double service. Ils ne peuvent en louer tout ou partie qu'avec l'autorisation de l'évêque.

3. Dans les communes qui ne sont ni paroisses ni succursales, et dans les succursales où le binage n'a pas lieu, les presbytères et dépendances peuvent être amodiés ; mais sous la condition expresse de rendre immédiatement les presbytères des succursales, s'il est nommé un desservant ou si l'évêque autorise un curé, vicaire ou desservant voisin à y exercer le binage.

4. Le produit de cette location appartient à la fabrique, si le presbytère et ses dépendances lui on été remis en exécution de la loi du 8 avril 1802, de l'arrêté du gouvernement du 26 juillet 1803, des décrets des 30 mai et 31 juillet 1806 ; si elle en a fait l'acquisition sur ses propres ressources, ou s'ils lui sont échus par legs ou donation ; le produit appartient à la

commune, quand le presbytère et ses dépendances ont été acquis ou construits de ses deniers, ou quand il lui en a été fait legs ou donation.

Il est à remarquer que cette dernière ordonnance ne rapporte pas les dispositions précédentes, qui ont accordé la propriété des anciens presbytères aux nouvelles fabriques. La remise mentionnée en l'article 4 aurait dû, à la rigueur, se faire, comme il est dit en la page 80; mais si elle s'est opérée antérieurement à l'avis du conseil-d'état, approuvé le 25 janvier 1807, et qu'elle ait eu lieu sans contestation comme sans réclamation de la part du domaine ou de celles des communes, l'on ne saurait aujourd'hui discuter cette remise faite depuis si long-temps. Il ne s'agit donc plus que des presbytères acquis ou construits par les communes en remplacement des anciens presbytères aliénés, et alors la question est facile à résoudre. Si la commune a fait, comme elle le devait, la remise du presbytère à la fabrique, c'est la fabrique qui a les charges d'entretien et de réparation, qui doit dès-lors recevoir les fruits. Si, au contraire, la commune a voulu conserver son presbytère et continuer de pourvoir aux dépenses qu'il exige, les loyers lui appartiennent. Ici il faut remarquer que la fabrique n'est véritablement chargée de l'entretien d'un presbytère nouvellement construit ou acquis par la commune, qu'à compter du jour où la remise lui en a été faite par délibération du conseil municipal.

Si une paroisse est composée de plusieurs communes, chacune d'elles contribue pour sa part, en proportion de ses contributions, aux charges du culte (loi du 14 février 1810); mais les communes réunies ayant la faculté de payer une indemnité de logement aux curés, elles ne peuvent être contraintes à concourir à l'acquisition ou à la construction d'un presbytère; c'est ce qui résulte de la jurisprudence adoptée par les comités de l'intérieur et du commerce, du conseil-d'état.

Si la commune du chef-lieu fait les frais d'une acquisition ou d'une construction, elle reçoit, à titre de dédommagement, l'indemnité annuelle due par les communes réunies.

PRESCRIPTION.

Le terme *Prescription* a deux significations : d'une part, c'est un moyen *d'acquérir* le domaine des choses en les possédant comme propriétaires pendant le temps fixé à cet effet par la loi ; de l'autre, c'est un moyen de *s'affranchir* de droits, actions et obligations, lorsque celui à qui ils appartiennent a négligé, pendant un certain temps, d'en user ou de les revendiquer.

La prescription paraît être opposée au droit des gens et à l'équité naturelle, aussi Justinien la qualifiait-il, dans une de ses nouvelles, d'*impium prœsidium*; mais elle a toujours été reconnue nécessaire, et il n'y a guère de nation qui ne l'admette. Elle était déjà établie, lorsque la loi des douze tables l'autorisa et la régla. Celle de trente ans fut introduite par Théodose-le-Grand, et celle de quarante ans, par l'empereur Anastase.

Les biens d'église restèrent long-temps affranchis de cette règle; mais on reconnut les inconvénients de cet état perpétuel d'imprescriptibilité, et on fixa pour eux un terme qui, ainsi qu'on le voit dans les anciennes plaidoieries, ne fut pas toujours observé: divers arrêts des parlements et notamment de celui de Rouen, ayant jugé que la prescription quadragénaire n'était pas toujours admissible.

La prescription réglée par les coutumes (1) des divers pays l'est aujourd'hui uniformément par le Code civil, qui la rend applicable aux établissements publics, suivant l'art. 2227, ainsi conçu:

L'état, les établissements publics, les communes sont soumis aux mêmes prescriptions que les particuliers, et peuvent également les opposer.

Les particuliers ne pouvant, d'après l'art. 2220, renoncer d'avance à la prescription, les marguilliers ne le peuvent pas à plus forte raison; ce que peuvent faire les particuliers, c'est de renoncer à la prescription acquise, *ibid*; mais l'art. 2222 défendant à ceux qui ne peuvent aliéner de re-

(1) Celle de Normandie la fixait à 40 ans.

noncer à la prescription acquise, les fabriques sont dans ce cas.

Il ne faut pas perdre de vue, dans les procès, que le juge n'a pas le droit de suppléer d'office le moyen résultant de la prescription (2223), et que si les marguilliers négligeaient de se prévaloir d'un droit acquis, ils en seraient responsables envers la fabrique. On renvoie, au surplus, aux lois sur cette matière, et l'on se borne à rappeler ici les autres dispositions du Code civil, qu'il importe plus particulièrement de connaître.

2229. Pour pouvoir prescrire, il faut une possession continue et non interrompue, paisible, publique, non équivoque et à titre de propriétaire.

2232. Les actes de pure faculté et ceux de simple tolérance ne peuvent fonder ni possession ni prescription.

2234. Le possesseur actuel qui prouve avoir possédé anciennement, est présumé avoir possédé dans le temps intermédiaire, sauf la preuve contraire.

2242. La prescription peut être interrompue ou naturellement ou civilement.

2243. Il y a interruption naturelle, lorsque le possesseur est privé, pendant plus d'un an, de la jouissance de la chose, soit par l'ancien propriétaire, soit par un tiers.

2244. Une citation...., un commandement.... signifié à celui qu'on veut empêcher de prescrire, forme l'interruption civile.

2260. La prescription se compte par jour, et non par heure.

2261. Elle est acquise, lorsque le dernier jour du terme est accompli.

2262. Toutes les actions, tant réelles que personnelles, sont prescrites par 30 ans (1) sans.... qu'on puisse opposer l'exception déduite de la mauvaise foi.

2263. Après 28 ans de la date du dernier titre, le débiteur d'une rente peut être contraint à fournir à ses frais un titre nouvel....

2277. Les arrérages de rentes perpétuelles et viagères...., les loyers des maisons et le prix de ferme de biens ruraux...., et généralement tout ce qui est payable par année, ou à des termes périodiques plus courts, se prescrivent par *cinq ans*.

Nous citerons encore l'art. 1337 relatif aux titres des rentes :

Les actes recognitifs ne dipensent point de la représentation du titre primordial, à moins que sa teneur n'y soit spécialement relatée. Ce qu'ils contiennent de plus que le titre primordial, ou ce qui s'y trouve de différent n'a aucun effet. Néanmoins, s'il y avait plusieurs reconnaissances conformes, soutenues de la possession et dont l'une eût 30 ans de date, le créancier pourrait être dispensé de représenter le titre primordial.

(1) Ce laps de temps ne doit s'entendre que pour les actes faits sous l'empire du Code civil, car ceux antérieurs sont régis pour les lois anciennes et les usages locaux (art. 2281).

L'article 1338 dispose aussi qu'il suffit que l'obligation soit exécutée volontairement après l'époque à laquelle elle pouvait être valablement attaquée et que cette exécution volontaire emporte la renonciation aux moyens et exceptions que l'on pouvait opposer contre cet acte. Néanmoins l'on ne saurait trop rappeler, et ici l'on peut s'appuyer sur les dispositions de l'art. 2278, que les fabriques ont leurs recours de droit contre les marguilliers qui laissent prescrire les biens et revenus des établissements dont ils sont les tuteurs. Ils ne doivent donc rien négliger pour conserver les droits acquis sur les immeubles, et pour opérer à temps le recouvrement des revenus. L'on ne peut se dissimuler toutefois qu'il ne soit plus difficile de prescrire contre un établissement constamment en état de minorité, que contre un particulier, et c'est véritablement à l'égard des fabriques qu'il est permis de dire : les titres peuvent bien se prescrire, mais les biens ne se prescrivent pas. En effet, les journaux, les sommiers, les anciennes charges, les comptes rendus sont des pièces que les fabriques peuvent avantageusement produire en justice.

Les charges de trésorier ont l'effet, non-seulement d'interrompre la prescription que l'on voudrait proposer contre les titres non-renouvelés en temps de droit; mais encore de tenir lieu de ces mêmes titres, lorsqu'ils ne peuvent être représentés, et nous pensons, avec de très-habiles jurisconsultes, qu'il existe une jurisprudence à-peu-près certaine, d'après laquelle trois charges émargées des paiements peuvent dispenser de la représentation du titre primordial.

La raison qui porte à penser ainsi, est, d'une part, qu'avant la révolution, les charges étaient présentées aux intendants avec les titres qui y étaient transcrits ou analysés, et que ces magistrats les ayant rendues exécutoires, avaient dû s'assurer de l'existence desdits titres, et de l'autre, que les charges émargées de paiements attestent ces mêmes paiements, car il n'est pas vraisemblable qu'un trésorier eût été assez dupe de se charger de payer à la place d'un débiteur, si ce dernier ne se fût pas libéré.

Pottier démontre (1) comment, d'après la jurisprudence du châtelet d'Orléans, on suppléait au défaut d'un titre recognitif. « Si la rente, dit-il, était due à une communauté, comme à un corps de ville ou à une fabrique, je pense que les comptes solennellement rendus, dans lesquels le receveur se serait chargé des paiements, devraient faire foi desdits paiements, et par conséquent de l'interruption de la prescription. »

Le même Auteur, parlant (2) du mode de remplacement d'un titre primitif, s'en explique ainsi :

---

(1) *Traité des Obligations*, n° 661.

(2) *Traité des Contrats de Rentes*, n°s 158, 163 et 164.

« Lorsque celui qui se prétend créancier de la rente justifie de la prestation des arrérages qui lui en a été faite pendant trente années et plus, par une personne majeure ou par ses auteurs aussi majeurs, cette prestation opère contre celui qui a payé les arrérages.... un droit de prescription qui donne à celui à qui on a payé un droit de propriété de la rente. Les quittances par lesquelles le créancier établit la prestation qui lui a été faite des arrérages de la rente qu'il demande ne peuvent guère être que des quittances passées devant notaire.... ; néanmoins si, après la mort du débiteur, il s'était trouvé parmi les papiers de la succession une longue suite de quittances, et que cela fut constaté par l'inventaire, ou que, par quelqu'autre événement, il fut constaté que cette suite de quittances s'est trouvée en la possession du débiteur, elle pourrait servir au créancier à établir la preuve... »

Toute difficulté doit, au surplus, disparaître devant la loi du 17 mai 1795 (28 floréal an 3), portant :

Art. 1er. A défaut de titres originaux des créances dues à la république, comme représentant les corporations ecclésiastiques ou laïques supprimées, les émigrés et autres individus frappés de confiscation, les directoires de district exigeront de tous les citoyens dont les noms sont inscrits sur des registres, sommiers ou carnets indicatifs des créances, la déclaration des sommes dont ils sont débiteurs.

3. La déclaration sera jugée fausse, lorsqu'aux indications résultant des registres, sommiers ou carnets, on joindra, soit *la preuve testimoniale*, soit *des indices* tirés de quelques actes publics, dont on pourra conclure la légitimité de la créance.

Si donc le domaine avait le droit d'invoquer ce genre de *preuves* et *d'indices*, il est évident que les fabriques qui lui sont subrogées n'ont pas un moindre droit; et si, d'après la loi citée, les registres de ces établissements peuvent suppléer les titres, à plus forte raison peuvent-ils fournir la preuve de la prestation des arrérages pendant le temps de la prescription, laquelle alors devient elle-même un titre.

L'Assemblée nationale rendit le 1er juillet 1791, un décret qui fut scellé le 6, portant :

La prescription contre la nation, pour raison des droits corporels et incorporels, dépendants des biens nationaux, est et demeurera suspendue depuis le 2 novembre 1789, jusqu'au 2 novembre 1794, sans qu'elle puisse êre alléguée pour aucune partie du temps qui sera écoulé pendant le cours desdites cinq années.

Or, les communes, les hospices, les fabriques et autres établissements qui se trouvent au droit du domaine, peuvent et doivent invoquer, le cas échéant, cette suspension de prescription pour les biens et rentes qui ont été possédés par l'état, et qui ont été rendus auxdits établissements.

Enfin, la loi du 27 avril 1825 relève de toute prescription les titres des créances que l'on avait à exercer contre les émigrés, les déportés et les condamnés révolutionnairement; les fabriques, comme les particuliers, sont en droit de se faire payer desdites créances, sur le montant de l'indemnité créée par ladite loi.

Préséances.

Aux titres *Cérémonies publiques* et *Honneurs civils et militaires*, on voit le rang que doivent tenir les fonctionnaires publics lorsqu'ils se trouvent à l'église; on parlera ici seulement de la préséance des membres de la fabrique entr'eux. Lorsque le conseil est en séance, le curé occupe la droite du président et le maire la gauche. On pourrait peut-être demander si les vicaires qui peuvent remplacer le curé ont le même droit à la préséance; la difficulté n'a pas été prévue par l'art. 4 du décret du 30 décembre 1809, qui autorise ce remplacement; mais il ne paraît pas douteux que le vicaire qui supplée le curé ne doive sister au conseil avec les mêmes droits, les mêmes prérogatives que ce pasteur. Il en est de même du maire; quant aux autres membres, ils prennent rang selon leur ancienneté. Il semble qu'il doive en être de même au *banc de l'œuvre*: la première place est celle du curé quand il veut l'occuper ; il paraît naturel que la seconde soit celle du maire, la troisième celle du président, et que les membres du conseil arrivent dans l'ordre de leur ancienneté. A l'égard des marguilliers d'honneur, comme ils sont pris parmi les principaux fonctionnaires, il serait ce semble convenable qu'ils prissent place immédiatement après le président.

Le motif qui porte à penser que le maire doit être placé devant le président, est que ce fonctionnaire est là, non-seulement comme administrateur de la fabrique, mais encore comme premier magistrat de la commune.

Présidence.

Celle du conseil et celle du bureau sont tout-à-fait distinctes ; il s'agit, en effet, de deux corps séparés.

Le président du conseil est nommé par l'assemblée. Le conseil, ainsi présidé, désigne trois membres pris dans son sein pour composer le bureau avec le curé et les marguilliers d'honneur. Sur ces trois membres, l'un est nommé président ; le second, secrétaire ; et le troisième, trésorier. L'on conçoit que, si le président du conseil passait dans le bureau, il pourrait arriver qu'il ne fût pas choisi pour président ; or, il faut conclure que tant qu'il est investi de la présidence du conseil, il ne peut être membre du bureau, et que quand le conseil est réuni en assemblée générale, le président du bureau, ainsi que le secrétaire et le trésorier n'y figurent que comme membres du conseil.

Dans les commissions administratives des hospices et des bureaux de Charité, outre le président-né, il y a un vice-président qui le supplée quand il ne peut se trouver aux séances. Rien de semblable n'est prescrit pour les fabriques : il n'y a qu'un président pour le conseil général. Si ce président est empêché, le conseil pourra-t-il délibérer ? L'on sait que le décret du 30 décembre 1809 autorise la moitié des membres, plus un, à se réunir légalement ; mais le décret se tait sur le moyen de remédier à l'absence du président. Il peut cependant arriver que cette absence ait lieu, et qu'il soit urgent de délibérer. L'on pense que dans ce cas le fauteuil doit être occupé ou par le doyen d'âge, ou par l'administrateur le plus ancien en exercice, autre que le président du bureau, le trésorier et les secrétaires. Cette seconde opinion devrait prévaloir, si l'on considérait que le membre le plus ancien en exercice est réputé connaître l'administration de la fabrique mieux que le membre, doyen d'âge, qui aurait été admis postérieurement. Il semble, dans tous les cas, que ce ne peut être le curé qui soit appelé à présider ; car, ainsi que le disait un ministre, sous l'ancien gouvernement, le curé est au conseil ce qu'est le procureur du Roi dans un tribunal. Sa place est assignée à la droite du président, comme celle du maire l'est à la gauche, et l'on pense que ni l'un ni l'autre ne peut être élu président, ni remplacer le titulaire, pas plus qu'ils ne peuvent être nommés trésoriers.

Quant à la présidence du bureau, elle appartient nécessairement au curé, en cas d'absence du président; par la raison que les deux autres membres ont leurs fonctions particulières, soit celles de trésorier, soit celles de secrétaire.

Prêtres auxiliaires.

L'on appelle *Prêtres auxiliaires* des ecclésiastiques que le supérieur diocésain charge de porter les secours de la religion dans les succursales dépourvues de pasteurs. Ils ont droit à une indemnité qui se prend sur le produit des traitements attachés aux succursales vacantes. L'article 5 de l'ordonnance royale du 25 août 1819, qui autorise le paiement de cette indemnité, est ainsi conçu :

Dans les diocèses où le nombre des ecclésiastiques n'est point suffisant pour que toutes les succursales soient pourvues de pasteurs, il pourra être mis à la disposition de l'archevêque ou évêque; et, *sur sa demande*, une somme qui n'excédera point le dixième des traitements attachés aux succursales vacantes. Cette somme sera employée à défrayer un nombre proportionné de prêtres nés ou incorporés dans le diocèse, et désignés par l'archevêque ou évêque pour aller, aux époques convenables, porter successivement les secours de la religion dans les succursales dépourvues de pasteurs.

C'est l'archevêque ou évêque qui règle pour chaque prêtre auxiliaire l'indemnité qu'il juge convenable de lui allouer, à raison de la somme mise à sa disposition, et c'est sur sa proposition que le préfet délivre ses mandats au profit des ayants-droit.

PRÊTRES-CHANTRES.

L'art. 30 du décret du 30 décembre 1809 en attribue la désignation au curé.

PRÊTRES HABITUÉS.

S'ils ne sont pas salariés, le curé seul les agrée et leur assigne des fonctions (art. 30 du décret du 30 décembre 1809); mais s'ils reçoivent un salaire, il faut remplir pour eux les mêmes formalités qu'à l'égard des vicaires. (Voyez *Vicaires.*)

PRÊTRES VIEUX ET INFIRMES.

Ils sont susceptibles de participer à la distribution du fonds de retenue fait sur le produit des bancs, en exécution du décret du 1er août 1805. -- 13 thermidor an 13. (Voyez *Bancs.*)

PRIÈRES.

Il ne peut être ordonné de prières publiques

sans une autorisation spéciale de l'évêque (art. 40 de la loi du 8 avril 1802).

Les livres de prières ne doivent être imprimés qu'avec la permission de l'évêque. (Décret du 28 mars 1805. Voyez *Livres d'Eglises.*)

Prise de possession. (Voyez *Installation.*)

Prisons.

Les aumôniers des prisons sont nommés par l'autorité administrative. Ils ne sont mis en fonctions qu'autant que l'évêque diocésain leur a conféré les pouvoirs nécessaires. Leur traitement est payé sur les fonds affectés au service des établissements.

Procès.

(Voyez *Conseils de Préfecture, Plaidoieries.*)

Procureur du Roi.

L'art. 90 du décret du 30 décembre 1809, transcrit au titre *Compte*, a prévu le cas où un trésorier refuserait de rendre son compte ou d'en payer le reliquat.

On voit, par cette disposition, que le procureur du Roi peut poursuivre *d'office* un trésorier et l'obliger à rendre son compte ou à en payer le reliquat, lorsqu'il a été arrêté. Il semble dès-lors qu'il suffise que ce magistrat soit instruit d'une manière quelconque du retard ou de la négligence qu'un trésorier met à rendre compte de sa gestion, pour qu'il soit en droit de le citer devant le tribunal. C'est même pour lui un devoir, car si les administrateurs de la fabrique, par égard pour leur collègue, ne veulent pas le dénoncer, il convient que le ministère public prenne l'initiative.

Le procureur du Roi est également tenu d'exercer des poursuites pour la mise en bon état des biens formant la dotation des cures et succursales, dans les termes de l'art. 22 du décret du 6 novembre 1813, transcrit au titre *Dotation des cures et succursales.*

Prône.

L'art. 10 du décret du 30 décembre 1809 veut que l'avertissement de chacune des séances du conseil de la fabrique soit publié au prône de la grand'messe, le dimanche précédent, même pour les quatre réunions trimestrielles. Cet avertissement n'est pas exigé pour les assemblées des marguilliers. (Voyez *Publications.*)

Protestants. (Voyez *Inhumations.*)

Publications.

L'article 53 de la loi du 8 avril 1802, porte, relativement aux publications,

Ils ne feront (les curés) au prône aucune publication étrangère à l'exercice du culte, si ce n'est celles qui seront ordonnées par le gouvernement.

Le préfet est un mandataire direct du Roi. En conséquence, s'il croyait devoir ordonner qu'un acte d'administration fût publié au prône, le curé s'empresserait sûrement d'obtempérer à cette injonction ; mais il est bien désirable que les autorités supérieures ne recourent à ce moyen qu'avec la plus grande circonspection, car il est toujours fâcheux que le service divin soit interrompu par des lectures et publications qui y sont étrangères. (Voyez *Mariages.*)

PUITS.

Ceux existant près des cimetières peuvent être comblés par ordre du préfet. (Voyez *Cimetières.*)

QUÊTES.

C'était anciennement un usage généralement reçu, que celui qui rendait le pain bénit, quêtât ou fît quêter pour les besoins de l'église, et divers arrêts anciens obligèrent les paroissiens à s'acquitter de cette charge, à tour de rôle, sous peine d'amende, notamment celui du parlement de Rouen, du 2 août 1780. Il était encore de règle étroite que l'on ne commît que des personnes raisonnables et inspirant de la confiance pour faire la quête ; c'est ce qui motiva, dans un arrêt de réglement rendu pour la paroisse de Sainte-Marguerite de Paris, le 10 mai 1718, une disposition qui défendait de faire quêter par des servantes ou par des jeunes filles au-dessous de douze ans.

L'usage des quêtes dans les églises est confirmé par l'article 75 du décret du 30 décembre 1809, portant :

Tout ce qui concerne les quêtes dans les églises sera réglé par l'évêque, sur le rapport des marguilliers, sans préjudice des quêtes pour les pauvres, lesquelles devront toujours avoir lieu dans les églises, toutes les fois que les bureaux de bienfaisance le jugeront convenable.

A défaut de règles prescrites par l'évêque, c'est au curé à diriger les quêtes relatives à l'église. Il quête ou fait quêter, soit par des ecclésiastiques, soit par les marguilliers ou par des paroissiens. Dans beaucoup de villes, on a adopté l'usage de faire quêter par des dames ou demoiselles, accompagnées des principaux paroissiens, et de cette manière les collectes sont toujours abondantes.

Les administrations des pauvres peuvent, non-seulement user de leurs droits, toutes les fois qu'elles le jugent à propos, mais encore faire placer des troncs dans les églises.

Cette faculté n'existe évidemment que pour les communes où il a été organisé des bureaux de charité. Dans toutes les autres, c'est le curé ou desservant qui doit faire faire la quête pour les pauvres et distribuer les aumônes. Ses rapports constants avec ses paroissiens, sa sollicitude continuelle pour les malheureux le mettent plus qu'aucun fonctionnaire civil à portée de connaître les besoins des indigents et de les soulager efficacement.

Les quêtes publiques au-dehors ne peuvent, au surplus, avoir lieu sans une autorisation administrative; c'est-à-dire émanée du préfet.

RADIATION D'INSCRIPTION. (Voyez *Inscriptions.*)

RECETTES.

Toutes les recettes, de quelque nature qu'elles soient, et de quelque source qu'elles proviennent, doivent être faites pour le compte de la fabrique, et enregistrées sur un registre-journal. (Voyez *Journal.*)

Les recettes ordinaires sont déterminées par l'article 36 du décret du 30 décembre 1809; elles se composent comme on le voit au modèle du *Budget*, page 95.

RECEVEURS. (Voyez *Trésoriers.*)

RÉCOLEMENT. (Voyez *Inventaires.*)

RECONSTRUCTIONS. (Voyez *Constructions.*)

RÉGIE.

L'administration des biens des fabriques est assimilée à celle des biens communaux, par l'arrêté du 7 thermidor an 11; et par l'art. 60 du décret du 30 décembre 1809, elle est placée sous la surveillance de l'évêque et du préfet.

L'état constant de minorité dans lequel se trouvent les fabriques oblige les personnes à qui l'administration des biens et revenus est confiée, à suivre ponctuellement les formes tracées par les lois et réglements, sous peine d'être personnellement responsables des dommages qui pourraient résulter de l'infraction des règles, ou de négligence.

Il importe donc aux administrateurs d'une fabrique de prendre toutes les précautions possibles pour ne pas exposer l'établissement à des pertes qui retomberaient sur eux. Le premier soin du conseil est donc de constater, au moyen d'inventaires faits sans frais, les biens-meubles et immeubles de la fabrique, et les titres, papiers et renseignements qui peuvent exister. C'est le moyen de reconnaître l'importance et la valeur desdits biens, et la validité des titres. La rédaction de ces inventaires est prescrite par l'art. 55 du décret du 30 décembre 1809.

Les biens, et notamment le mobilier, éprouvent des changements, soit dans la forme, soit dans la valeur; c'est afin que ces modifications soient exactement et régulièrement constatées, que le même article porte qu'il sera fait un récolement annuel. Par cette opération, on constate si les objets inventoriés sont encore existants, on marque ceux qui sont hors de service, ou qui ont subi des changements, et ceux dont la fabrique est devenue possesseur, de quelque manière que ce soit, pendant l'année.

Les papiers et surtout les titres qui sont si précieux à conserver, ne peuvent être déplacés souvent sans qu'on s'expose à les gâter, et même à les perdre. C'est pour éviter les inconvénients qui en résulteraient que l'art. 54 a prescrit le dépôt des titres dans une armoire à trois clefs, et qu'il a été ordonné, par l'article 56, de les faire transcrire par le secrétaire du bureau sur un sommier. (Voyez *Sommier.*)

On n'entrera pas dans d'autres détails sur la régie des biens des fabriques, on peut se reporter à chaque titre de cet ouvrage pour connaître les règles qui sont tracées par la législation.

Registres.

L'article 81 du décret du 30 décembre 1809 dispense les fabriques de tenir des registres sur papier timbré; il porte :

Les registres des fabriques seront sur papier non timbré....

Il ne faudrait pourtant pas qu'on y inscrivît des adjudications d'ouvrages, de réparations ou de construction, ni des marchés de fournitures, des transactions ou autres traités, parce que ces sortes d'actes, qui sont susceptibles d'être soumis à l'enregistrement, doivent être faits sur papier timbré. Alors on doit les rédiger sur des feuilles séparées, et se borner à en faire l'objet d'une délibération sur le registre à ce destiné. Cette manière de voir est fondée sur un décret du 7 février 1791, portant :

Art. 3. Seront écrites sur papier timbré toutes les minutes et expéditions d'actes..... soumis à la formalité de l'enregistrement.

3° Les registres des municipalités, pour tout ce qui concernera leurs affaires, et sera étranger aux fonctions publiques qui leur sont déléguées par les lois ; les registres des.... fabriques.... marguilliers, fabriciens....

Les registres que doit tenir une fabrique, sont :

1° Celui des délibérations qui sert au conseil et au bureau. Il est tenu par les deux secrétaires, chacun pour ce qui le concerne. Le registre courant peut être constamment à la disposition de ces deux administrateurs ; mais ceux qui sont remplis doivent être exactement placés dans l'armoire avec les titres et papiers ;

2° Un sommier des biens, rentes, fondations, dons et legs, baux et autres revenus fixes. Tous les titres y sont transcrits par le secrétaire du bureau (art. 56 du décret du 30 décembre), par suite de numéros et par ordre de dates, entre deux marges, qui servent pour y porter, dans l'une, les revenus, et dans l'autre, les charges : chaque pièce est signée et certifiée conforme à l'original par le curé et par le président du bureau ;

3° Un journal qui doit rester à la disposition du trésorier, et dont la tenue est prescrite par l'article 74 du même décret.

Ainsi qu'il est expliqué au titre *Journal*, ce livre serait incomplet s'il ne présentait en même temps les recettes et les dépenses ; le règlement n'en parle pas : c'est une lacune, et il n'a pu échapper à aucun trésorier, qu'il fallut y suppléer. Le journal serait fort régulier, si l'on voulait suivre le modèle tracé à ce titre.

4° Un dernier registre, connu de tout temps sous la dénomination de *Charge de trésorier*, contenant l'analyse des titres de créances, le nom des débiteurs, les sommes dues annuellement, et une colonne destinée à l'inscription des paiements. C'est une espèce de compte ouvert avec chaque débiteur, qui met à tout instant à portée de connaître sa position. Il faudrait avoir l'attention d'indiquer, dans la colonne des paiements, le n° du journal et la date des recettes.

Si l'on voulait mettre un degré de perfection de plus dans la comptabilité, il faudrait avoir un *grand-livre*, comme on l'a indiqué au titre *Journal*.

L'art. 74 du réglement n'explique pas par qui le journal doit être coté et paraphé ; mais il paraît convenable que ce soit au président du conseil à remplir cette formalité essentielle.

Réglements.

Les curés et desservants, les marguilliers et les conseils de fabriques, doivent se conformer ponctuellement aux réglements arrêtés par les évêques, depuis la promulgation du décret du 30 décembre 1809, pour tout ce qui concerne l'office divin, les fondations, les inhumations, les services religieux, et toutes les cérémonies de la religion, ainsi que pour les rétributions à accorder au clergé, et celles à percevoir par les fabriques. Tous les réglements provisoires, faits en vertu de la décision du gouverment, du 9 floréal an 11, pour fixer l'administration des fabriques, ont été annulés par le réglement général du 30 décembre 1809, c'est ce qui résulte de l'avis du conseil-d'état du 16 février 1813, approuvé le 22 du même mois, portant :

Ce réglement (1) et tous autres faits en vertu de la décision du gouvernement, du 9 floréal an 11, doivent être considérés comme supprimés de droit par le réglement général sur les fabriques, du 30 décembre 1809.

REMBOURSEMENT DE CAPITAUX DE RENTES.

Quelle que soit la nature d'une rente, ou le motif de sa création, le débiteur peut s'en libérer quand il le veut. C'est un principe consacré par la loi du 18 décembre 1790, dont les principales dispositions sont ci-après transcrites :

TITRE 1er. Art. 1er. Toutes les rentes foncières perpétuelles, soit en nature, soit en argent, de quelque

(1) Celui de l'évêché de Soissons, approuvé par le Gouvernement le 24 frimaire an 12.

espèce qu'elles soient, quelle que soit leur origine, à quelques personnes qu'elles soient dues, gens de main-morte, domaine, apanagistes, ordre de Malte, même les rentes de dons et legs, pour cause pie ou de fondations, seront rachetables....

Titre 2. Art. 1er. Tout propriétaire pourra racheter les rentes et redevances foncières perpétuelles, à raison d'un fonds particulier....

2. Lorsqu'un fonds grevé de rente..... sera possédé par plusieurs co-propriétaires, soit divisément. soit par indivis, l'un d'eux ne pourra point racheter divisément ladite rente ou redevance, au prorata de la portion dont il est tenu, si ce n'est du consentement de celui auquel la rente ou redevance sera due, lequel pourra refuser le remboursement total, en renonçant à la solidarité vis-à-vis de tous les co-obligés; mais quand le redevable aura fait le remboursement total, il demeurera subrogé aux droits du créancier....

5. Lorsque le rachat aura pour objet une rente ou redevance foncière, appartenant à une communauté d'habitants, les officiers municipaux ne pourront le liquider et en recevoir le prix, que sous l'autorité et avec l'avis.... (du préfet), lesquels seront tenus de veiller au remploi du prix.

L'art. 7 est plus positif encore sur la nécessité de l'autorisation du préfet pour recevoir les capitaux; il porte que si la liquidation d'un remboursement de rentes de fabriques n'était pas faite par l'autorité départementale, le rachat serait nul.

La disposition de la loi ci-dessus transcrite, relative au droit de rembourser les capitaux de rente, a été renouvellée par le Code civil, portant :

Art. 530. Toute rente établie à perpétuité pour le prix de la vente d'un immeuble, ou comme condition de la cession à titre onéreux ou gratuit d'un fonds immobilier, est essentiellement rachetable.

Il est néanmoins permis au créancier de régler les clauses et conditions du rachat.

Il lui est aussi permis de stipuler que la rente ne pourra lui être remboursée qu'après un certain terme, lequel ne peut jamais excéder trente ans : toute stipulation contraire est nulle.

Relativement aux formes à remplir par les débiteurs, pour le remboursement des capitaux de rentes, nous pensons que l'autorisation du préfet est toujours nécessaire, encore bien qu'elle n'ait été exigée par aucune loi postérieure à celle du 18 décembre 1790, par la raison que la disposition conservatrice qui ordonne que cette autorisation sera demandée, n'est point abrogée.

Cependant Son Exc. le ministre de l'intérieur a fait connaître, par une dépêche du 3 décembre 1822, qu'il était de principe consacré par l'avis du conseil-d'état du 22 novembre 1808, approuvé le 21 décembre suivant, que le remboursement pouvait toujours avoir lieu quand les débiteurs se présentaient pour se libérer, en avertissant un mois d'avance. Cet avis est ainsi conçu :

1° Que le remboursement des capitaux dus aux hôpitaux, communes et fabriques, et aux autres établissements dont les propriétés sont administrées ou régies sous la surveillance du gouvernement, peut toujours avoir lieu quand les débiteurs se présentent pour se libérer; mais ils doivent avertir les administrateurs un mois d'avance, pour que ceux-ci avisent, pendant ce temps, aux moyens de placement, et requièrent les autorisations nécessaires de l'autorité supérieure; 2° que l'emploi des capitaux ou rentes sur l'état n'a pas besoin d'être autorisé, et l'est d'abord par la règle générale déjà établie; 3° que l'emploi en biens-fonds, ou de toute autre manière, doit être autorisé par un décret rendu en conseil-d'état, sur l'avis du ministre de l'intérieur.

Nous ne nous permettrons d'autres réflexions que celle-ci : si les fabriques pouvaient, sans aucune forme, recevoir tous les capitaux de rentes qui leur sont offerts, comment l'autorité supérieure exercerait-elle le droit qu'elle a nécessairement de s'assurer que le rachat a été fait *au taux légal*, et comment pourrait-elle surveiller le remploi de fonds dont elle ignorerait la disponibilité?

Le mode et le taux du rachat des rentes sont réglés par le titre 3 de la loi du 18 décembre 1790, déjà citée, ainsi qu'il suit :

Art. 2. Le rachat des rentes et redevances foncières, originairement créés irrachetables, et sans aucune évaluation du capital, seront remboursables; savoir :

celles en argent, sur le pied du denier *vingt*, et *celles en nature* de grains, volailles, denrées, fruits de récoltes, services d'hommes, chevaux, et autres bêtes de somme et de voitures, au denier *vingt-cinq* de leur produit annuel, suivant les évaluations qui en seront ci-après faites. Il sera ajouté un dixième auxdits capitaux, à l'égard des rentes qui auront été créées sous la condition de non-retenue des dixièmes, vingtièmes et autres impositions royales (1).

3. A l'égard des rentes et redevances foncières originairement créées rachetables, mais qui sont devenues irrachetables avant le 4 août, par l'effet de la prescription, le rachat s'en fera sur le capital porté au contrat, soit qu'il soit inférieur ou supérieur aux deniers ci-dessus fixés.

7. A l'égard des redevances en grains, il sera formé une année commune de leur valeur, d'après le prix des grains de même nature, relevé sur les registres du marché du lieu où se devait le paiement, ou du marché plus prochain, s'il n'y en a pas dans le lieu. Pour former l'année commune, on prendra les quatorze années antérieures à l'époque du rachat, on en retranchera les deux plus fortes et les deux plus faibles, et l'année commune sera formée sur les dix années restantes.

8. Il en sera de même pour les redevances en

(1) Il résulte de cette disposition que les capitaux de rentes exemptes sont portés au denier 22 pour celles en numéraire, et au denier 27 et demi pour celles en nature.

Dans quelques localités on élève le capital de ces dernières au denier 30; mais on ne voit aucune disposition qui autorise le remboursement à ce taux.

volailles, agneaux, cochons, beurre, fromage, cire et autres denrées, dans les lieux où leur prix est porté dans les registres des marchés.

12. L'offre se fera au domicile du créancier, lorsque la rente sera portable, et lorsqu'elle sera quérable, au domicile élu, etc....

14. Tout redevable qui voudra racheter la rente ou redevance foncière dont son fonds est grevé, sera tenu de rembourser, avec le capital du rachat, tous les arrérages qui se trouveront dus, tant pour les années antérieures que pour l'année courante, au prorata du temps qui sera écoulé depuis la dernière échéance jusqu'au jour du rachat.

Les dispositions de l'art. 7 ci-dessus sont consacrées de nouveau pour la perception du droit d'enregistrement, par l'article 75 de la loi du 15 mai 1818, ainsi conçu :

Pour les rentes et les baux stipulés payables en quantité fixe de grains et denrées, dont la valeur est déterminée par des mercuriales; et, pour les donations entre-vifs, et les transmissions par décès, de biens dont les baux sont également stipulés payables en quantité fixe de grains et denrées, dont la valeur est également déterminée par des mercuriales, la liquidation du droit proportionnel d'enregistrement sera faite d'après l'évaluation des rentes ou du prix des baux résultant d'une année commune de la valeur des grains ou autres denrées, selon les mercuriales du marché le plus voisin.

On formera l'année commune d'après les quatorze dernières années antérieures à celles de l'ouverture du droit : on retranchera les deux plus fortes et les deux plus faibles, l'année commune sera établie sur les dix années restantes.

Le remboursement ne peut jamais se faire en nature ; il doit toujours avoir lieu en argent, d'après les règles qu'on vient de rapporter.

Remploi de capitaux de rentes.

Il est d'une administration paternelle d'employer tous les moyens légitimes possibles pour accroître la dotation des fabriques, et non-seulement on ne doit point appliquer les capitaux rentrés à des travaux ou à d'autres dépenses ; mais on doit employer avec eux toutes les sommes dont on peut disposer en acquisition, soit d'immeubles, soit de rentes sur particuliers ou sur l'état.

Un décret du 16 juillet 1810 contient, sur le remploi des capitaux, les règles suivantes :

Art. 1er. Les communes, les hospices et les fabriques pourront, sur l'autorisation des préfets, effectuer le remploi en rentes, soit sur l'état, soit sur particuliers, des capitaux qui leur seront remboursés, toutes les fois que ces capitaux n'excèderont pas 500 fr.

2. L'emploi de ces capitaux, quand ils s'élèveront au-dessus de 500 fr., et jusqu'à 2000 fr., sera soumis à l'approbation du ministre de l'intérieur pour le même genre de placement.

3. Quant au placement des sommes au-dessus de 2000 fr. provenant de la même source, il ne pourra

avoir lieu qu'en vertu de la décision spéciale de Sa Majesté, rendue en son conseil-d'état.

4. Le placement en biens-fonds, quelque soit le montant de la somme, ne pourra s'effectuer sans une autorisation de Sa Majesté, donnée en son conseil.

Le placement en biens-fonds est une véritable acquisition, et il faut remplir les formalités indiquées au titre *Acquisitions*.

Le placement en rentes sur particuliers consiste à acquérir une rente anciennement constituée, car s'il était question d'un placement à constitution, il ne pourrait être fait, d'après la loi, qu'à raison du denier vingt; tandis que l'acquisition que le *fort intérieur* permet de faire jusqu'au denier quinze, est beaucoup plus avantageux.

Si l'on voulait employer ce moyen, il faudrait, outre la délibération du conseil, produire un certificat du conservateur des hypothèques, constatant les inscriptions dont seraient grevés les fonds donnés pour garantie de la rente, ainsi qu'un procès-verbal d'estimation de cet immeuble.

Le placement en acquisition de rentes sur l'état présente moins de difficultés; il n'a pas même besoin d'être autorisé maintenant.

Il ne s'agit pas d'un placement pour produire intérêt, car ces intérêts ne s'élèveraient qu'à cinq pour cent, mais bien d'acquérir des rentes créées au cours du moment où l'acquisition se fait.

Les démarches à faire pour parvenir à cette

opération sont extrêmement simples : il suffit que le trésorier dépose les fonds de la fabrique entre les mains du receveur-général des finances du département, ou du receveur de l'arrondissement dans lequel la fabrique est située, en indiquant à ce comptable que l'on veut acquérir une rente sur l'état, cinq pour cent consolidés. Dans peu de jours on obtient une inscription départementale, titre au moyen duquel on est payé tous les six mois, et qui n'a besoin d'aucune mesure de conservation. Les frais d'acquisition se bornent aux honoraires de l'agent de change.

Si une fabrique avait à sa disposition une somme qu'elle destinât à des travaux ou à toute autre dépense qui ne serait pas prochaine, il serait avantageux pour elle d'en faire le dépôt à la caisse centrale et de service, où elle porterait intérêt au profit de l'établissement. Ce placement est facultatif, et on ne le conseille ici que dans l'intérêt des fabriques. Rien n'est plus facile que le placement et le retirement de ces fonds ; l'une ou l'autre opération n'exige ni soins ni démarches.

Remplacement des membres de la fabrique.

Le conseil se renouvelle partiellement tous les trois ans; savoir, à l'expiration des trois premières années dans les paroisses où il est composé de neuf membres, par la sortie de cinq membres qui, pour la première fois, sont désignés par le sort, et des quatre plus anciens après les six ans révolus ; pour les fabriques dont le conseil est composé de cinq membres, par la sortie de trois membres désignés par le sort, après les trois premières années, et des deux autres après les six ans révolus. Dans la suite, ce sont toujours les plus anciens en exercice qui doivent sortir, en suivant l'ordre qui vient d'être indiqué. (Art. 7 du décret du 30 décembre.)

Les conseillers qui doivent remplacer les membres sortant sont élus par les membres restant. Quand le remplacement n'est pas fait à l'époque fixée, l'évêque y pourvoit un mois après, conformément à l'art. 8 du réglement modifié par l'art. 4 de l'ordonnance du 12 janvier 1825.

Les membres sortant peuvent être réélus. (Art. 8 du décret du 30 décembre 1809.)

Les conseillers appelés au bureau des marguilliers ne doivent y rester que trois ans. Après la formation du bureau, un membre sort au bout d'un an, par la voie du sort; un autre quitte de la même manière après deux ans; le troisième sort naturellement à l'expiration des trois ans; et dans la suite, c'est le membre le plus ancien en fonctions qui est à remplacer. Si l'élection n'est pas faite à temps pour les deux premières années, l'évêque y pourvoit sans délai. [Art. 16, 17 et 18.] (1)

Le réglement ne porte pas que les membres sortant du bureau pourront être réélus, ces admi-

(1) Dans le cas de vacance par mort ou démission, le remplacement est fait à la prochaine séance et pour le temps qui reste à écouler. (Art. 3 de l'ordonnance du 12 janvier 1825.)

nistrateurs étant responsables ne peuvent, en effet, être maintenus en fonctions plus de trois ans ; et il est convenable qu'il y ait au moins une année d'inactivité avant de les y rappeler.

Rentes.

Les rentes que possédaient les fabriques, à quelque titre que ce fut, se trouvèrent comprises dans la réunion faite au domaine des biens de ces établissements. Les fabriques n'ont été rétablies que par l'arrêté du 7 thermidor an 11, qui leur rendit ceux de leurs biens non-définitivement aliénés.

Parmi ces biens, il s'en trouve qui étaient autrefois grevés de rentes. Les fabriques n'en sont point chargées ; c'est au gouvernement que les créanciers ont dû s'adresser pour en obtenir la liquidation sur l'état. Cela résultait suffisamment du mode de restitution ; mais pour ne laisser aucun doute et pour ôter aux anciens créanciers tout motif de réclamation, il a été rendu un avis par le conseil-d'état, le 30 décembre 1810, portant :

Que les biens rendus aux fabriques leur ont été restitués quittes des rentes dont ils étaient grevés, pour lesquelles les créanciers doivent se pourvoir devant le ministre des finances, depuis la suppression de la liquidation générale.

Les rentes seules sont nommément indiquées dans cet avis ; mais il en est de même de toutes les charges anciennes, à l'exception des services religieux, lesquels doivent être réduits en proportion du montant des sommes qui y sont annuellement affectées par l'acte constitutif, conformément aux statuts et réglements du diocèse. Toutes les autres charges dont étaient grevés les biens et rentes, avant leur réunion au domaine, se sont trouvées abolies par rapport aux fabriques devenues propriétaires à titre nouveau, suivant qu'il est expliqué au titre *Bancs*.

Les arrérages de rentes se prescrivent par cinq années (art. 2277 du Code civil), et la prescription a lieu contre l'état, les communes et les établissements, comme contre les particuliers. Les marguilliers, notamment le trésorier, ne doivent pas perdre de vue qu'ils sont comptables, et, à ce titre, responsables envers la fabrique, des pertes que, par leur négligence, ils peuvent lui occasionner. Ils doivent donc veiller, non-seulement à ce que les arrérages de rentes ne restent pas arriérés au-delà de cinq ans, mais encore renouveler tous les dix ans les inscriptions hypothécaires, et exiger un titre nouveau devant notaires tous les trente ans, et toujours avant l'expiration de ces diverses périodes.

Les rentes qui, sous l'ancienne législation, étaient considérées comme des objets immobiliers, ont pris, depuis la nouvelle législation, un caractère purement mobilier. Elles sont racquittables depuis la loi du 18-23 décembre 1790, et le Code civil. (Voyez *Remboursement.*)

Toutes les rentes créées avant la loi des 20, 22 et 23 novembre 1790, à l'exception de celles résultant des baux à rentes, stipulées exemptes de retenue pour impositions, doivent, d'après cette loi, être passibles d'une réduction proportionnelle à la contribution; elle est fixée aujourd'hui au cinquième du montant brut. On rapportera ci-après les dispositions de ladite loi qui sont relatives aux retenues dont il s'agit :

TITRE 2. Art. 6. Les propriétaires dont les fonds sont grevés de rentes ci-devant seigneuriales ou foncières, d'aigriers, de champarts ou d'autres prestations, soit en argent, soit en denrées, soit en quotité de fruits, feront, en acquittant ces rentes ou prestations, une retenue proportionnelle à la contribution (1), sans préjudice de l'exécution des baux à rentes faits sous la condition de la non-retenue des impositions royales.

7. Les débiteurs d'intérêts et de rentes perpétuelles constituées avant la publication du présent décret, et qui étaient autorisés à faire la retenue des impositions royales, feront la retenue à leurs créanciers dans la proportion de la contribution foncière.

9. A l'avenir, les stipulations entre les contractants sur la retenue de la contribution seront entièrement libres; mais elle aura toujours lieu, à moins que le contrat ne porte la condition expresse de la non-retenue.

Ces diverses dispositions sont consacrées de nou-

(1) Cette retenue a été fixée par l'art. 4 de la loi du 15 pluviôse an 5 : au 5e pour les rentes perpétuelles, et au 10e pour les rentes viagères.

veau par la loi du 23 novembre 1798 (3 frimaire an 7), relative à l'assiette de la contribution foncière. (Voyez *Remboursement de Capitaux*, où l'on trouve des règles sur le mode et le taux du rachat; voyez aussi *Prescription*, où la manière de suppléer à des titres constitutifs, et à des actes récognitifs, est indiquée.)

Rentes en nature.

Les mêmes dispositions législatives qui régissent les rentes en numéraire sont communes aux rentes en nature. On entrera seulement dans quelques détails concernant le recouvrement des arrérages.

Les rentes en nature sont payables dans les valeurs déterminées par l'acte de création, ou en numéraire. Dans ce dernier cas, la somme à payer est calculée à raison du prix moyen des mercuriales du marché du lieu, ou de celui de la commune la plus voisine, pendant l'année qui a précédé le jour de l'échéance. Il faut cependant considérer que, tant qu'il n'y a qu'un terme exigible, il peut être payé en nature; mais si deux ou plusieurs arrérages sont échus et payables, un seul peut être acquitté en nature, et les années antérieures sont dues en numéraire au prix des mercuriales des années auxquelles ils se rapportent. Les mercuriales doivent alors être relevées d'une Saint-Michel à l'autre, si c'est-là l'époque de l'échéance : le débiteur pourrait encore être admis à se libérer en nature; mais alors les objets ne seraient comptés que pour leur valeur, d'après le prix moyen constaté par les mercuriales tenues au dernier marché, et le débiteur serait tenu d'ajouter le complément, soit en nature, soit en numéraire.

La raison seule indique cette règle; en effet, le particulier qui s'est constitué une rente en nature a eu en vue des chances favorables, et le creancier a eu des espérances semblables, chacun enfin a envisagé la chose dans son intérêt; la rente doit donc être payée annuellement, autrement tout serait à l'avantage du débiteur qui, dans des années de cherté, se garderait bien de s'acquitter, attendant un moment de baisse pour se libérer à moindres frais.

Le remboursement des capitaux de rentes en nature se fait d'après le prix moyen constaté par les mercuriales des quatorze années précédentes; on en retranche les deux plus fortes et les deux plus faibles, alors, en prenant la dixième partie du reste, on a l'année commune qui doit servir de base au calcul du montant des capitaux. (Voyez *Remboursement et Prescription.*)

RENTES SUR L'ÉTAT (1).

Les communes et les établissements peuvent faire des placements en acquisition de rentes sur l'état, avec d'autant plus de facilité qu'il suffit de déposer les fonds à la caisse du receveur d'arrondissement.

(1) Voyez l'art. 6 de l'ordonnance du 2 avril 1817, au titre *Dons*.

Il n'en résulte d'autres frais que les droits à payer à l'agent de change, que le receveur général du département est obligé d'employer pour faire opérer le transfert. Aucune autorisation n'est nécessaire pour acquérir des rentes sur l'état ; elles n'exigent aucun soin pour leur conservation, et les arrérages en sont payables, par sémestre, les 22 juin et 22 septembre de chaque année, dans le département où est située la fabrique.

Si ce sont des fonds susceptibles de recevoir une autre destination, qui aient été employés en acquisition de rentes sur l'état, rien n'est plus facile que d'aliéner la rente et de retirer lesdits fonds ; un simple exposé suffit dans beaucoup de cas pour en obtenir l'autorisation.

Réparations.

Les réparations à faire à l'église, au presbytère, et aux autres propriétés de la fabrique sont exécutées en vertu des dispositions du décret du 30 décembre 1809, ci-après transcrites :

Art. 37. Les charges des fabriques sont...... de veiller à l'entretien des églises, presbytères et cimetières ; et, en cas d'insuffisance des revenus de la fabrique, de faire toutes les diligences nécessaires pour qu'il soit pourvu aux réparations et reconstructions, ainsi que le tout est réglé..... (en l'art. 41 et suivants).

41. Les marguilliers et spécialement le trésorier seront tenus de veiller à ce que toutes les réparations soient bien et promptement faites. Ils auront soin de

visiter les bâtiments avec des gens de l'art, au commencement du printemps et de l'automne.

Ils pourvoiront sur-le-champ, et par économie, aux réparations locatives ou autres, qui n'excéderont pas... (50 fr. dans les paroisses au-dessous de mille âmes, et 100 fr. dans les paroisses d'une plus grande population), sans préjudice toutefois des dépenses réglées pour le culte.

42. Lorsque les réparations excéderont la somme ci-dessus indiquée, le bureau sera tenu d'en faire rapport au conseil, qui pourra ordonner toutes les réparations qui ne s'élèveraient pas à plus de 100 fr. dans les communes au-dessous de mille âmes, et de 200 fr. dans celles d'une plus grande population.

Néanmoins ledit conseil ne pourra, même sur le revenu libre de la fabrique, ordonner les réparations qui excéderaient la quotité ci-dessus énoncée, qu'en chargeant le bureau de faire dresser un devis estimatif, et de procéder à l'adjudication au rabais ou par soumission, après trois affiches, renouvelées de huitaine en huitaine.

43. Si la dépense ordinaire, arrêtée par le budget, ne laisse pas de fonds disponibles, ou n'en laisse pas de suffisants pour les réparations, le bureau en fera son rapport au conseil, et celui-ci prendra une délibération tendant à ce qu'il y soit pourvu dans les formes prescrites.... (en l'art. 92 et suivants) : cette délibération sera envoyée par le président au préfet.

44. Lors de la prise de possession de chaque curé ou desservant, il sera dressé, aux frais de la commune, et à la diligence du maire, un état de situation du pres-

bytère et de ses dépendances. Le curé ou desservant ne sera tenu que des simples réparations locatives, et des dégradations survenues par sa faute. Le curé ou desservant sortant, ou ses héritiers ou ayant-cause, seront tenus desdites réparations locatives et dégradations.

92. Les charges des communes, relativement au culte, sont :

1° De suppléer à l'insuffisance des revenus de la fabrique, pour.... (les dépenses ordinaires portées au budget) ;

3° De fournir aux grosses réparations des édifices consacrés au culte.

93. Dans le cas où les communes sont obligées de suppléer à l'insuffisance des revenus des fabriques, pour ces deux premiers chefs, le budget de la fabrique sera porté au conseil municipal, dûment convoqué à cet effet, pour y être délibéré ce qu'il appartiendra. La délibération du conseil municipal devra être adressée au préfet, qui la communiquera à l'évêque diocésain, pour avoir son avis. Dans le cas où l'évêque et le préfet seraient d'avis différents, il pourra en être référé, soit par l'un, soit par l'autre, à notre ministre (de l'intérieur et à celui des affaires ecclésiastiques).

94. S'il s'agit de réparations des bâtiments, de quelque nature qu'elles soient, et que la dépense ordinaire, arrêtée par le budget, ne laisse pas de fonds disponibles, ou n'en laisse pas de suffisants pour ces réparations, le bureau en fera son rapport au conseil, et celui-ci prendra une délibération tendant à ce qu'il

y soit pourvu par la commune : cette délibération sera envoyée par le trésorier au préfet.

95. Le préfet nommera les gens de l'art par lesquels, en présence de l'un des membres du conseil municipal et de l'un des marguilliers, il sera dressé, le plus promptement possible, un devis estimatif des réparations. Le préfet soumettra ce devis au conseil municipal, et, sur son avis, ordonnera, s'il y a lieu, que ces réparations soient faites aux frais de la commune, et en conséquence, qu'il soit procédé par le conseil municipal, en la forme accoutumée, à l'adjudication au rabais.

Lorsque le budget ne laisse pas de fonds disponibles dans la caisse de la commune, et qu'il est nécessaire de recourir à une imposition extraordinaire, il doit être adjoint au conseil municipal un nombre, égal à ses membres, des propriétaires les plus imposés, conformément aux articles 39 et suivants de la loi du 15 mai 1818.

Précédemment, les préfets ne pouvaient autoriser l'exécution des travaux qu'autant que la dépense ne s'élevait pas au-dessus de 1000 francs; mais Sa Majesté voulant faire cesser les retards qu'occasionnait le recours au gouvernement pour obtenir les autorisations nécessaires, a rendu le 8 août 1821, une ordonnance transcrite au titre *Travaux*, de laquelle il résulte que les préfets peuvent autoriser les réparations, quelles qu'elles soient, jusqu'à concurrence de 20,000 francs. (Voyez *Travaux*.)

Réparations au presbytère. (Voy. *Presbytère.*)

Réunion de communes.

Lorsque plusieurs communes sont réunies pour le culte, les biens qui appartiennent à leurs églises, les presbytères, maisons vicariales, toutes leurs dépendances, les églises elles-mêmes, les biens des confréries, sont la propriété de la fabrique de l'église paroissiale, à laquelle la réunion a été opérée : elles doivent contribuer à tous les frais du culte, à moins que leurs anciennes églises n'aient reçu le titre de chapelle ou de chapelle vicariale. (Voyez *Frais de Culte.*)

Si à la commune qui est le siége de la cure ou succursale, il est agrégé une commune ou une portion de commune dépendant d'une autre paroisse, la réunion civile s'étend en même-temps à la réunion spirituelle, sans qu'il soit nécessaire d'obtenir une seconde ordonnance royale (1), par la raison que la mesure n'est arrêtée qu'en conséquence d'une proposition concertée entre l'évêque et le préfet. Alors la fabrique de la paroisse qui reçoit l'agrégation, demande, s'il y a lieu, l'envoi en possession des biens ayant appartenu à la commune réunie, suivant qu'il est expliqué au titre *Biens.*

---

(1) Bien entendu que le Curé n'exerce de juridiction sur ses nouveaux paroissiens, qu'après en avoir reçu les pouvoirs de son supérieur diocésain.

Réunion des membres de la fabrique.

Le conseil s'assemble le premier dimanche de chacun des mois d'avril (1), juillet, octobre et janvier, à l'issue de la grand'messe, ou des vêpres, dans l'église, dans la sacristie, ou dans le presbytère ; l'avertissement de chacune de ces séances est publié, le dimanche précédent, au prône de la grand'messe. (Article 10 du décret du 30 décembre 1809.)

Il n'y a pas de défense de réunir le conseil ailleurs que dans les lieux ci-dessus indiqués ; mais l'indication en est explicitement faite, et l'on pense qu'on ne pourrait obliger les membres à s'assembler dans un autre local, dans le bureau de la mairie par exemple, ou chez le maire, ou chez le président du conseil. Il en est de même de tous les corps d'administration ; ils doivent tenir leurs séances dans l'établissement.

Si le conseil est dans la nécessité de s'assembler extraordinairement, le préfet ou l'évêque en autorise la réunion ; soit d'office, soit sur la demande qui en est faite. (*Ibid.*)

L'évêque et le préfet se donnent réciproquement connaissance de ces autorisations, ainsi que des objets à mettre en délibération. (Art. 7 de l'ordonnance du 12 janvier 1825.)

---

(1) Cette assemblée est fixée au dimanche de la Quasimodo, par l'art. 2 de l'ordonnance du 12 janvier 1825.

Le bureau se réunit le premier dimanche de chaque mois, et peut s'assembler extraordinairement sur la demande du curé, ou sur l'invitation d'office du président (art. 23). A l'appui de ce qu'on vient de dire sur le lieu de réunion du conseil, on citera la disposition suivante :

Art. 22. Le bureau s'assemblera tous les mois, à l'issue de la messe paroissiale, *au lieu indiqué*, pour la tenue des séances du conseil.

Cette injonction de se réunir dans un lieu déterminé par un article du décret ne laisse pas de doute sur la nécessité où sont les membres de s'assembler, soit dans l'église, soit dans un lieu attenant à l'église, tel que la sacristie, soit dans le presbytère.

Révélations.

Les biens célés au domaine de l'état et qui proviennent, soit de corporations ecclésiastiques supprimées, soit de dotations curiales, soit d'anciens seigneurs étrangers, autrefois possessionnés en France, peuvent-ils être abandonnés aux fabriques? Leurs Excellences les ministres de l'intérieur et des finances ont décidé de concert, le 6 août 1817, que, d'après l'art. 56 du décret du 30 décembre 1809, qui met au nombre des revenus des fabriques, le produit des biens et rentes célés au domaine, sans distinction, les révélateurs pouvaient révéler toute espèce de biens célés, soit au profit du domaine, soit au profit des fabriques.

L'art. 36 du décret du 30 décembre, portant ces expressions : « Biens et rentes célés au do- » maine, dont nous avons autorisés ou dont nous » autoriserons les fabriques à se mettre en pos- » session. » Le ministre des finances a decidé, le 10 septembre 1817, que ce décret doit continuer à recevoir son exécution, et que, par conséquent, l'abandon au profit des fabriques, des biens célés au domaine et révélés à leur profit, ne peut avoir lieu qu'en vertu d'une autorisation spéciale du gouvernement, laquelle n'est accordée qu'autant qu'on a acquis la preuve que lesdits biens et rentes sont entièrement ignorés de l'administration du domaine.

Revenus.

Les revenus des fabriques se composent de ceux énumérés au *modèle du budget*, page 95.

Il y a des ressources extraordinaires qui provien- nent de la vente de terreins, bâtiments, matériaux, arbres et autres objets.

Les différentes branches de revenus doivent figurer exactement au budget, pour leurs produits présumés, et au compte annuel, pour leurs produits réels. La perception doit en être régulièrement faite ; car, on le rappelle ici, les marguilliers sont, comme tous les administrateurs d'établissements publics, et plus qu'aucuns autres, par la raison qu'ils sont comptables, responsables des fautes de gestion qui pourraient préjudicier les intérêts de la fabrique.

RÉVOCATION DES FABRICIENS. (Voy. *Destitution.*)

RÉVOCATION *des Officiers et autres Employés de l'Eglise.*

Elle a lieu sur la proposition qui en est faite aux marguilliers, par le curé ou desservant. (Art. 33 du décret du 30 décembre 1809.)

Dans les communes rurales, c'est le curé seul qui nomme et révoque les chantres, sonneurs et sacristains. (Art. 7 de l'ordonnance du 12 janvier 1825.)

SACRILÉGE. (Voyez *Police des Eglises.*)

SACRISTAINS. (Voyez *Officiers de l'Eglise.*)

SACRISTIE.

La sacristie étant toujours attenante à l'église, le conseil de la fabrique et le bureau des marguilliers peuvent y tenir leurs séances. (Art. 10 du décret du 30 décembre 1809.)

L'article 26 prescrit d'afficher, au commencement de chaque trimestre, dans la sacristie, un extrait du sommier des titres contenant les fondations qui doivent être desservies pendant le trimestre, indiquant le nom du fondateur, l'espèce de fondation et le nom de l'ecclésiastique qui acquittera chaque fondation.

SAINT-SACREMENT. (Voyez *Honneurs militaires.*)

SÉANCES DU CONSEIL ET DU BUREAU. (Voy. *Réunion.*)

SECOURS AUX PRÊTRES VIEUX ET INFIRMES.

Le décret du 1er août 1805 porte :

Art. 1er. Le sixième du produit de la location des bancs, chaises et places dans les églises, faite en vertu des réglements des évêques, pour les fabriques de leurs diocèses, après déduction des sommes que les fabriques auront dépensées pour établir ces bancs et chaises, sera prélevé pour former un fonds de secours à répartir entre les ecclésiastiques âgés ou infirmes.

Indépendamment de ces secours, un fonds est mis, chaque année, à la disposition des supérieurs diocésains pour les prêtres âgés et infirmes, et pour les anciennes religieuses. C'est par le préfet que les fonds sont ordonnancés, mais toujours sur la proposition de l'évêque.

SECOURS AUX VICAIRES. (Voyez *Vicaires.*)

SECOURS DES COMMUNES. (Voyez *Communes.*)

SECOURS DU DÉPARTEMENT.

Les conseils généraux de quelques départements, prenant en considération l'état de détérioration dans lequel se trouvent les églises et les presbytères, et l'impossibilité de la part de beaucoup de communes de faire face aux dépenses considérables qu'il y aurait à faire pour rétablir ces édifices, ont ouvert sur le fonds des centimes facultatifs à leur disposition, un crédit plus ou moins important, destiné à être distribué entre les communes les plus nécessiteuses, et qui, montrant le plus d'empressement, font, relativement à leur position, le plus de sacrifices.

Les fabriques et les communes qui veulent justifier de leurs droits à cet encouragement ne doivent pas perdre un instant pour faire parvenir à la préfecture les devis, plans et projets de construction ou reconstructions, accompagnés des délibérations du conseil de la fabrique et du conseil municipal, ainsi que des budgets.

SECOURS DU TRÉSOR ROYAL.

Il est créé un fonds de secours à l'effet de seconder les efforts des communes pour le rétablissement des édifices consacrés au culte, et pour l'acquisition de maisons presbytérales.

Les pièces à fournir par les fabriques et par les communes, lorsqu'il est demandé un secours sur les fonds du gouvernement, sont les mêmes que celles exigées pour en obtenir sur le département. Le tout est transmis par le préfet au ministre de l'intérieur, qui lui sert de base à la répartition des sommes accordées à chaque département.

Secrétaires.

Ils sont pris parmi les administrateurs de la fabrique, et sont conséquemment conseillers eux-mêmes. Il y a un secrétaire pour le conseil-général, et un autre pour le bureau des marguilliers (1), ainsi qu'on le voit dans les dispositions du décret du 30 décembre 1809, ci-après :

Art. 9. Le conseil nommera, au scrutin, son secrétaire et son président ; ils seront renouvelés le premier dimanche d'avril de chaque année, et pourront être réélus...

19. Ils nommeront (les marguilliers) entr'eux un président, un secrétaire et un trésorier.

56. Le secrétaire du bureau transcrira, par suite de numéros et par ordre de dates, sur un registre sommier ;

1° Les actes de fondation, et généralement tous les titres de propriété ;

2° Les baux à ferme ou à loyer.

La transcription sera faite entre deux marges qui serviront pour y porter, dans l'une, les revenus, et dans l'autre, les charges.

Chaque pièce sera signée et certifiée conforme à l'original, par le curé ou desservant, et par le président du bureau.

Les articles 54 et 57 prescrivent le placement

---

(1) L'on ne pense pas que le curé puisse remplir l'une de ces fonctions, l'ancienne législation s'y opposait, et la nouvelle ne l'autorise pas.

des titres et papiers dans une armoire ou caisse, et l'article 89 indique que ce coffre aura trois clefs, ce qui annonce que la garde en est confiée à trois personnes différentes, qui sont nécessairement des membres du bureau. Il est naturel et convenable que le président du bureau et le curé soient porteurs de chacun une clef, et il semble raisonnable que la troisième soit confiée au secrétaire. Il est d'autant plus nécessaire qu'il en soit ainsi, que cet administrateur est tenu de faire mention sur le sommier des titres et papiers extraits de la caisse ou armoire, et de leur rétablissement dans ce coffre.

Le réglement qu'on vient de citer n'impose aucunes obligations particulières au secrétaire du conseil; ses fonctions se bornent alors à la tenue du registre des délibérations, et à la rédaction de tous les actes de l'assemblée.

SÉPULTURES. (Voyez *Inhumations*.)

SERVICE DIVIN.

Le curé ou desservant est spécialement chargé de tout ce qui concerne le service divin, les prières et les instructions (art. 29 du décret du 30 décembre 1809), en se conformant aux réglements de l'évêque. Soit que le curé reçoive une somme par abonnement pour toutes les dépenses de la célébration des offices, soit que les marguilliers les paient directement, elles sont tout en entier à la charge de la fabrique, et elles doivent être en rapport avec les convenances et les besoins des localités.

C'est le curé qui règle les heures des cérémonies; mais, comme les frais sont à la charge de la fabrique, il doit se concerter avec les marguilliers pour ce qui concerne la pompe à y donner, à moins qu'il ne soit pourvu à la dépense de toute autre manière, parce qu'alors le bureau n'aurait pas de motifs pour s'opposer à ce que le clergé jugerait convenable de faire.

Services religieux.

Le décret du 30 décembre 1809 renferme des dispositions générales sur l'acquittement des services pieux fondés : on les trouvera au titre *Fondations*.

Les biens et rentes restitués aux fabriques ont été rendus libres de toute espèce de charges, à l'exception des services religieux anciennement fondés, dont l'acquittement a été une condition tacite de la remise desdits biens.

Le gouvernement a porté le respect pour les intentions des fondateurs jusqu'à obliger les hospices et bureaux de charité, possesseurs de biens et rentes chargés de services pieux, à en verser la rétribution aux fabriques des églises où les fondations avaient été faites. Le décret rendu le 19 juin 1806 porte à cet égard les dispositions suivantes :

Art. 1er. Les administrateurs des hospices et bureaux de charité qui.... auront été mis en possession de quelques biens et rentes chargés précédemment de fondations pour quelques services religieux, paieront régulièrement la rétribution de ces services religieux, conformément au décret du 22 fructidor an 13, aux fabriques des églises auxquelles ces fondations doivent retourner (1).

Il ne peut jamais y avoir de difficulté sur la fixation de la rétribution à payer aux fabriques et au clergé, lors même que le titre ne contiendrait pas de dispositions précises à cet égard, attendu que les évêques ont été autorisés par l'art. 69 de la loi organique du 18 germinal an 10, et par l'art. 29 du décret du 30 décembre 1809, à faire des réglements qu'il faut suivre, tant pour la fixation des rétributions non-indiquées, que pour la réduction des services, lorsqu'il n'y a pas de proportion entre les libéralités et les charges exigées.

Serviteurs de l'Église.

Ils sont nommés et révoqués par le bureau des marguilliers, sur la proposition du curé. (Art. 33 du décret du 30 décembre.)

Cependant, dans les communes rurales, les

---

(1) A la fabrique de l'Eglise si elle est conservée, et, dans le cas contraire, à la fabrique de l'Eglise à laquelle la paroisse supprimée se trouve réunie.

chantres, sonneurs et sacristains, sont à la nomination et à la révocation du curé, desservant ou vicaire, sans la participation du bureau. (Art. 7 de l'ordonnance du 12 janvier 1825.)

Sessions du Conseil. (Voyez *Conseil*, *Réunion.*)

Significations.

Il n'en est pas des diligences faites aux fabriques, comme de celles qui concernent les particuliers; le Code de procédure renferme à cet égard des dispositions d'exception qui se trouvent ci-après :

Art. 69. Seront assignés.... les administrations ou établissements publics, en leurs bureaux, dans le lieu où réside le siége de l'administration; dans les autres lieux, en la personne et au bureau de leur proposé.

1039. Toutes significations faites à des personnes publiques, préposées pour les recevoir, seront visées par elles sans frais sur l'original. En cas de refus, l'original sera visé par le procureur du Roi, près le tribunal de première instance de leur domicile. Les refusants pourront être condamnés, sur les conclusions du ministère public, à une amende qui ne pourra être moindre de cinq francs.

L'art. 79 du décret du 30 décembre 1809 porte que les diligences seront faites au nom du trésorier, et que les procès seront soutenus au nom de la fabrique. (Voyez *Plaidoieries.*)

SOMMIER DES TITRES.

Les papiers, titres et documents concernant les revenus et les affaires de la fabrique, doivent être conservés soigneusement dans une armoire à trois clefs; et pour plus grande sûreté, et aussi pour éviter des déplacements fréquents, l'article 56 du décret du 30 décembre 1809 a prescrit la tenue d'un sommier :

Le secrétaire du bureau transcrira, par suite de numéros et par ordre de dates, sur un registre-sommier, 1° les actes de fondation, et généralement tous les titres de propriété; 2° les baux à ferme ou loyer.

La transcription sera faite entre deux marges qui serviront pour y porter, dans l'une, les revenus, et dans l'autre, les charges.

Chaque pièce sera signée et certifiée conforme à l'original par le curé ou desservant, et par le président du bureau.

Nulle pièce ne peut être extraite de l'armoire, que sur un récépissé qui fait mention de la pièce, de la délibération du bureau qui autorise l'extraction, de la qualité de celui à qui elle est remise et qui signe le récépissé, de la raison pour laquelle elle est extraite, et, si c'est pour un procès, le nom de l'avoué est désigné. Ce récépissé, ainsi que la décharge au temps de la remise, sont inscrits sur le sommier. (Art. 57.)

Le sommier est déposé, comme les titres, dans la caisse ou armoire (art. 54). Un extrait, contenant les fondations à acquitter, pendant le cours d'un trimestre, est affiché dans la sacristie au commencement de chaque trimestre, avec les noms du fondateur et de l'ecclésiastique qui acquittera chaque fondation. (Art. 26.)

SONNERIE. (Voyez *Cloches.*)

La manière de se servir des cloches pour appeler les fidèles au service divin doit être réglée par l'évêque et par le préfet. Il a dû être fait des réglements à cet égard, dans chaque diocèse, à l'époque de la promulgation de la loi du 8 avril 1802 ; à défaut de ces réglements, le curé étant chargé de diriger tout ce qui concerne le service divin, les prières et les instructions, c'est à lui qu'il appartient d'y suppléer, sauf aux membres de la fabrique ou à l'autorité locale à se pourvoir devant l'évêque et devant le préfet, s'ils le jugent convenable pour faire rendre un réglement.

L'usage des cloches pour les baptêmes, inhumations et services funèbres, est réglé par la fabrique, qui détermine les sommes à payer à cet établissement. (Voyez *Maladies contagieuses.*)

SONNEURS.

Ils font partie des employés de l'église que les marguilliers peuvent nommer et congédier, sur la proposition du curé ou desservant.

Dans les communes rurales ce double droit appartient exclusivement au curé, desservant ou vicaire. (Art. 7 de l'ordonnance du 12 janvier 1825).

SOUMISSIONS. (Voyez *Travaux.*)

STATUES. (Voyez *Monuments.*)

STATUTS DU DIOCÈSE. (Voyez *Règlements, Services religieux.*)

SUCCURSALES.

Elles sont, comme les cures, composées d'une ou de plusieurs communes, ou bien il y en a plusieurs dans une même commune. Ce sont de véritables paroisses : elles n'en diffèrent que parce que le desservant est nommé par l'évêque, sans l'intervention du gouvernement, et qu'il est sous la surveillance du curé de canton, dont la nomination est approuvée par le Roi. (Voyez *Paroisses.*)

SUISSES.

Ils sont, comme tous les autres employés de l'église, nommés et susceptibles d'être révoqués par les marguilliers, sur la proposition du curé ou desservant. Ils sont particulièrement chargés, sous la direction du curé, de la police de l'église. S'il se commettait quelques indécences dans l'église, quelques troubles de la nature de ceux indiqués au titre *Police*, ils devraient les empêcher et même employer des moyens propres à rétablir le calme, sauf à dénoncer les turbulents aux tribunaux.

Supplément de traitement.

Les fabriques et les communes peuvent accorder des suppléments de traitement aux curés ou desservants, soit sur leurs ressources ordinaires, soit au moyen d'une imposition extraordinaire. Les demandes des fabriques et des conseils municipaux sont toujours favorablement accueillies. Le vote de ce supplément a été autorisé par l'article 67 de la loi organique, et par diverses dispositions postérieures. Les préfets, les évêques et les autorités locales ont même été souvent invités à prendre en considération la position des ecclésiastiques, la modicité de leurs traitements et l'étendue de leurs paroisses, et à employer les moyens possibles de les faire jouir d'un supplément convenable.

Suspension. (Voyez *Absence*.)

Tarif des chaises.

Il doit être affiché dans l'église ; c'est une obligation imposée par l'art. 64 du décret du 30 décembre 1809. Les marguilliers ne doivent point omettre cette formalité, parce que, sans elle, ils ne pourraient contraindre les personnes qui s'obstineraient à ne pas vouloir payer le prix des siéges qu'elles auraient occupés. (Voyez *Bancs*.)

TARIF DES INHUMATIONS.

Le décret du 12 juin 1804 prescrit la formation de tarifs pour les inhumations, et pour les billets d'avertissement. (Voyez *Inhumation.*)

TARIF DES SERVICES RELIGIEUX.

Les évêques ont été autorisés par l'art. 69 de la loi du 8 avril 1802, et par l'art. 29 du décret du 30 décembre 1809, à régler les rétributions à payer, tant au clergé qu'aux fabriques. (Voyez *Réglements et Services religieux.*)

TEMPOREL DES ÉGLISES.

Il comprend tous les immeubles, meubles et droits appartenant aux fabriques. C'est l'établissement en lui-même, son ensemble qu'on désigne sous le titre de *Fabrique.* Le temporel des églises est administré à l'instar des biens communaux, sous la direction de l'évêque et du préfet, conformément aux lois et réglements analysés ou transcrits dans le courant de cet ouvrage.

TIMBRE.

L'art. 81 du décret du 30 décembre 1809 exempte les registres des fabriques de la formalité du timbre. On conçoit cependant que, s'il s'agissait d'un marché, d'une adjudication ou de tout autre acte semblable, il ne pourrait être inscrit sur le registre des délibérations ; il faudrait alors le rédiger sur des feuilles séparées, et se borner à en faire mention dans une délibération sur le registre ordinaire. (Voyez *Registres.*)

La loi du 15 mai 1818 a fixé définitivement les actes qui sont assujétis au timbre et à l'enregistrement, elle porte :

Art. 78. Demeurent assujettis au timbre et à l'enregistrement, dans le délai de vingt jours, conformément aux lois existantes, 1° les actes des autorités administratives et des établissements publics, portant transmission de propriété, d'usufruit et de jouissance, les adjudications ou marchés de toute nature, aux enchères, au rabais ou sur soumission; 2° les cautionnements relatifs à ces actes.

79. Les dispositions de l'article 37 de la loi du 12 septembre 1798, qui autorise, pour les adjudications, en séance publique seulement, la remise d'un extrait du receveur de l'enregistrement pour la décharge du secrétaire, lorsque les parties n'ont pas consigné les droits en ses mains, est étendu aux autres actes ci-dessus énoncés.

80. Tous les actes, arrêtés et décisions des autorités administratives, non-dénommés dans l'art. 78, sont exempts du timbre sur la minute, et de l'enregistrement, tant sur la minute que sur l'expédition ; toutefois, aucune expédition ne pourra être délivrée aux parties que sur papier timbré, si ce n'est à des individus indigents, et à la charge d'en faire mention dans l'expédition.

82. Les seuls actes dont il devra être tenu répertoire sur papier timbré, dans les préfectures, sous-préfectures et mairies, et dont les préposés pourront demander communication, sont ceux dénommés dans l'art. 78 de la présente loi.

TITRES DE RENTES. (Voyez *Prescription*, *où l'on indique comment on peut suppléer au défaut du titre* Primordial *et d'un acte récognitif.*)

TITRES ET PAPIERS.

Le décret du 30 décembre 1809, prescrit les mesures les plus formelles sur la conservation des titres, papiers et documents appartenant aux fabriques; il porte :

Art. 54. Seront aussi déposés dans une caisse ou armoire les papiers, titres et documents concernant les revenus et affaires de la fabrique, et notamment les comptes avec les pièces justificatives, les registres de délibérations, autres que le registre courant, le sommier des titres et les inventaires ou récolements dont il est mention aux deux articles qui suivent.

55. Il sera fait incessamment, et sans frais, deux inventaires, l'un, des ornements, linges, vases sacrés, argenterie, ustensiles et, en général, de tout le mobilier de l'église; l'autre, des titres, papiers et renseignements, avec mention des biens contenus dans chaque titre, du revenu qu'ils produisent, de la fondation à la charge de laquelle les biens ont été donnés à la fabrique......

Il sera fait, tous les ans, un récolement desdits inventaires, afin d'y porter les additions, réformes ou autres changements : ces inventaires et récolements seront signés par le curé ou desservant, et par le président du bureau. (Voyez *Sommier.*)

TRAITEMENT. (Voyez *Mandats du Clergé*, *Dotations des Cures et Succursales.*)

La loi organique du 8 avril 1802 fixa les traitements des archevêques, des évêques et des curés, comme il suit :

Art.	64.	Archevêques	15,000 fr.
--	65.	Evêques	10,000
--	66.	Curés de première classe. . . .	1,500
--		-- de seconde classe.	1,000

L'art. 68 n'accordait aucun traitement aux vicaires et desservants ; il porte :

Les vicaires et desservants seront choisis parmi les ecclésiastiques pensionnés, en exécution des lois de l'assemblée constituante. Le montant de ces pensions et le produit des oblations formeront leur traitement.

Ce n'est que par un décret du 31 mai 1804 qu'il fut accordé un traitement aux desservants des succursales, sur les fonds de l'état : il fut fixé à 500 fr.

Les vicaires n'ont point encore de traitement sur les fonds du trésor royal ; ils reçoivent seulement, à compter de 1818, un secours qui s'élève à 300 fr., depuis le 1er juillet 1821.

Les traitements des vicaires généraux et des

chanoines ont été long-temps à la charge des centimes additionnels départementaux, et le gouvernement en avait seulement déterminé la quotité par des arrêtés des 5 mars et 8 avril 1803. Ils ont enfin été mis à la charge des fonds du trésor royal.

Les traitements ecclésiastiques étaient évidemment trop faibles; il fallait attendre du temps et surtout du rétablissement de la monarchie légitime, un meilleur sort pour les ministres de la religion, et il faut espérer que le moment approche où le Roi, dans sa sollicitude paternelle et religieuse, daignera porter les traitements à un taux tel qu'ils puissent suffire aux besoins des ecclésiastiques en fonctions, et les mettre en état de tenir le rang qui leur est assigné dans la société, et surtout de les empêcher d'être à charge d'âmes (1).

Sans entrer dans le détail des augmentations progressives que les traitements du clergé ont éprouvé, l'on se borne à indiquer le taux sur lequel ils sont payés en ce moment.

	Fr.
Archevêques.	25,000
Evêques.	15,000
1er vicaire-général dans les archevêchés. . .	3,000
Vicaires-généraux.	2,000
Chanoines.	1,500

(1) Le discours prononcé par Sa Majesté, dans la séance royale de la Chambre des Députés, session de 1827, ne laisse aucun doute sur la réalisation de ces espérances en 1827.

		Fr.
Curés de 1ère classe, ou payés comme tels.	Septuagénaires non pensionnés.	1,600
	Septuagénaires pensionnés, sans déduction de leurs pensions.	1,500
	Non septuagénaires pensionnés, sauf la déduction des pensions.	1,500
	Non septuagénaires et non pensionnés	1,500
Curés de 2me classe.	Septuagénaires non pensionnés.	1,200
	Septuagénaires pensionnés et sans déduction de pension . .	1,100
	Non septuagénaires pensionnés, sauf la déduction de la pension.	1,100
	Non septuagénaires et non pensionnés.	1,100
Desservants, sauf la déduction de leur pension.	Septuagénaires	900
	Non septuagénaires	750
Indemnité aux curés, desservants et vicaires, pour binage.		200
Secours aux vicaires		300

Au moyen de la fixation actuelle, il n'est plus dû de suppléments de traitement aux archevêques, évêques, grands-vicaires et chanoines, mais il est loisible aux conseils-généraux de les faire jouir d'une indemnité sur les centimes facultatifs, votés annuellement pour les besoins extraordinaires des départements.

Les communes ont toujours aussi la faculté d'accorder aux curés et desservants des suppléments de traitement, soit sur leurs ressources annuelles, soit par des voies extraordinaires.

Les traitements ecclésiastiques sont insaisissables dans leur totalité; c'est ce qui résulte d'un arrêté du gouvernement, du 8 janvier 1803.

Les traitements sont payés par trimestre, sur les mandats des préfets (1), au moyen des fonds que Son Excellence le ministre des affaires ecclésiastiques met à la disposition de ces magistrats.

Les mandats, payables d'abord au chef-lieu de département, ont pu l'être ensuite dans les chefs-lieux d'arrondissements, à la caisse des receveurs particuliers. MM. les préfets, voulant faciliter à MM. les ecclésiastiques les moyens d'être payés dans le lieu le plus rapproché de leur domicile, font viser les mandats par le payeur, et le montant en est acquitté par les percepteurs qui les donnent pour comptant dans leurs versements mensuels. Ce mode de paiement évite aux parties prenantes des déplacements ou des frais de commission. (Voyez *Mandats*.)

Quant aux traitements des vicaires à la charge des fabriques ou des communes, et pour ce qui est des suppléments de traitement accordés aux curés et desservants, ils sont payés sur les mandats du maire ou du président des marguilliers,

---

(1) A l'exception de ceux des archevêques et évêques, qui sont ordonnancés spécialement, par le ministre.

suivant que les fonds proviennent de la commune ou de la fabrique.

Les curés ou desservants sont susceptibles d'être éloignés momentanément de leurs paroisses ; ils peuvent aussi obtenir du supérieur diocésain, la permission de s'absenter pour des causes légitimes. Comme la cure ou succursale ne pourrait rester vacante sans des inconvénients plus ou moins graves, et qu'il convient par conséquent que l'évêque y commette provisoirement un ecclésiastique, il a fallu régler le partage du traitement entre le remplacé et le remplaçant. Les décrets des 17 novembre 1811, et 6 novembre 1814, transcrits aux titres *Absence et Dotation des Cures*, contiennent à cet égard des réglements qui continuent d'être en vigueur. Il ne faut pas perdre de vue que les traitements étaient alors fixés,

Pour les curés de 1ere classe, à . . . 1,500 fr.
Pour ceux de 2e classe, à 1,000
Et pour les desservants, à 500

et qu'en raison des augmentations, il ne faut plus voir dans le partage que des proportions à suivre.

Transactions.

L'art. 2045 du Code civil porte :

Les communes et établissements publics ne peuvent transiger qu'avec l'autorisation expresse du Roi.

Les fabriques étant administrées à l'instar des communes, et leurs biens étant régis comme les leurs, ces établissements doivent se conformer aux dispositions de l'arrêté du 21 frimaire an 12, confirmé par l'article 2045 du Code civil. Il faut en conséquence, pour obtenir l'autorisation de transiger, produire une délibération du conseil, prise sur une consultation écrite de trois jurisconsultes, qui est envoyée avec ladite délibération au préfet, qui soumet le tout au conseil de préfecture. Sur l'avis qui y est pris, si le préfet approuve la transaction, son arrêté, avec toutes les pièces, est transmis au ministre des affaires ecclésiastiques qui sollicite, s'il y a lieu, une ordonnance royale. Cette marche est une conséquence des dispositions de l'article 467 du Code civil, relatives aux transactions qui sont dans l'intérêt des mineurs. Elles veulent que, pour transiger, les tuteurs y soient autorisés par le conseil de famille; qu'ils prennent l'avis de trois jurisconsultes désignés par le procureur du Roi, et que la transaction soit homologuée par le tribunal de première instance, sur les conclusions du procureur du Roi.

Transcription des actes de donation.

Les actes de donation de biens, susceptibles d'hypothèques, doivent être transcrits au bureau de l'arrondissement de la situation des biens. Nous citerons les articles du Code civil qui contiennent des dispositions à ce relatives :

Art. 939. Losqu'il y aura donation de biens, susceptibles d'hypothèques, la transcription des actes contenant la donation et l'acceptation, ainsi que la notification qui aurait eu lieu par acte séparé, devra être faite aux bureaux des hypothèques dans l'arrondissement desquels les biens sont situés.

940.... Lorsque la donation sera faite.... à des établissements publics, la transcription sera faite à la diligence des administrateurs.

941. Le défaut de transcription pourra être opposé par toutes personnes ayant intérêt, excepté toutefois celles qui sont chargées de faire faire la transcription, ou leurs ayant-cause, et le donateur.

2155.... Les frais de la transcription, qui peut être requise par le vendeur, sont à la charge de l'acquéreur.

L'article 81 du décret du 30 décembre 1809 porte que les dons et legs ne supporteront que le droit fixe d'un franc pour l'enregistrement; mais ce réglement ne détermine pas la somme à payer pour frais de transcription. On pense néanmoins que ce droit n'est également que d'un franc. Cette opinion est fondée sur ce que la loi du 28 janvier 1804 a prononcé, en faveur des hospices et bureaux de charité, une exception sous le rapport des droits d'enregistrement des dons et legs de transcription, en fixant le prix pour chaque acte à un franc, et qu'il est très-vraisemblable que les fabriques n'ont pas été traitées plus défavorablement que les hospices, en ce qui concerne la transcription des actes relatifs aux donations. (Voyez *Enregistrement*.)

Transfert de biens et rentes.

Les biens et rentes transférés, soit à des particuliers, soit à des établissements publics, ont été exceptés de la restitution faite aux fabriques par l'arrêté du 26 juillet 1803. Les fabriques ne peuvent dès-lors prétendre aux biens et rentes dont les transferts sont définitivement consommés; mais si un établissement de bienfaisance ne pouvait justifier qu'il eût été envoyé légalement en possession d'un bien réclamé par une fabrique, il y aurait lieu d'invoquer les dispositions de l'avis du conseil-d'état du 30 avril 1807, portant :

Le conseil-d'état qui, sur le renvoi ordonné par Sa Majesté, a pris connaissance, etc....., par lesquels les ministres proposent ou discutent les quatre questions suivantes :

1° Les biens des fabriques que les hospices ont découverts depuis la loi du 13 brumaire an 2, qui les déclare nationaux, jusqu'à l'arrêté du 7 thermidor an 11, qui les rend aux fabriques, appartiennent-ils aux hospices par le fait seul de la découverte, et sans qu'ils en aient été envoyés en possession?

3° L'arrêté du 7 thermidor an 11, lequel met en réserve *les rentes destinées aux hospices qui, à cette époque ne leur auront pas encore été transportées par un transfert légal*, est-il applicable à toute espèce de rentes attribuées aux hospices, soit en paiement de leurs créances sur le gouvernement, en vertu de l'arrêté du 15 brumaire an 9, soit à titre de découverte, en vertu de la loi du 4 ventôse an 9 ?

Estime :

Que la première question est clairement résolue par l'article 1er de l'arrêté du 7 thermidor an 11, où on lit que *les biens de fabriques non-aliénés, ainsi que les rentes dont elles jouissaient, et dont le transfert n'a pas été fait, seront rendus à leur destination*; d'où il suit que tout immeuble ou rente provenant de fabriques, de confréries, ou de fabriques d'anciens chapitres, dont l'aliénation ou le transfert n'avait pas été consommé antérieurement à la promulgation des arrêtés des 7 thermidor an 11, 25 frimaire an 12, 15 ventôse et 28 messidor an 13, retourne aux fabriques et doit leur être restitué, quelles qu'aient été les démarches préliminaires des hospices pour en obtenir la jouissance, et que ces démarches leur donnent seulement le droit de répéter, contre les fabriques, le remboursement des frais faits pour parvenir à la découverte et à l'envoi en possession desdits biens.

Sur la 3e, que l'arrêté du 7 thermidor an 11, lorsqu'il a suspendu le transfert des rentes au profit des hospices, n'a frappé que sur les capitaux des rentes servies à la régie et bien connues, qui avaient été affectées au paiement de leur dette arriérée, par l'arrêté du 15 brumaire an 9, suspension motivée par la circonstance où ces rentes avaient été précédemment, et par arrêté du 27 prairial an 8, affectées au rachat des rescriptions émises par la trésorerie, et qu'on avait de justes raison de craindre que ces rentes ne suffisent pas à l'une et à l'autre destination ; mais qu'on ne doit pas confondre ces rentes servies à la régie des domaines, et qui avaient une affectation précédente, avec des rentes inconnues et souvent douteuses, auxquelles il était bien impossible de donner une affectation, et qui appartiennent aux hospices par le fait seul de la découverte constatée, à moins qu'elles ne proviennent des fabriques.

Cet avis se trouve fortifié par une autre décision du conseil-d'état, du 20 septembre 1809, intervenue sur une discussion qui s'était élevée entre une fabrique et un bureau de Charité, relativement à des biens dont l'envoi en possession ne pouvait être justifié de la part dudit bureau.

TRANSPORT DES CORPS DES DÉCÉDÉS.

Il doit être réglé suivant les localités (1).

TRAVAUX. (Voyez *Construction, Entretien, Reconstructions et Réparations.*)

On rappelle seulement ici que les travaux sont adjugés au rabais, soit à l'extinction des feux, soit sur soumissions cachetées. L'adjudication est passée devant le conseil de fabrique, lorsque les

(1) Art. 21 du décret du 12 juin 1804, et art. 9 et 11 et suivants du décret du 18 mai 1806. (Voyez *Inhumations et Pompes funèbres.*)

fonds proviennent de la fabrique, et devant le maire et deux membres du conseil municipal, si c'est la commune qui fournit les sommes nécessaires. Les travaux sont exécutés conformément au devis, au cahier des charges et à l'adjudication, approuvés par le préfet (1). Ils sont payés lorsque le parfait en a été jugé, sur les mandats, soit du président du bureau, soit du maire, suivant que c'est la fabrique ou la commune qui fournit les fonds.

Depuis long-temps on désirait voir donner plus de latitude et de liberté à l'action des administrations locales; Sa Majesté, qui s'occupe sans cesse du bien-être de ses sujets, a rendu, le 8 août 1821, une ordonnance qui modifie les règles de l'administration des communes et des établissements publics, en élevant à 20,000 fr. le montant des travaux, dont les préfets peuvent autoriser la dépense. Cette ordonnance est ainsi conçue :

Art. 1er. Les délibérations des conseils municipaux seront exécutées sur la seule approbation des préfets, toutes les fois qu'elles seront relatives à l'administration des biens de toute nature appartenant à la commune, à des constructions, réparations, travaux, et autres objets d'intérêt communal, et que les dépenses, pour ces objets, devront être faites au moyen des revenus propres à la commune, ou au moyen des impositions

(1) Voyez *Devis, Cahier des charges et Adjudications.*

affectées par la loi aux dépenses ordinaires des communes.

Les préfets rendront compte à notre ministre secrétaire-d'état de l'intérieur, des délibérations qu'ils auront approuvées.

2. Toutefois, les budgets des villes ayant plus de cent mille francs de revenus, continueront à être soumis à notre approbation.

Les acquisitions, aliénations, échanges et baux emphythéotiques, continueront également à être faits conformément aux règles actuellement établies.

3. Lorsque les préfets, après avoir pris l'avis écrit et motivé du conseil de préfecture, jugeront que la délibération n'est pas relative à des objets d'intérêt communal, ou s'étend hors de cet intérêt, ils en référeront à notre ministre secrétaire-d'état de l'intérieur.

4. Les réparations, reconstructions et constructions de bâtiments appartenant aux communes, hôpitaux, et fabriques, soit qu'il ait été pourvu à la dépense sur les revenus ordinaires de ces communes ou établissements, soit qu'il y ait été pourvu au moyen de nouveaux droits, d'emprunt, de contributions extraordinaires, d'aliénations, ou par toute autre voie que nous aurions autorisée, pourront désormais être adjugées et exécutées sur la simple approbation du préfet.

Cependant, lorsque la dépense des travaux de construction ou reconstruction à entreprendre s'élèvera au-dessus de 20,000 francs, les plans et devis devront être soumis à notre ministre secrétaire-d'état de l'intérieur (à celui des affaires ecclésiastiques, pour les fabriques).

5. Les dispositions des décrets et ordonnances sur l'administration des communes, des hôpitaux et fabriques, auxquelles il n'est point dérogé par les articles ci-dessus, et notamment les dispositions des décrets du 3 novembre 1805 (10 brumaire an 14), du 17 juillet 1808, et de notre ordonnance du 28 janvier 1815, continueront de recevoir leur exécution.

6. La présente ordonnance n'est point applicable à notre bonne ville de Paris, à l'égard de laquelle il sera particulièrement statué.

Dans une circulaire adressée aux préfets par le ministre de l'intérieur, pour l'exécution de cette ordonnance royale, on lit le passage suivant, relativement aux travaux :

Vous voudrez bien faire connaître que *les travaux* qu'on se permettrait d'exécuter, sans qu'ils eussent été préalablement autorisés dans les formes prescrites, *resteront à la charge de ceux qui les auraient entrepris ou de ceux qui les auraient ordonnés* (1), *ou des comptables* qui en auraient acquitté le montant sans allocation dans les budgets.

C'est ici une occasion de remarquer que le budget est le guide du trésorier; que, du moment où il acquitte une dépense qui y est portée, il est à couvert de toute inquiétude, comme comptable de

(1) Le recours de l'entrepreneur contre ceux qui ont ordonné des travaux non-autorisés est de droit; le conseil-d'état l'a décidé plusieurs fois notamment par son avis du 17 mai 1813 : en cas de contestations, c'est aux tribunaux qu'il appartient de prononcer.

deniers publics ; mais il ne faut pas perdre de vue que, comme marguillier, il est susceptible d'être poursuivi, comme ses collègues, s'ils ont ordonné des dépenses non autorisées.

L'on ne peut se dissimuler, au surplus, qu'il n'y a plus d'excuse à apporter pour les travaux, depuis que le Roi a modifié les anciennes règles par son ordonnance du 8 août.

Trésorier.

Dans quelques paroisses, on donne indistinctement le titre de trésorier aux trois marguilliers qui composent le bureau. Tout erronée qu'est cette dénomination, elle fait connaître que les trois marguilliers sont, sinon comptables, au moins responsables des fautes d'administration qu'ils pourraient commettre, soit par négligence, soit par excès ou abus de pouvoirs. Le trésorier est annuel et gratuit ; il ne peut continuer de gérer plusieurs années : il doit y avoir interruption d'une année au moins. Les dispositions du décret du 30 décembre 1809, ci-après transcrites, ne laissent rien à désirer sur la reconnaissance des devoirs de ce comptable :

Art. 19. Ils nommeront (les membres du bureau) entr'eux, un président, un secrétaire et un trésorier.

25. Le trésorier est chargé de procurer la rentrée de toutes les sommes dues à la fabrique, soit comme faisant partie de son revenu annuel, soit à tout autre titre.

27. Les marguilliers fourniront l'huile, le pain, le vin, l'encens, la cire, et généralement tous les objets de consommation nécessaires à l'exercice du culte; ils pourvoiront également aux réparations et achats des ornements, meubles et ustensiles de l'église et de la sacristie.

28. Tous les marchés seront arrêtés par le bureau des marguilliers, et signés par le président, ainsi que les mandats.

34. Sera tenu le trésorier de présenter, tous les trois mois, au bureau des marguilliers, un bordereau signé de lui, et certifié véritable, de la situation active et passive de la fabrique, pendant les trois mois précédents : ces bordereaux seront signés de ceux qui auront assisté à l'assemblée, et déposés dans la caisse ou armoire de la fabrique, pour être représentés lors de la reddition du compte annuel.

Le bureau déterminera, dans la même séance, la somme nécessaire pour les dépenses du trimestre suivant.

35. Toute la dépense de l'église et les frais de sacristie seront faits par le trésorier; et en conséquence il ne sera rien fourni par aucun marchand ou artisan, sans un mandat du trésorier, au pied duquel le sacristain, ou toute autre personne apte à recevoir la livraison, certifiera que le contenu audit mandat a été rempli.

41. Les marguilliers, et spécialement le trésorier, seront tenus de veiller à ce que toutes les réparations soient bien et promptement faites. Ils auront soin de

visiter les bâtiments avec des gens de l'art, au commencement du printemps et de l'automne.

50. Chaque fabrique aura une caisse ou armoire, fermant à trois clefs, dont une restera dans les mains du trésorier, l'autre dans celles du curé ou desservant, et la troisième dans celles du président du bureau.

52. Nulle somme ne pourra être extraite de la caisse sans autorisation du bureau, et sans un récépissé qui y restera déposé.

53. Si le trésorier n'a pas dans les mains la somme fixée à chaque trimestre par le bureau, pour la dépense courante, ce qui manquera sera extrait de la caisse; comme aussi ce qu'il se trouverait avoir d'excédant sera versé dans cette caisse.

59. Tout acte contenant des dons et legs à une fabrique sera remis au trésorier, qui en fera son rapport à la prochaine séance du bureau. (Voyez *Dons et Legs.*)

74. Le montant des fonds perçus pour le compte de la fabrique, à quelque titre que ce soit, sera, à fur et mesure de la rentrée, inscrit avec la date du jour et du mois, sur un registre coté et paraphé, qui demeurera entre les mains du trésorier. (Voyez le *Journal, Dépenses, Recettes, Comptabilité.*)

76. Le trésorier portera, parmi les recettes en nature, les cierges offerts sur les pains bénits, ou délivrés pour les annuels, et ceux qui, dans les enterrements et services funèbres, appartiennent à la fabrique. (Voyez *Pain bénit, Oblations, Inhumations.*)

78. Le trésorier sera tenu de faire tous actes conser-

vatoires pour le maintien des droits de la fabrique, et toutes diligences nécessaires pour le recouvrement de ses revenus. (Voyez *Actes conservatoires*, *Plaidoieries*, *Significations*, *Tribunaux*.)

79. Les procès seront soutenus au nom de la fabrique, et les diligences faites à la requête du trésorier, qui donnera connaissance de ses procédures au bureau. (Voyez *Procès*.)

82. Le compte à rendre chaque année...., (Voyez *Comptes*.)

La fabrique a une hypothèque légale sur les immeubles du trésorier; c'est ce qui résulte de l'art. 2121 du Code civil, ainsi conçu :

Les droits et créances auxquels l'hypothèque légale est attribuée sont...., ceux de l'état, des communes et des établissements publics, sur les biens des receveurs et *administrateurs comptables*.

La contrainte par corps peut même être décernée contre le trésorier pour fait de sa gestion, soit pour dilapidation, soit pour défaut de reddition de compte, ou pour refus d'en acquitter le reliquat, conformément aux dispositions du Code de procédure civile, portant :

Art. 126. La contrainte par corps ne sera prononcée que dans les cas prévus par la loi ; il est néanmoins laissé à la prudence des juges de la prononcer, 1° pour dommages et intérêts en matière civile, au-dessus de la somme de trois cents francs ; 2° pour reliquats de comptes de tutelle, curatelle, d'administration de corps et communauté, établissemens publics, ou de toutes administrations confiées par justice, et pour toute restition à faire par suite desdits comptes.

127. Pourront les juges, dans les cas énoncés en l'art. précédent, ordonner qu'il sera sursis à l'exécution de la contrainte par corps pendant le temps qu'ils fixeront, après lequel, elle sera exercée sans nouveau jugement. Ce sursis ne pourra être exécuté que par le jugement qui statuera sur la contestation, et qui énoncera les motifs du délai.

Le trésorier est un *receveur gratuit*, obligé d'exercer personnellement ses fonctions. Il ne peut dès-lors commettre aucun procurateur, si ce n'est pour son compte personnel et à ses frais, sauf le cas de la constitution d'avoué.

TRIBUNAUX. (Voyez *Contestations*, *Plaidoieries*, *Procès*.)

L'administration des biens des fabriques est assimilée, par les décrets des 26 juillet 1803 et 30 décembre 1809, à celle des biens communaux ; de sorte que tout ce qui est relatif à la régie desdits biens est dans les attributions de l'autorité civile ; mais dès qu'il s'agit de contestations sur la propriété des biens et rentes, elles sont portées devant les tribunaux.

Ainsi un tribunal, même de paix, ne peut condamner une fabrique à payer à un curé des dépenses relatives au culte. (Avis du conseil-d'état du 22 juin 1811.)

Les créanciers des anciennes fabriques ne peuvent, aux termes du décret du 11 mai 1807, poursuivre les nouvelles fabriques pour raison de dettes qui ont dû être comprises dans la liquidation générale; mais si l'administrateur d'une ancienne fabrique était poursuivi pour raison d'une obligation personnelle, les tribunaux seraient seuls compétents pour juger de la valeur d'une semblable obligation. (Avis des 11 janvier et 11 décembre 1808.)

Un tribunal excéderait ses pouvoirs s'il validait une saisie-arrêt des revenus d'une fabrique, et s'il réglait le paiement de ses dettes. (Avis du 24 juin 1808.)

C'est aux tribunaux à décider si la prescription de cinq ans est applicable aux redevances dues aux fabriques. (Avis du 26 février 1809.)

Troncs pour les frais du culte.

Les fabriques sont autorisées à faire quêter dans les églises, en se conformant aux réglements de l'évêque; elles peuvent aussi y faire placer des troncs pour recevoir les offrandes des fidèles. Ce qui est trouvé dans les troncs fait partie des revenus de la fabrique. (Art. 36 du décret du 30 décembre 1809.) Les clefs des troncs sont placées dans la caisse à trois clefs. (Art. 51.)

TRONCS POUR LES PAUVRES.

Les hospices et les bureaux de charité furent autorisés par arrêté du ministre de l'intérieur, du 25 mai 1803 (5 prairial an 11), à rétablir des troncs dans les églises. Cet arrêté porte :

Art. 1er. Les administrateurs des hospices et des bureaux de charité, organisés dans chaque arrondissement, sont autorisés à faire quêter dans tous les temples consacrés à l'exercice des cérémonies religieuses.....

2. Ils sont pareillement autorisés à faire placer, dans tous les temples..... des troncs destinés à recevoir les aumônes et les dons que la bienfaisance individuelle voudrait y déposer.

Cette faculté se trouve implicitement confirmée par l'art. 75 du décret du 30 décembre 1809, portant :

Tout ce qui concerne les quêtes dans les églises sera réglé par l'évêque, sur le rapport des marguilliers, sans préjudice des quêtes pour les pauvres, lesquelles devront toujours avoir lieu dans les églises, toutes les fois que les bureaux de bienfaisance le jugeront convenable.

TROUBLES. (Voyez *Abus*, *Police des Églises.*)

Nul ne peut empêcher, retarder ou interrompre les offices, sans être punissable d'une amende et d'une détention de six jours à trois mois. (Art. 261 du Code pénal.)

VACANCES DE SUCCURSALES.

Le curé, desservant ou vicaire chargé de la desserte, pendant la vacance, reçoit une indemnité de 200 fr. par an. (Voyez *Absence, Binage et Dotation des Cures et Succursales.*)

VASES SACRÉS.

Ainsi que tous les autres objets servant au culte, les vases sacrés doivent être fournis par la fabrique. La matière et les formes sont déterminées par les réglements des évêques, auxquels il faut scrupuleusement se conformer. Les vases sacrés qui n'étaient point en or ou en argent ont dû être remplacés ; les fabriques ne peuvent se dispenser d'effectuer promptement ce remplacement ; car les évêques pouvant interdire l'usage des vases sacrés de matières prohibées, les fidèles seraient exposés à être privés de l'exercice de la religion.

VENTES. (Voyez *Aliénations, Matériaux.*)

VICAIRES.

Le placement des vicaires, dans les paroisses, est autorisé par l'évêque, sur la demande des conseils de fabrique et des conseils municipaux.

Le décret du 30 décembre 1809 contient, sur l'établissement des vicaires et sur le paiement du traitement de ces ecclésiastiques, diverses dispositions auxquelles on ne peut se dispenser de se conformer, ainsi qu'on le verra ci-après :

Art. 38. Le nombre de prêtres et de vicaires habitués à chaque église sera fixé par l'évêque, après que les marguilliers en auront délibéré, et que le conseil municipal de la commune aura donné son avis.

39. Si, dans le cas de la nécessité d'un vicaire reconnu par l'évêque, la fabrique n'est pas en état de payer le traitement, la décision épiscopale devra être adressée au préfet, et il sera procédé, ainsi qu'il est expliqué en l'article 49, concernant les autres dépenses de la célébration du culte, pour lesquelles les communes suppléent à l'insuffisance des revenus des fabriques.

40. Le traitement des vicaires sera de cinq cents francs au plus, et de trois cents francs au moins.

Les paroisses de grande population et d'une étendue territoriale considérable ne sont pas les seules où il puisse être établi des vicaires; de petites paroisses peuvent en obtenir dans le cas de maladie ou d'infirmités du curé, ou desservant. Le décret du 17 novembre 1811, contient à cet égard (art. 15), la disposition suivante :

Lorsqu'un curé ou desservant sera devenu, par son âge et ses infirmités, dans l'impossibilité de remplir seul ses fonctions, il pourra demander un vicaire qui sera à la charge de la fabrique ; et en cas d'insuffisance du revenu de la fabrique, à la charge des habitants, avec le traitement tel qu'il est réglé par l'art. 40 du décret du 30 décembre 1809, sur les fabriques.

Voici maintenant les autres dispositions du décret du 30 décembre, qui sont relatives aux vicaires :

L'art. 31 veut que les vicaires soient préférés aux autres prêtres habitués pour l'acquit des fondations et de tous les services religieux payés.

L'art. 45 prescrit de porter au budget des fabriques le traitement des vicaires *légitimement établis*.

49. Si les revenus sont insuffisants pour acquitter... le budget contiendra l'aperçu des fonds qui devront être demandés aux paroissiens.

96. Si le conseil municipal est d'avis de demander une réduction sur quelques articles de dépense de la célébration du culte, et dans le cas où il ne reconnaîtrait pas la nécessité de l'établissement d'un vicaire, sa délibération en portera les motifs.

Toutes les pièces seront adressées à l'évêque, qui prononcera.

97. Dans le cas où l'évêque prononcerait contre l'avis du conseil municipal, ce conseil pourra s'adresser au préfet ; et celui-ci enverra, s'il y a lieu, toutes les pièces au ministre des cultes pour être par nous, sur son rapport, statué en notre conseil-d'état, ce qu'il appartiendra.

101. Dans tous les cas où il y aura lieu au recours d'une fabrique sur une commune, le préfet fera un nouvel examen du budget de la commune, et décidera si la dépense demandée pour le culte peut être prise sur les revenus de la commune, ou jusqu'à concurrence de quelle somme.

102. Dans le cas où il y a lieu à la convocation du conseil municipal, si le territoire de la paroisse comprend plusieurs communes, le conseil de chaque commune sera convoqué et délibérera séparément.

Si les revenus communaux n'offrent pas une somme suffisante pour acquitter le traitement des vicaires, il peut être voté une imposition extraordinaire, en se conformant aux dispositions de l'art. 39 de la loi du 15 mai 1818. (Voyez *Impositions extraordinaires*.)

Les dispositions ci-dessus transcrites ne concernent que le *traitement* des vicaires; ces ecclésiastiques reçoivent en outre un *secours* sur les fonds du trésor royal, mais seulement dans les communes dont les maires sont nommés par le préfet. Ce secours, qui n'était que de 250 fr., a été fixé à 300 fr. par ordonnance du 1er juillet 1821.

Pour qu'un vicaire puisse obtenir ce secours, il faut que le ministre des affaires ecclésiastiques ait autorisé définitivement l'établissement du vicariat. Son Excellence n'accorde cette autorisation qu'autant qu'il lui est justifié par délibération du conseil de la fabrique et du conseil municipal, que cet établissement ne souffre point de difficulté, et qu'un traitement de 300 fr. au moins est assuré, soit sur les fonds de la fabrique, soit sur ceux de la commune.

Avant l'ordonnance du 25 août 1819, par laquelle Sa Majesté a créé cinq cents nouvelles succursales, et a autorisé l'établissement de chapelles vicariales, les vicaires des paroisses, autres que celles de grande population, étaient les seuls qui eussent droit au secours fondé par le Roi; mais depuis cette ordonnance, il a été possible d'en faire jouir les desservants des églises érigées en chapelles vicariales.

Des demandes réitérées ont été formées par les préfets, par les évêques, par les conseils généraux de département et par des députés, afin d'étendre cet avantage aux vicaires chargés de la desserte des chapelles et des annexes érigées en vertu du décret du 30 septembre 1807, mais le gouvernement n'a encore pu obtempérer à ces justes demandes.

Lorsque le besoin d'un vicaire dans une paroisse est reconnu, la fabrique doit délibérer sur la nécessité de l'établissement d'un vicariat, sur le traitement à lui payer, et sur les moyens de l'acquitter. Le conseil municipal doit, de son côté, délibérer sur l'utilité de cet établissement, et, en cas d'insuffisance des ressources de la fabrique, sur le traitement à payer par la commune, ainsi que sur les moyens d'y faire face.

Ces deux délibérations sont adressées au supérieur diocésain, qui les envoie au préfet avec sa demande, s'il y a lieu. Le préfet transmet le tout au ministre des Aff. Eccl. avec son avis, et ce n'est que lorsque l'autorisation de Son Excellence est parvenue à la préfecture, que le secours peut être payé au vicaire.

Ainsi qu'on le voit au titre *Binage*, les vicaires peuvent être chargés de la desserte d'une succursale vacante, et jouir de l'indemnité de 200 fr. accordée par le gouvernement.

Vicaires généraux.

Ce sont les seuls supérieurs ecclésiastiques après les évêques qui aient le droit de se faire représenter les comptes, registres et inventaires; de vérifier la caisse, et de faire telles injonctions qu'ils jugent convenables pour le bien du service et dans l'intérêt de la fabrique. Ils peuvent remplacer les évêques dans la visite du diocèse, ainsi qu'on le verra ci-après.

Une ordonnance du 29 septembre 1824, porte:

Lorsqu'un vicaire général, jouissant, en cette qualité, d'un traitement sur notre trésor, aura perdu sa place, après trois ans consécutifs d'exercice, soit par suite d'un changement d'évêque, soit en raison de son âge et de ses infirmités, nous nous réservons d'accorder audit vicaire général, hors d'exercice, s'il n'est pas pourvu d'un canonicat, un secours de 1500 fr. par an, jusqu'à sa nomination, au premier canonicat vacant dans le chapitre diocésain, soit à un autre titre ecclésiastique, susceptible d'être présenté à notre agrément; ou jusqu'à ce qu'il nous plaise de lui conférer, dans tout autre diocèse, une chanoinie à nous due, à cause de serment de fidélité, de joyeux avènement, ou de droit de régale, et qu'il en ait été mis en possession.

VICAIRIES. (Voyez *Chapelles vicariales*.)

VISITES DES ÉVÊQUES.

L'art. 22 de la loi organique du 8 avril 1802, porte :

..... (Les évêques) visiteront annuellement et en personne une partie de leur diocèse ; et dans l'espace de cinq ans, le diocèse entier.

En cas d'empêchement légitime, la visite sera faite par un vicaire-général.

VOIES DE FAIT. (Voyez *Police des Églises*.)

VOL SACRILÉGE. (Voyez *Police des Églises*.)

SUPPLÉMENT

AU TITRE DONS ET LEGS.

Depuis l'impression du titre *Dons et Legs*, le bulletin de lois de la première quinzaine d'octobre 1826, a publié une ordonnance royale du 7 mai précédent, dont il paraît utile de donner le texte ; le voici :

Article 1er. A l'avenir, lorsque la personne désignée en la qualité qu'elle exerce, par l'ordonnance du 2 avril 1817, pour accepter, avec notre autorisation, les donations faites aux établissements ecclésiastiques, sera elle-même donatrice, elle sera remplacée, pour la formalité de l'acceptation, savoir :

L'évêque, par le premier vicaire-général, si la donation concerne l'évêché ; par le supérieur du séminaire, s'il s'agit d'une libéralité au profit de cet établissement ; et par le trésorier de la fabrique cathédrale, si la donation a pour objet ladite cathédrale ;

Le doyen du chapitre, par le plus ancien chanoine, après lui, le curé et le desservant, par le trésorier de la fabrique ; le trésorier, par le président ;

Le supérieur, par l'ecclésiastique destiné à le suppléer en cas d'absence ;

Et la supérieure, par la religieuse qui vient immédiatement après elle dans le gouvernement de la congrégation ou communauté.

2. L'ordonnance du 2 avril 1817 est maintenue en tout ce qui n'est point contraire à la présente ordonnance.

L'on doit remarquer que si la libéralité avait pour but l'établissement d'une école, le soulagement des pauvres ou toute autre destination, et qu'elle fût faite au curé ou desservant, ou à toute autre personne, au lieu de l'être à la commune ou au bureau de charité, l'acceptation devrait être donnée par le maire, ou par le receveur de l'établissement, suivant le cas.

Nous croyons aussi devoir ajouter quelque chose au même titre.

Nous avons donné le texte des articles du Code civil, relatifs aux donations entre-vifs. L'art. 910 veut que les personnes et les établissements ecclésiatiques n'acceptent les dons et legs qu'après y avoir été autorisés par le Roi. L'art. 931 déclare nulles les donations qui ne sont pas faites, par acte notarié en minute, et l'art. 932 dit que l'acceptation pourra être faite du vivant du donateur par acte séparé, lequel sera *notifié* au donateur.

L'on nous a consulté sur la question de savoir si l'on ne pourrait pas, au lieu de cette notification, faire intervenir le donateur à l'acte d'acceptation pour en tenir lieu. Nous ne le pensons pas, par la raison que l'art. 932 ne laisse pas l'option; il prescrit une notification d'acceptation, et l'art. 939 s'exprime ainsi :

« Lorsqu'il y aura donation de biens susceptibles d'hypothèques, la transcription des actes » contenant la donation et l'acceptation, ainsi » que la *notification de l'acceptation* qui aurait » eu lieu par acte séparé, devra être faite aux » bureaux des hypothèques dans l'arrondissement » desquels les biens sont situés. »

Les personnes et les établissements ecclésiastiques doivent donc toujours accepter les donations par des actes postérieurs, et faire notifier ces acceptations aux donateurs. Agir autrement, ce serait s'exposer à des réclamations de la part des héritiers du donateur, après le décès de celui-ci et courir la chance d'un procès dispendieux.

NOTE.

Le soin avec lequel nous avons revu cette édition, et les additions nombreuses que nous y avons faites, nous donnent la confiance qu'elle ne laissera rien à désirer, et que le public daignera l'accueillir aussi favorablement que les précédentes.

Parmi les observations qu'on a bien voulu nous faire parvenir, il s'en est trouvé qui nous ont fait comprendre qu'il pourrait être agréable, et même utile à beaucoup de personnes d'avoir le texte des *principaux réglements* que l'on trouve dans le cours de ce Recueil; c'est pourquoi nous nous sommes déterminé à faire réimprimer :

1°. La loi du 8 avril 1802 (18 germinal an X),

2° Le décret du 30 décembre 1809;

3° L'ordonnance royale du 12 janvier 1825.

Pour en rendre l'intelligence et l'usage plus faciles, nous avons placé à chaque disposition une note de renvoi à la *Législation complète des Fabriques*, troisième édition.

Cette petite brochure, d'environ trois feuilles, va être mise sous presse immédiatement après que le présent Recueil sera imprimé. Elle portera pour titre:

Règlements généraux des Fabriques des Eglises (1).

(1) *A Rouen*. Chez Émile PERIAUX fils aîné, Imprimeur-Libraire,

Et chez les principaux Libraires du Royaume. Prix : 1 f. 50 c.

TABLE.

N.

O.

P.

Q.

R.

S.

T.

V.

FIN DE LA TABLE.

Ouvrages nouveaux publiés par Emile Periaux fils ainé, *de* Rouen, *cotés au prix particulier, et qui se trouvent aussi,*

A Paris, chez Bossange père, rue de Richelieu, N° 60;

Mongie, Boulevard Italien;

Lance, rue Croix-des-Petits-Champs, N° 50;

Pelicier, place du Palais Royal;

A la Librairie du Commerce, chez Renard, rue Sainte-Anne, N° 71.

LA HENRIADE, avec un commentaire classique, *dédiée à S. A. R. Mgr le duc de Bordeaux; par M.* Fontanier. Un vol. in-8° de 500 pages, avec une belle Gravure représentant, d'après le Tableau de M. Gérard, l'entrée de Henri IV à Paris.

Prix.

Papier ordinaire	6 f. »
Papier fin des Vosges	8 »
Papier d'Annonay, satiné	11 »
Papier vélin, *idem.*	12 »

Les papiers d'Annonay et vélin ont la gravure avant la lettre, et sur papier de Chine.
Il n'en reste que quelques Exemplaires.

Adopté *par Son Exc. le Ministre de l'Instruction publique.*

LA RELIGION, Poëme de L. Racine, mis à la portée d'un plus grand nombre de lecteurs, et enrichi à la suite de chaque Chant d'un Appendice, consistant en divers morceaux choisis de prose ou de poësie; par M. Fontanier. Un vol. in-8° et in-12.

Prix.

In-12	3 f. »
In-8°, papier ordinaire	5 »
Idem, Annonay	7 »
Idem, vélin	8 »

Histoire topographique, civile, ecclésiastique et politique de la Ville de Rouen, depuis son origine jusqu'en 1826; par M. Adre L......... Un fort volume in-8°, de plus de six cents pages. – Prix : 7 fr.

De l'Administration des Travaux de construction, reconstruction, réparations et entretien à la charge des départements, des communes et des établissements publics; par M. Aug. Lepasquier. Brochure in-8°. – Prix : 1 fr. 75 c.

Recueil des Réglements concernant les Machines à feu et les Etablissements qui présentent des dangers d'explosion. – Brochure in-8°. – Prix : 1 fr. 80 c.

Instruction sur la perception des Contributions directes, *basée sur les Lois, sur les Décisions ministérielles et sur les Réglements administratifs qui ont été publiés à ce sujet;* par M. Vallette-Viallard, *ci-devant Chef de la Division des Finances, à la Préfecture de la Seine-Inférieure.* — Un vol. in-8°, broché, accompagné de Tableaux-Modèles. Prix : 3 francs pour Rouen et Paris; et 3 fr. 50 c. pour les Dépts, *franc de port.*

SOUS-PRESSE.

COURS ÉLÉMENTAIRE DE TEINTURE

Sur Laine, Soie, Lin, Chanvre et Coton, et sur l'Art d'imprimer les Toiles; par M. J.-B. Vitalis. -- (2e *Edition.*) Un vol. in-8°, broché, de 500 p. Prix : 7 fr., et 8 fr. 50 c., *franc de port.*

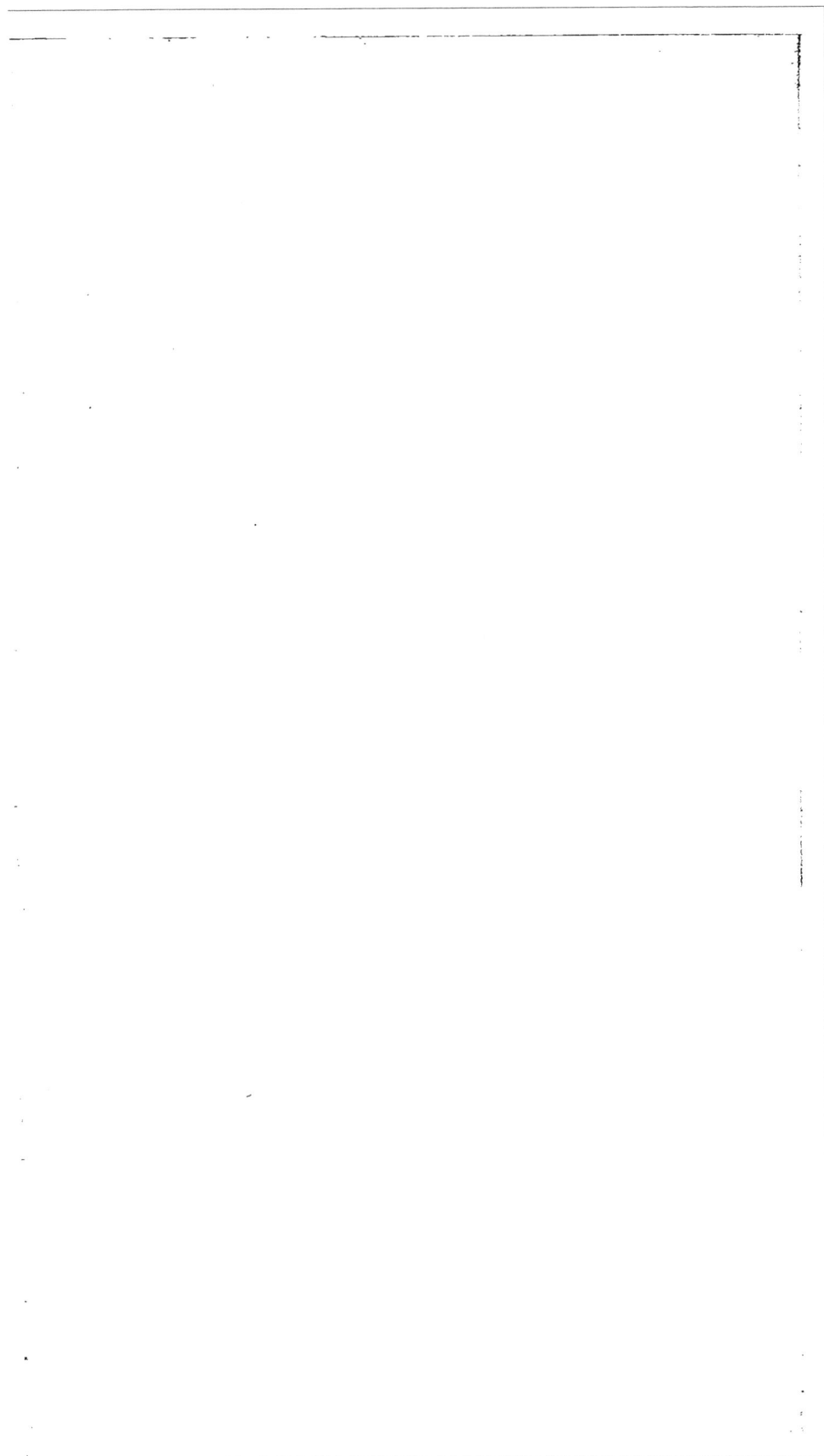

www.ingramcontent.com/pod-product-compliance
Lightning Source LLC
Chambersburg PA
CBHW060529220326
41599CB00022B/3468